알트코인 실전 투자 바이블

압도적 수익을 현실로 만드는

알트코인
실전 투자 바이블

박종한 지음

헤리티지북스

프롤로그

한 분이라도 더 반드시
수익을 내셨으면 좋겠습니다

    독자 여러분, 암호화폐에 투자하시는 목적은 무엇인가요? 누군가는 사랑하는 가족을 지키기 위해서, 또 다른 누군가는 힘겨운 직장 생활을 그만두기 위해서, 혹은 경제적 독립을 위해서 암호화폐 투자를 선택한 것이겠지요. 필자 역시 같은 마음입니다.

    하지만 현실은 결코 만만치 않습니다. 암호화폐 시장은 극심한 변동성과 빠른 정보의 홍수 속에서 시시때때로 우리의 판단을 시험합니다. 우리는 작은 호재에 흥분하기도 하고, 일시적인 악재에 흔들리기도 하며, 때로는 직관과 감정에 눈이 가려져 잘못된 선택을 하기도 합니다.

필자 역시 처음에는 시행착오를 반복했습니다. 그리고 수많은 매매와 관찰을 거치며, 단순히 가격의 등락을 좇는 것이 아니라 시장 구조와 투자자 심리, 리스크 관리와 원칙을 이해하는 것이 얼마나 중요한지 깨달았습니다. 그리고 이러한 경험을 토대로 이 시장에서 꾸준히 성장해왔고, 결국 부의 확장을 이룰 수 있었습니다.

이 책은 단순히 암호화폐에 대한 지식을 전달하기 위한 것이 아닙니다. 저의 경험을 바탕으로 독자 여러분이 시행착오를 최소화하고 꾸준히 성장할 수 있도록 돕고자 하는 마음에서 시작된 것입니다.

암호화폐는 미래 금융 질서를 선도할 새로운 패러다임 그 자체입니다

이 책을 읽고 계신 분들이라면, 어느 정도 암호화폐 투자를 경험해본 분들이시겠지요. 현재 어떤 마음으로 암호화폐에 투자하고 계신지 궁금합니다. 개인적으로 저는 암호화폐가 단기적인 '투자 자산'이 아니라, 앞으로의 금융 질서를 주도할 '새로운 투자 패러다임'이라고 확신하고 있습니다. 그래서 한 분이라도 더 올바른 암호화폐 투자의 세계로 인도하고 싶습니다. 이왕이면 어떤 세력에도 휘둘리지 않고 수익을 내는 올바른 방법으로 평생 투자 자산을 쌓아나갔으면 하는 마음입니다. 허나 투자에는 정답이 없기에 저는 단지 방향을 제시해드릴 뿐, 실천은 여러분들의 몫입니다. 그 과정에서 조금이라도 시행착오를 덜 겪으시도록, 장기적으로 훌륭한 수익을 거두실 수 있도록 저의 투자 경험을 최대한 나누어드리고자 합니다.

암호화폐 시장의 미래는 상상을 초월합니다

암호화폐 시장은 지난 10여 년간 그 어떤 자산보다 빠르게 성장해왔습니다. 2010년 비트코인의 가격은 단 0.06~0.08달러에 불과했습니다. 이때 100달러를 비트코인에 투자했다면, 약 1,250개의 비트코인을 구매할 수 있었겠지요. 오늘날의 가격은 어떤가요? 비트코인 1개의 가격이 12만 달러를 돌파했습니다. 그야말로 혁명적인 변화입니다. 블록체인 기술은 이미 금융·물류·엔터테인먼트 등 다양한 산업에 도입되었고, 펀드와 ETF의 형태로 전통 금융 상품과도 결합되고 있으며, 전 세계 기관 투자자들도 대거 시장에 진입했습니다. 이러한 흐름은 일시적인 열풍이 아니라, 앞으로 수십 년간 인류 경제사의 중요한 장을 새로 써내려갈 거대한 전환점으로 봐야 합니다. 저는 암호화폐가 앞으로도 지속적으로 제도권에 편입되고, 더 많은 투자 기회를 제공할 것이라 확신합니다. 그렇기에 지금은 이 시장을 '제대로' 배우고 준비해야 할 때입니다.

비트코인 투자는 간단합니다. 꾸준히 매입하고 오랫동안 보유하는 것입니다. 총 발행량이 2,100만개로 한정되어 있기 때문에, 수요가 점점 늘어나면 가격이 급등할 수밖에 없습니다. 지금 매도하면 훨씬 비싼 가격에 되사야 할 수도 있으니, 섣부르게 매도하는 것은 좋은 전략이라고 할 수 없습니다.

하지만 알트코인은 다릅니다. 알트코인은 비트코인에 비해 시가총액이 월등히 작기 때문에 특정 세력이 인위적으로 가격을 부풀려 이른바 '펌프앤덤프' 현상을 만들어내기 쉽습니다. 이 과정에서 기준과 원칙 없이 무턱대고 올라탄다면 순식간에 가격이 빠지고 오랜 시간 높은 가격에 물리게 되는 일이 발생할 수 있습니다. 그렇다면 알트코인 투자는 어떻게 해야 할까요? 알트코인은 유의미한 정보를 획득하기 어렵고, 공식화된 밸류에이션 모델이 존재하지 않아 적정가를 가늠하는 것이 사실상 어렵습니다. 그리고 '내러티브'가 큰 영향을 미치는 것 역시 알트코인 투자의 높은 난이도에 한몫합니다. 그렇다고 방법이 아예 없는 것은 아닙니다. 그에 대한 답은 제가 이 책에 알차게 담았으니, 끝까지 읽으신다면 중요한 힌트를 얻으실 수 있을 것입니다.

지속 가능한 수익을 만드는 전략적 투자를 하시길 바랍니다

많은 사람들이 암호화폐 투자에서 100배 수익의 기회를 잡지 못하는 이유는 '제대로 된 방법을 모르기 때문'입니다. 단순히 가격이 오를 때 같이 올라타는 것이 아니라, 시장의 흐름을 읽고 그에 맞는 전략을 세워 위험을 관리하는 능력이 필요합니다. 투자는 예측의 영역이 아니라 대응의 영역임을 명심해야 합니다. 저는 여러분이 이 책을 통해 암호화폐 투자를 단기적인 모험이 아니라, 지속 가능한 수익을 만드는 전략적 투자자산으로서 포트폴리오에 편입하기를 바랍니다. 이 책이 여러분이 스스로를 지키면서도 꾸준히 성과를 낼 수 있도록 돕는 투자 지침서가 되기를 진심으로 희망합니다.

이렇게 읽으시면 훨씬 더 도움이 됩니다

《알트코인 실전 투자 바이블》은 크게 네 부분으로 나뉘어 있습니다.
1부에서는 여러분들이 갖고 계신 현금 시드로 최대한의 수익을 내기 위해 '암호화폐'라는 자산 자체에 어떻게 접근해야 하는지를 다룹니다. 비트코인 사이클을 활용하는 법과 가장 핵심이 되는 섹터의 코인들에 대해 학습하며 중심을 잡는 시간을 갖습니다.

2부에서는 현 시점에서 제가 가장 유망하게 보고 있는 알트코인 대표 종목과 시장을 주도하고 있는 섹터에 대해 소개해드립니다. 장기적인 성장을 담보하는 알트코인을 선별하는 것이 중요하기 때문에 앞으로도 여러분들이 코인을 선택해나가는 과정에서 큰 도움이 될 겁니다.

3부에서는 타이밍에 관한 내용을 심도 있게 다룹니다. 수익률에 있어 '어떤 종목을 사느냐' 이상으로 중요한 것이 '언제 사느냐'입니다. 좋은 타이밍을 잡기 위해선 수많은 데이터를 바탕으로 확률 싸움을 해야 합니다. 3부에서는 여러분들이 필수적으로 확인해야 하는 지표와 매매 전략을 안내해드립니다.

마지막 4부에서는 실질적으로 여러분이 가장 궁금해할 만한 내용을 담았습니다. 성공할 수밖에 없는 암호화폐 포트폴리오 전략부터, 수익 실현으로 이어지는 엑시트 전략까지 모두 알려드립니다. 오랜 시간 유튜브 채널을 운영하고 강의를 진행하면서 질문을 받아 설명드렸지만 여전히 많은 분들이 어려워하는 영역이기도 합니다.

이 책은 처음부터 끝까지 순서대로 읽어도 좋지만, 여러분의 필요에 맞게 부분적으로 활용해도 충분히 도움이 될 것입니다. 예를 들어, 초보 투자자는 1, 2부의 기본 전략에 집중하고, 이미 경험이 있는 투자자는 3, 4부의 실전 전략부터 바로 읽어도 좋습니다. 단순한 지식 모음집으로서 처음부터 끝까지 읽는 것이 아니라, 필요한 파트를 필요할 때마다 반복해서 읽는 것을 추천합니다. 그리하여 '압도적 수익을 현실로 만드는' 실질적인 무기로 활용되기를 희망합니다.

자, 이제 올바른 암호화폐 투자 여정을 향해 출발할 준비가 되셨나요? 지금 바로 압도적 수익을 현실로 만드는 항해를 저와 함께 시작해보시죠!

2025년 가을, 박종한 드림

목차

프롤로그 한 분이라도 더 반드시 수익을 내셨으면 좋겠습니다   4

PART 1
한정된 현금 시드로 최대 수익을 내는 기본 전략

01 당신에게 가장 큰 수익률을 가져다줄 자산이 '암호화폐'인 이유   14
02 거시경제: 연준·금리·달러·M2로 읽는 암호화폐 사이클   40
03 사이클만으로 최고의 수익률을 얻는 투자 전략   53
04 대세 상승장의 기본 핵심 전략   65

PART 2
큰 기회를 가져다줄 알트코인 대표 주자 선별 방법

05 2025년 부의 확장을 이루어줄 알트코인 대표주자 TOP5   90
06 시장을 선도하는 암호화폐 섹터   114
07 성장성 높은 코인을 선택하는 세 가지 노하우   134

PART 3
가격 저평가와 매수 타이밍을 정확히 파악해 수익으로 연결하는 법

08 확실한 매매 판단을 위한 추세 분석   154
09 이동평균선으로 매매 타이밍 포착하기   167
10 수익을 결정짓는 핵심 지표 분석   180

매매 타이밍을 잡는 가장 쉬운 온체인 분석법

11 중단기 흐름을 포착하는 온체인 지표 활용법   194
12 대세 상승장 사이클을 파악하는 장기 지표 활용법   214
13 시장 상황에 따른 맞춤 매수 전략   231

즉시 활용할 수 있는 포트폴리오 전략

14 네 가지 지표로 매도 타이밍 판단하는 법   250
15 성공하는 포트폴리오 전략   268
16 추가 수익을 얻는 다섯 가지 코인 투자 비법   284

한정된 현금 시드로
최대 수익을 내는 기본 전략

당신에게 가장 큰 수익률을 가져다줄 자산이 '암호화폐'인 이유

2025년 암호화폐 시장을 살펴보기 전, 지금까지 알트코인 투자로 만족스러운 수익을 얻었는지부터 돌아보자. 본격적인 전략 이야기에 들어가기 앞서 암호화폐에 왜 투자해야 하는지, 그리고 어떤 방향성을 가져야 하는지를 먼저 짚고 넘어갈 필요가 있다.

성공적인 투자의 출발점은 결국 투자 원칙과 시나리오를 정교하게 설계하는 데서 시작된다. 이를 위해 한 가지 질문을 던져볼 수 있다. '왜 지금까지 알트코인 투자로 성공하지 못했을까?' 이 질문에 제대로 답할 수 있다면, 누구나 앞으로의 알트코인 투자에서 성공 가능성을 높일 수 있을 것이다.

개인적으로는 이 질문의 근본 원인을 시장에 대한 과도한 승부욕에서 찾고 있다. 결론부터 말하자면, 개인투자자는 절대로 시장을 이길 수 없다는 사실을 명심해야 한다. 시장의 방향성과 다른 전략을 고집하다 보면 결국 시장을 역행하게 되고, 그 끝은 실패한 투자로 이어진다.

그렇다면 시장을 어떻게 대해야 할까? 개인투자자가 시장에 다가가는 첫 번째 관문은 바로 시장을 정확히 이해하는 것이다. 시장을 올바르게 이해하는 것만으로도 이미 투자의 절반은 성공한 셈이다. 그렇다면 우리가 투자하고자 하는 알트코인을 제대로 이해하려면, 우선 시장을 주도하고 있는 비트코인과 어떤 차이가 있는지를 들여다봐야 한다.

비트코인과 알트코인의 본질적인 차이

많은 사람이 알고 있듯이, 알트코인이란 비트코인을 제외한 모든 암호화폐를 지칭하는 말이다. 같은 자산시장에 속해 있기 때문에 시장 흐름에 따라 함께 움직이는 경향이 있지만, 자세히 들여다보면 두 자산은 상당히 다른 속성을 지닌다.

첫 번째 차이점은 지속성이다. 비트코인은 시간이 지날수록 지속성이 강한 대표 자산으로 자리매김했다. 장기적으로 우상향할 가능성이 크기 때문에 꾸준히 모아가는 전략만으로도 충분한 수익을 기대할 수 있다. 반면 알트코인은 지속성이 낮아 단순히 꾸준히 매수한다고 해서 성공적인 결과를 보장받을 수 없다.

두 번째 차이점은 변동성이다. 과거에는 비트코인이 다른 자산에 비해 높은 변동성을 지닌다고 평가되었지만, 최근에는 국가나 기관 단위에서의 채택이 늘어나며 그 변동성이 상당히 줄어들었다. 안정적인 자산군으로 성격이 바뀌고 있다는 해석도 가능하다. 반면 알트코인은 여전히 높은 변동성을 보이고 있으며, 커다란 상승만큼 하락 폭도 클 수밖에 없다. '달리는 말에 올라타지 말라'는 조언 역시 변동성을 과소평가하지 말라는 뜻으로 읽힌다.

   세 번째는 자산 가치다. 비트코인은 단순히 꾸준히 모아가도 될 정도로 자산 가치가 높고, 향후 금의 지위를 넘볼 수 있을 것이라는 기대를 받고 있다. 반면 알트코인은 전반적으로 자산 가치가 낮다. 일부 알트코인은 비트코인 이상으로 성장한 경우도 있지만, 대부분은 그렇지 못하다. 따라서 알트코인에 투자하려면 해당 종목의 성장 가능성과 펀더멘털을 꼼꼼히 살펴야 한다.

   마지막으로 투자 난이도라는 차이도 있다. 비트코인은 저평가 구간을 찾아 꾸준히 매수해가는 전략이 유효한 반면, 알트코인은 단순한 물량 확대만으로는 수익을 기대하기 어렵다. 투자 난이도가 훨씬 높다는 이야기다.

구분	비트코인	알트코인
지속성	있음	없음
변동성	낮음	매우 높음
자산의 가치	높음	낮음
투자 난이도	쉬움	어려움

그림 1 비트코인과 알트코인의 투자 차이점

펀더멘털을 확인하는 방법

펀더멘털은 다음과 같이 간단히 정리할 수 있다. 블록체인에 얼마나 많은 사용자가 모이는가, 얼마나 많은 거래가 발생하는가, 실질적인 수익은 늘어나고 있는가, 예치된 자본은 증가하는가. 이런 수치들이 꾸준히 개선되는지 여부가 펀더멘털의 핵심이다.

또 하나 중요한 점은 펀더멘털이 오랫동안 부진하다가도 특정 시점에 추세가 반전될 수 있다는 것이다. 이런 전환 포인트를 놓치지 않으려면 꾸준히 지표를 점검해야 한다. 펀더멘털의 종류와 세부 지표는 다양하며, 앞으로 책을 읽어나가면서 살펴보게 될 것이다.

여기서 함께 고민해야 할 관점이 포트폴리오다. 트럼프 미디어 그룹의 채택으로 크로노스가 급등했을 때, 지금이라도 매집해야 하느냐는 질문이 많았다. 중단기적 관점에서 주목할 필요는 있지만, 언제나 포트폴리오 전략의 원칙을 잊어서는 안 된다.

핵심자산과 위성자산을 구분하는 것이 기본이다. 핵심자산은 시가총액이 높고 펀더멘털이 확고하며 시장에서 검증된 코인들이다. 위성자산은 내러티브가 뛰어나거나 섹터별 대장 코인으로, 변동성이 크지만 성장 기회를 품고 있다.

그렇다면 우리는 왜 알트코인에 투자하는가?

이제 질문을 바꿔보자. 그렇다면 우리는 왜 위험성이 높고 장기적인 가치도 불분명한 알트코인에 투자하고 있는 걸까? 답은 의외로 단순하다. 바로 수익률 때문이다.

2024년 11월, 트럼프 대통령의 당선과 함께 비트코인은 신고점을 돌파했다. 이 시점부터 글로벌 거래소와 국내 거래소는 비트코인과 알트코인의 투자 비율을 본격적으로 집계하기 시작했다. 바이낸스중국계 캐나다인 창펑 자오가 설립한 세계 최대 규모의 암호화폐 거래소는 비트코인 투자 비율이 38.3%, 일본 최대 거래소인 비트뱅크는 31.7%를 기록했다. 반면 국내 1위 거래소 업비트의 비트코인 투자 비율은 13.3%에 불과했다. 나머지 86.7%의 투자자들이 알트코인을 선택했다는 의미다.

사실 한국 투자자들의 알트코인 선호는 이전부터 강하게 나타났다. 2021년 대세 상승장 당시에도 비트코인의 투자 비율은 6%에 그친 반면, 알트코인은 무려 94%를 기록했다. 다시 말해, 비트코인이 급등하던 시기에도 100명 중 94명이 알트코인을 매수했다는 것이다.

이처럼 국내외를 막론하고 많은 투자자들이 알트코인 시장에 뛰어드는 이유는, 바로 비트코인과 비교할 수 없는 '폭발적인 수익률' 때문이다.

	비트코인 투자 비율	알트코인 투자 비율
바이낸스 거래소(글로벌)	38.3%	61.7%(스테이블코인 포함)
비트뱅크(일본 1위)	31.7%	68.3%
업비트(국내 1위)	13.3%	**86.7%**

(2024년 11월 기준)

그림 2 비트코인 vs 알트코인 투자 비율

예를 들어 2021년, 3차 대세 상승장을 살펴보자. 〈그림 3〉을 보면 비트코인은 그해 1월부터 11월 고점까지 약 139%의 상승률을 기록했다. 약 2.5배 상승이다. 반면 같은 기간 솔라나는 무려 16,800%라는 경이로운 수익률을 달성했다. 비트코인과는 비교가 되지 않을 정도다.

이렇듯 더 큰 수익을 기대하는 투자자들은 자연스럽게 비트코인이 아닌 알트코인으로 눈을 돌리게 된다. 하지만 여기서 중요한 점은 '모든' 알트코인이 높은 수익을 가져다주지는 않는다는 사실이다.

알트코인 중에는 이더리움처럼 대세 상승장을 거치며 꾸준히 우상향한 종목도 있지만 파일코인처럼 지속적인 하락세를 보이는 종목도 많다. 〈그림 4〉를 보면 두 자산의 수익률 격차가 얼마나 큰지 한눈에 확인할 수

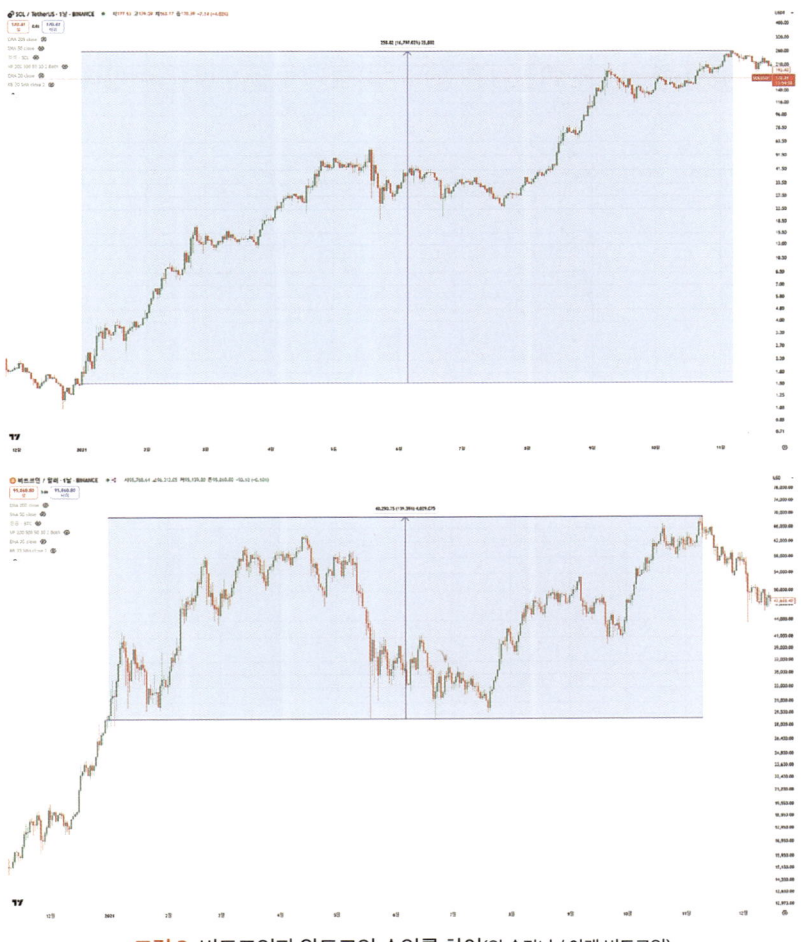

그림 3 비트코인과 알트코인 수익률 차이(위 솔라나 / 아래 비트코인)

있다.

이처럼 시장에는 파일코인처럼 장기적으로 하향 곡선을 그리는 알트코인이 더 많다. 하락세를 이어간다고 해서 그 프로젝트 자체가 반드시 실패했다고 단정할 수는 없지만, 적어도 투자 관점에서는 철저한 검토가 필요하다. 알트코인 투자를 고려한다면 이더리움 같은 소수의 성공 사례보다 파일코인 같은 다수의 장기 하락 가능성을 염두에 두고 판단해야 한다. 그럴 때 비로소 리스크를 줄이면서도 수익을 노려볼 수 있다.

그림 4 알트코인 수익률 차트 (위 이더리움 / 아래 파일코인)

알트코인 투자의 기본 원칙
_ 가장 좋은 코인을 가장 싸게 사서 가장 비싸게 팔아라

수익성과 위험성이 모두 높은 알트코인에 투자할 때는 무엇보다 중심 흐름을 제대로 짚는 것이 중요하다. 중심이 되는 핵심 요소를 먼저 살핀 다음, 추가적인 지표를 통해 시장의 세부 구조를 파악해나가야 한다.

이때 반드시 기억해야 할 원칙이 있다. 바로 가장 좋은 코인을 가장 싸게 사서 가장 비싸게 파는 것이다.

그렇다면 가장 좋은 코인이란 무엇일까. 수익률이 높은 코인, 우상향 하는 코인, 장기적으로 매집 가능한 코인, 안정적인 코인 등 다양한 답이 나올 수 있다. 코인마다 성격과 특성이 다르기 때문에 하나의 정의로 단정 지을 수 없다.

그래서 우리는 두 가지 관점으로 시장에 접근해야 한다. 자신의 투자 성향에 맞는 좋은 종목을 고르는 전략과, 자산을 나누어 운용하는 분산 전략이다. 이 두 가지를 함께 구성하면 리스크를 낮추고 수익률을 더 높일 수 있다.

그리고 좋은 코인을 싸게 사서 비싸게 판다는 말은 결국 매매 타이밍에 관한 이야기다. 매수와 매도 시점을 기술적 또는 온체인 지표를 통해 판단해야 한다. 알트코인 투자의 핵심은 종목 선정, 매매 타이밍, 자산 배분이라는 세 가지 전략의 균형에서 출발한다. 종목을 싸게 사서 수익률을 극대화하는 포트폴리오 조합과 탈출 전략까지 모두 이 세 가지 요소에 담겨 있다.

> **알트코인 투자의 핵심**
> - 수익률 좋은 코인, 우상향하는 코인, 안정적인 코인 → 종목 선정, 자산배분
> - 싸게 사서, 비싸게 팔기 → 매매 타이밍(BLASH; Buy Low And Sell High)

알트코인 투자의 세 가지 핵심 요인

① 종목 선정

종목을 선정할 때 가장 먼저 봐야 할 것은 펀더멘털과 내러티브다. 펀더멘털이 좋은 종목은 중장기적으로 성장할 가능성이 높고, 일시적인 악재로 조정을 받아도 결국 반등해 상승 흐름을 이어갈 수 있다.

반면 내러티브는 단기적으로 시장의 관심을 끌며 가격을 크게 올릴 수 있는 요인이다. 다만 내러티브는 고정되어 있지 않다. 시장의 흐름에 따라 계속 바뀌고, 그 변화 속에서 성장 가능성을 품은 종목이 등장한다. 결국 내러티브는 훗날 펀더멘털로 연결될 수 있는 기반이 된다.

예를 들어 2021년 솔라나는 FTX와 알라메다리서치의 기관 매입이라는 내러티브 덕분에 주목받았지만, 당시에는 펀더멘털이 거의 없었다. 속도 하나만 강점이었고 이더리움에 비하면 명백히 열세였다. 그러나 지금은 이더리움을 위협하는 펀더멘털성 코인으로 성장했다.

이처럼 펀더멘털은 시장을 분석할 때 수치로 증명할 수 있는 기반이 된다. 시험 점수나 기업의 재무제표처럼 결과로 입증된 데이터가 기준이 된다. 알트코인의 펀더멘털을 평가할 때는 수수료 수익, 거래량, 사용자 수, 트랜잭션 같은 데이터를 종합적으로 따져봐야 한다.

알트코인의 종류에 따라 펀더멘털을 바라보는 기준도 달라진다. 커런시

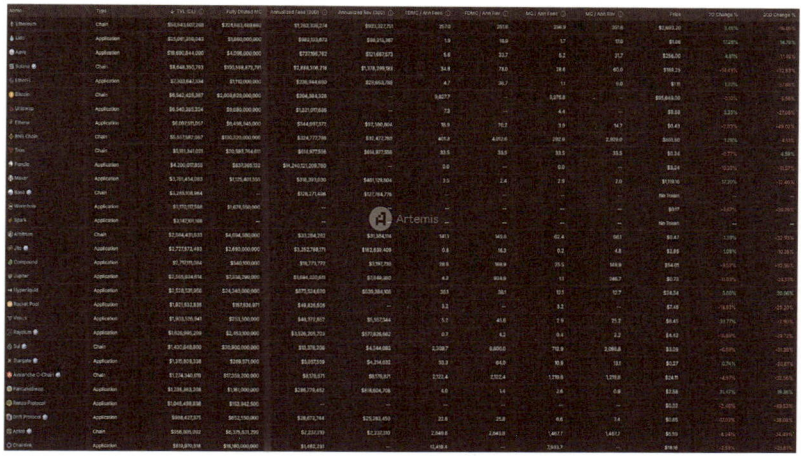

그림 5 암호화폐 펀더멘털(출처: Artemis)

형(화폐) 암호화폐는 도지코인, 라이트코인, 비트코인캐시, XRP처럼 결제 및 송금 기능에 집중하며 거래량과 사용성 중심으로 평가한다.

플랫폼형 암호화폐는 이더리움, 솔라나, 수이, 아비트럼 등 메인넷 생태계에 기반한 코인들이다. 이들은 활성주소 수, 트랜잭션, 탈중앙화 거래소DEX 거래량, 수수료 수익을 중심으로 분석한다.

그리고 디앱DApp은 그 플랫폼 위에서 운영되는 서비스형 코인이다. 대표적으로 에이브, 주피터, 렌더 네트워크 등이 있으며, 특히 디파이Defi, 블록체인 기술을 바탕으로 중개자 없이 이루어지는 탈중앙화 금융 시스템 계열은 총예치금TVL을 핵심 지표로 삼아 성장성을 판단할 수 있다.

아직 실현되지 않았더라도 큰 상승을 이끌 수 있는 이벤트도 내러티브에 포함된다. 예컨대 솔라나와 XRP가 국가 전략 자산으로 채택될 수 있다는 뉴스는 대표적인 내러티브다. 이런 내러티브가 시장에서 현실화되면 수요와 관심이 높아지고, 곧 펀더멘털로 이어질 가능성이 생긴다.

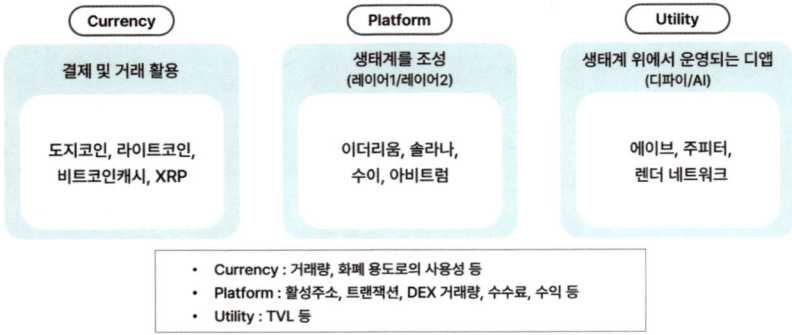

그림 6 암호화폐 펀더멘털의 종류

이 같은 내러티브는 X(구 트위터)를 통해 빠르게 파악할 수 있다. 암호화폐 관련 인사의 발언, 리서치 기관의 보고서, 온체인 데이터 등 다양한 자료가 실시간으로 공유되므로 시장의 흐름을 미리 읽어내는 데 도움이 된다.

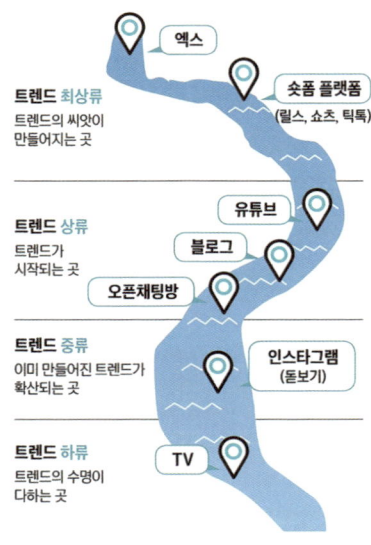

그림 7 트렌드 흐름(출처: Carret)

② 매매 타이밍

종목을 골랐다면 다음은 매매 타이밍이다. 이는 수익률과 직결되는 문제다. 시장이 오르고 있음에도 내 자산의 수익률이 제자리거나 떨어지고 있다면, 매수와 매도 시점이 잘못되었을 가능성이 크다.

무엇보다 중요한 원칙은 '대중과 반대로 행동해야 한다'는 것이다. 특정 종목이 오른다는 소문이 돌고 모두가 관심을 갖는 순간이 오히려 매도 타이밍일 수 있다.

불타기를 시도하거나 소문에 올라타기보다, 이익을 실현하고 현금 비중을 늘리는 전략이 필요하다. 왜냐하면 시장의 가장 큰 원동력은 결국 투자자의 심리이기 때문이다.

가격이 떨어지고 공포가 커질 때 많은 투자자는 패닉셀링panic selling, 투자자들이 불확실한 상황에서 공포나 불안감으로 인해 코인/주식 등 금융 상품을 급하게 판매하는 현상을 한다. 이때 적극적으로 매수하면 오히려 수익을 얻을 수 있다. 알트코인은 특히 '공포에 사고 환희에 팔아라'는 원칙이 잘 들어맞는 자산이다.

다만 이 전략을 무작정 적용하면 안 된다. 대세 상승장이 이미 끝났는데도 계속해서 바이더딥 전략buy the dip, 저가에 매수해 상승장에서 차익을 극대화하려는 투자 전략을 활용해 물량을 사들이면 오히려 손실이 커진다. 그래서 진입 전략뿐만 아니라 탈출 전략에도 힘을 실어야 한다.

시장 흐름을 확인하는 데는 온체인 지표가 도움이 된다. 고점과 저점을 정확히 맞힐 수 없다는 점을 인정하고, 고평가와 저평가 구간을 중심으로 분할매수와 분할매도 전략을 세워야 한다.

③ 포트폴리오 전략

종목과 타이밍이 정해졌다면, 이제 이들을 조합해 최적의 포트폴리오를 만들어야 한다. 알트코인 포트폴리오는 보통 핵심자산과 위성자산으로 나누어 구성한다.

핵심자산은 장기적으로 꾸준히 보유하는 종목이고, 위성자산은 단기적인 수익을 노리는 종목이다. 각 자산의 비중은 투자자의 성향, 투자 기간, 그리고 시장의 분위기에 따라 달라진다.

예를 들어 보수적인 투자자라면 핵심자산 비중을 높이고, 공격적인 투자자라면 위성자산을 더 많이 담는 방식으로 구성할 수 있다. 이처럼 다양한 종목을 적절히 조합하면 리스크를 낮추면서도 상승장에서 고른 수익률을 기대할 수 있다.

시장 변동성과 전략의 유연함

앞서 살펴본 알트코인 투자 전략은 반드시 시장 변동성에 영향을 주는 거시경제와 정책 방향성을 함께 고려해야 한다. 알트코인은 수많은 자산 중에서도 변동성이 가장 큰 종목으로 꼽히는 만큼, 투자 전략을 시장 흐름에 맞추는 유연한 대응 전략으로 설계해야 한다.

암호화폐 투자 전략을 세울 때는 단순한 가격 흐름만 보는 것이 아니라, 불확실성에 따른 자본의 유입 순서까지 함께 살펴야 한다. 불확실성이 커지는 상황에서는 암호화폐 시장 중에서도 알트코인 자본부터 빠져나가는 경향이 강하다. 그리고 시장이 회복되더라도 비트코인보다 유동성이 늦게 돌아온다는 점 역시 반드시 기억해야 한다.

하지만 알트코인은 이러한 유동성 유입의 지연에도 불구하고, 한번

그림 8 알트코인의 변동성(위 솔라나 / 아래 수이)

유입이 시작되면 비트코인보다 훨씬 더 큰 반등 폭을 보이는 특징을 갖는다. 바로 이 알트코인의 변동적 특성을 잘 이해하고, 이에 걸맞은 투자 전략을 구성해나가야 한다.

알트코인은 거의 모든 종목에서 예외 없이 강한 변동성을 보인다. 예를 들어 펀더멘털 코인으로 주목받고 있는 솔라나는 2021년 대세 상승장에서 정점을 찍은 후 크립토 윈터_{암호화폐 가치가 폭락하면서 시장 내 자금이 빠져나가 거래량이 저조한 시기}에 정점 대비 97%가량 하락했다. 또 다른 펀더멘털성 코인인 수이 역시 최고점을 기록한 이후 약 80% 가까이 떨어지며 자산에 예치된 원금 대부분을 잃는 큰 조정 구간을 겪었다.

이러한 사례를 통해 알 수 있듯이, 알트코인 투자에서는 데이터 지표를 바탕으로 시장을 분석하고 과열 구간에서는 분할매도 전략을 적용하는 것이 필수다. 단순한 직감이나 유행이 아닌, 구조적 분석에 기반한 대응 전략이 필요한 이유다.

미실현 손실을 겪지 않는 알트코인 투자는 없다. 기관이나 국가가 주도하는 투자조차도 미실현 손실을 완전히 피하지 못한다. 하지만 미실현 손실은 말 그대로 아직 실현되지 않은 손실일 뿐이며, 실현되기 전까지는 실제 손실이 아니다. 그렇기 때문에 이에 일희일비하지 않고, 인내심을 가지고 구조적으로 대응해야 한다.

알트코인은 단기적인 마이너스 수익률을 견디지 못해 매수와 매도를 반복할 때 오히려 더 큰 손실을 불러올 수 있는 자산이다. 감정이 아닌 전략으로 시장에 접근해야 하는 이유가 여기에 있다.

메이저 알트코인별 거시 전망

이번 시즌은 과거처럼 순환매 관점에서 아무 코인이나 사서 우후죽순 상승하는 기조가 나오지 않고 있다. 이런 패턴 변화는 앞으로 더 안정적인 전략과 엄선된 코인 선택이 필요하다는 점을 말해준다. 메이저 알트코인이 아닌 종목들은 변동성이 크기 때문에 대응 전략을 빠르게 가져가야 하고, 우리는 핵심자산과 위성자산을 구분하는 포트폴리오 전략하에서 배분 비율을 조정해야 한다.

특정 코인이 급등한다는 이유로 투자 원칙을 어기고 큰 물량을 담거나, 상승 구간에서 탈출 계획 없이 계속 불타기를 하는 전략은 장기적인 투자 관점에서 좋은 결과가 나오지 않았다. 따라서 핵심자산을 굳건히 지키고, 위성자산은 내러티브와 섹터별 흐름에 따라 조정하는 것이 바람직하다.

최근 비트코인 도미넌스가 하락 추세를 보이고, 이더리움/비트코인 가격 비율은 상승세를 이어가고 있다. 이는 알트코인 랠리를 향한 시장 의지를 보여준다. 특히 비트코인이 조정받는 구간에서 이더리움이 강한 방어력을 보였고, 현물 ETF 자금 유입도 비트코인보다 이더리움이 더 컸다. 거래소 유입 물량도 과거 고점 대비 적어, 큰 수익 실현이 아직 나오지 않았다는 점은 중장기 상승 기대가 살아 있다는 의미다.

BNB 코인은 바이낸스 거래소에서 발행한 대표적인 거래소 코인이자 플랫폼 코인으로, 글로벌 1위 거래소의 광범위한 생태계 안에서 폭넓은 사용성을 보유하고 있다. 수수료 절감, 런치패드 참여, 디파이·NFT·게임 등 다양한 서비스와의 연동 등 실질적인 활용도가 높다. 이러한 구조 덕분에 BNB는 준수한 펀더멘털과 견고한 수요 기반을 갖추고 있으며, 시장의 대세 상승장이 본격화될 경우 안정적인 상승세를 기대할 수 있는 대표 자산으로 평가받는다.

시장에서는 4분기 좋은 흐름을 나올 것이라는 기대감이 지배적이다. 하지만 고래들은 개인투자자의 타이밍을 뺏기 위해 다양한 시도를 한다. 이런 국면을 이겨내는 방법은 내가 가진 우량 코인을 유지하며, 시장 전반의 대세 상승장에 대비하는 것이다.

① 이더리움 ETH

이더리움은 신고가 경신 이후 조정을 거쳐 재출발을 준비하는 구간에 있다. 신고점을 다시 돌파하고 지지 테스트를 통과한다면 상승은 본격화될 수 있다.

상승 동력은 세 가지로 정리할 수 있다. 첫째는 채택이다. 비트마인은 200만 이상을 보유하며 1위를 차지했고, 샤프링크 게이밍 역시 80만 개 이상을 보유하며 뒤를 잇고 있다. 그런데 이 두 회사는 이더리움의 스트래티지가 되겠다는 의지를 확고히 하며 꾸준한 매수세를 이어가고 있다. 이외에도 새로운 기업들이 계속 참여하고 있으며, 기관 차원의 현물 ETF 흐름도 가파르게 이어지고 있다. 최근 ETF에 현물 상환이 허용되었는데, 현물 상환 구조는 현금 환매 없이 상환이 가능해 효율성이 높고 세제 측면에서도 긍정적이다. 기관 차원의 채택에서는 스테이킹 허용이 중요한 이슈인 만큼, 앞으로 시간 문제로 다가오고 있어, 현물 ETF 중심으로 더 큰 상승세가 기대된다.

둘째는 기술 업그레이드다. 11월에 예정된 푸사카 업그레이드는 시장이 좋은 흐름을 보일 때 선반영될 가능성이 높다. 과거에는 시장이 침체되어 업그레이드 호재 소식이 무시된 경우도 있었지만, 지금처럼 분위기가 우호적이라면 촉매제가 될 수 있다.

셋째는 펀더멘털이다. 이더리움의 TVL은 전체 블록체인의 60% 이상을 차지하고 있으며, 토큰화된 펀드의 AUM 규모는 2024년 1월 이후 10배 이상 증가했다. 점유율도 65% 이상을 기록 중이다. 주요 블록체인 간 순유입 흐름을 비교해도 이더리움이 가장 강력한 유입세를 보이고 있다.

시장에서는 이더리움 가격과 관련해 다양한 전망이 제시되고 있다.

비트마인 이사회 의장 톰 리Tom Lee는 이번 사이클에서 1만 달러 이상 가능성을 언급했고, 비트맥스 공동 창립자 아서 헤이즈Arthur Hayes는 2만 달러까지 내다봤다. 이번 대세 상승장에서 가장 중요한 트렌드는 디지털 애셋 트레저리DAT, Digital Asset Treasury 전략이다. 이 전략은 기업이나 기관이 보유 자산의 일부를 비트코인, 알트코인, 스테이블코인 등 디지털 자산으로 편입해 유동성, 헤지, 수익성을 동시에 관리하는 재무 전략이다. 즉 현금성 자산 및 예치금 일부를 디지털 자산으로 분산해 재무 안정성과 미래 성장성을 확보하는 접근법이다.

스트래티지를 중심으로 비트코인 DAT 전략이 큰 성공을 거두고 있고, 이더리움, 솔라나, XRP 등 주요 메이저 알트코인을 중심으로도 활발하게 확장되고 있다.

이더리움 DAT 전략의 중심에는 비트마인이 있고, 이 기업은 실리콘 밸리를 대표하는 리더인 피터 틸Peter Thiel과 돈나무 언니로 불리는 아크인베스트의 캐시우드Catherine Wood가 주주로 관여하고 있다. 아울러 펀드스트랫의 공동 창업자이자 월가의 족집게로 불리는 톰 리가 이사회 의장을 맡고 있다. 톰 리는 "월가가 실물 세계를 디지털화 하는 중이고, 이더리움은 지금 슈퍼사이클을 맞이하는 중"이라고 강조했다.

② 솔라나SOL

솔라나는 창업자 아나톨리 야코벤코Anatoly Yakovenko가 "구글은 세계의 도서관이고 솔라나는 세계의 거대한 시장이 될 수 있다"라고 말했듯, 탈중앙 네트워크 기반의 금융·거래 혁명을 목표로 하고 있다. 구글이 지식과 정보화 혁명을 이끌었다면 솔라나는 탈중앙화 네트워크를 통해 금융과 거래의 혁신을 만들어가려는 것이다. 솔라나는 탈중앙화 기반의 나스닥을 지향하며 거대한 로드맵을 그리고 있어, 이 과정을 꾸준히 지켜볼 필요가 있다.

사이클 관점에서 이더리움 다음으로 순환매를 이어가는 경우가 많다. ETF 승인을 통해서 기관의 자본이 유입될 경우 중장기적 상승을 견인할 수 있다. 솔라나의 펀더멘털은 앞서 탈중앙화 나스닥을 통해서 확인할 수 있는데, 일일 트랜잭션과 일일 활성주소 추이에서 다른 블록체인을 모두 합친 것보다 높은 수치를 기록하고 있다. 그만큼 사용성과 확장성의 측면에서는 가장 뛰어난 블록체인으로 볼 수 있다.

유럽연합 또한 디지털 유로와 스테이블코인 설계 과정에서 이더리움과 솔라나를 주요 블록체인으로 꼽고 있다. 레이어1 중에서는 이더리움과 더불어 개발자 참여도가 가장 높고, 탈중앙화 거래소 거래량은 10개월 연속 이더리움을 앞질렀다. 이는 단순한 단기 이벤트가 아니라 펀더멘털이 뒷받침된 흐름임을 보여준다.

스테이블코인 관점에서도 살펴보면 솔라나의 USDC 이체 규모가 역대 최고치를 기록했고, 전체 USDC 거래의 약 50%가 솔라나에서 이루어지고 있다. 내러티브와 펀더멘털이 동시에 강화되고 있는 솔라나는 이번 시즌 핵심자산으로 적합한 코인으로 꼽을 수 있다.

③ 엑스알피 XRP

XRP는 SEC 소송이 마무리되며 규제 불확실성이 크게 줄었다. 미국 제2 순회 항소 법원이 항소 철회를 승인하면서 불확실성이 해소된 것이다. 이에 따라 미국을 중심으로 사업 기반이 강화될 수 있으며, 기관 및 국가 단위의 채택 확대도 기대된다. 일본의 SBI 그룹 역시 자회사 SBI VC 트레이드를 통해 RLUSD 사용성을 높이는 파트너십을 이어가고 있다.

XRP는 결제 인프라, 메인넷 플랫폼, 규제 친화적 확장, 그리고 실물자산 토큰화RWA까지 다각도로 진화하고 있다. 결제 영역에서는 낮은 수수료와 빠른 결제 확정 시간을 무기로 은행·핀테크와의 실사용 연계를 넓히고 있으며, 스테이블 연동 사례가 점차 늘고 있다. 메인넷인 XRPL은 스테이블코인 발행과 디파이, RWA를 수용할 수 있는 기반을 확장하고 있다. 아울러 규제 준수와 제도권 편입을 염두에 둔 파트너십이 꾸준히 기관 신뢰를 높여왔다. 결과적으로 결제 및 송금 분야의 입지 공고화, XRPL의 기술적 완성도, 그리고 규제와의 정합성이 결합되며 리플은 단순 결제망을 넘어 금융자산의 디지털화와 유동성 창출을 연결하는 플랫폼으로서의 위치를 공고히 하고 있다. 덧붙여 ETF 승인과 글로벌 채택 확산은 이번 시즌 XRP를 주목해야 하는 이유로 평가된다.

④ 에이브AAVE

블록체인과 암호화폐를 중심으로 한 금융 패러다임의 변화는 미국을 주축으로 우리의 상상을 뛰어 넘는 속도로 진행되고 있다. 스테이블코인 확대와 RWA 담보화가 진행되고, 탈중앙금융 인프라화가 가속되면서 월가와 빅테크가 함께 이 시장에 진입하고 있다. 이 흐름의 초기에 서 있다는 점에서 기회는 무궁무진하다고 볼 수 있다. 스테이블코인 기반 대출 수요가 확대되면 핵심 인프라는 대출 프로토콜이 된다. RWA 토큰화가 연계되면 담보를 활용한 대출 시장이 더 본격적으로 성장할 수 있다.

전통 금융의 디지털화가 메인스트림이 되는 과정에서 에이브 같은 탈중앙화 대출 프로토콜은 글로벌 신용대출의 기본 레이어로 기능할 수 있다. 에이브는 월드리버티파이낸셜World Liberty Financial과 파트너십을 맺어 총발행량 7%에 해당하는 토큰을 배정받으며, 탈중앙화 대출의 핵심 인프라가 되고 있다. 디파이 대출 프로토콜 가운데 TVL이 가장 높고, 우상향을 유지하며 점유율도 꾸준히 확대 중이다. 확장성 면에서도 뒤지지 않아 이번 시즌 주목해야 할 코인으로 본다.

⑤ 체인링크 LINK

오라클은 블록체인 메인넷이 자체적으로 접근할 수 없는 외부 데이터를 안전하게 가져와, 이를 정확도 검증과 합의 과정을 거쳐 신뢰할 수 있는 정보로 제공하는 필수적인 연결 레이어다. 디파이와 온체인 서비스 전반에서 외부 데이터 활용은 무수히 많고, 온체인 금융 인프라가 확장될수록 그 사용성은 더 커진다. 체인링크는 단순 오라클을 넘어 데이터·상호운용·규정·개인정보보호·레거시 통합을 포괄하는 올인원 플랫폼으로 확장하고 있다.

일본 SBI홀딩스SBI는 엑스알피와 끈끈한 파트너십을 유지하면서도 체인링크와 전략 제휴를 맺었다. SWIFT도 체인링크와 협업을 확대하고 있다. 최근에는 미국 상무부가 정부의 공식 거시경제 데이터를 블록체인에 제공하는 협력을 발표하며 대표 오라클로 체인링크와 피스네트워크PYTH를 거론했다. 발표 직후에는 피스네트워크가 단기 반등을 보였지만, 중장기 중요도와 네트워크 효과를 고려하면 체인링크가 한발 앞선다고 판단한다.

⑥ 하이퍼리퀴드 HYPE

다음은 하이퍼리퀴드다. 하이퍼리퀴드는 이번 시즌에 혜성처럼 나타나 큰 성장을 이루었다. 이 프로젝트에 대해 위험성을 더 강조하는 의견도 분명 존재한다. 그럼에도 하이퍼리퀴드는 내러티브성 코인이 아니라는 점을 먼저 짚어야 한다.

핵심은 펀더멘털이다. 강력한 펀더멘털을 바탕으로 새로운 이벤트를 이어가고, 효율적인 토크노믹스를 제시하고 있다. 하이퍼리퀴드는 무기한 선물 중심의 탈중앙화 거래소 DEX이며, 이 분야 시장점유율이 80%를 돌파하며 월등한 1위를 차지하고 있다. 중앙화 거래소인 바이낸스 Binance 의 거래량 대비로도 13.6%를 기록해 단기간에 눈에 띄는 성장을 보였다.

여기에 21셰어즈 21Shares 가 하이퍼리퀴드 ETP를 세계 최초로 식스 스위스 거래소에 상장했으며, 향후 현물 ETF 출시 가능성도 높다. 무엇보다 중요한 점은 수익의 95% 이상을 현재 HYPE 토큰의 바이백에 활용하고 있다는 사실이다. 독창적인 토크노믹스로, 재단이 공급량을 다시 회수해 들고 오는 구조다. 바이백은 말 그대로 다시 산다는 의미이며, 수수료 수익으로 토큰을 매입해 유통량을 줄이는 방식이다.

이 구조는 공급량을 더 많이 회수하게 만들고, 시장의 자연스러운 원리에 따라 가격 상승 압력을 만든다. 그 영향으로 상승 국면이 꾸준히 이어지고 있다. 향후 업데이트 이후에는 플랫폼에서 발생하는 수수료의 99%가 환매에 사용될 수 있다는 전망도 제시되고 있다. 이런 이유로 하이퍼리퀴드는 이번 시즌에 주목할 만한 가치가 있다고 판단한다.

다만 아직 검증의 과정이 더 필요하다는 의견도 있다. 에이브 AAVE 나체인링크LINK처럼 전통이 있는 프로젝트와 달리 하이퍼리퀴드는 혜성처럼 나타났기 때문에 특정 구간에서 불안정성이 포착될 수 있다. 과거에 그러한 장면이 한 차례 드러난 적도 있다. 동시에 강력한 펀더멘털 덕분에 빠르게 회복하는 모습도 확인했으므로, 이 양면을 함께 봐야 한다.

수수료 관련해서도 주목할 대목이 있다. 특정 디파이 프로토콜을 제외한 레이어1 간 비교에서는 하이퍼리퀴드의 수수료 수익이 가장 높은 수준을 보였다. 이 때문에 시장에서는 하이퍼리퀴드를 솔라나의 강력한 대항마로 보기도 하고, 솔라나의 점유가 일부 하이퍼리퀴드에 의해 잠식되고 있다는 분석도 등장한다.

앞서 대출 프로토콜을 이야기하며 에이브를 설명할 때, 추가로 살펴볼 키워드를 언급했듯 하이퍼리퀴드에서도 '바이백'은 계속 중요한 단서가 된다. 최근 바이백을 전면에 내세운 프로젝트들이 가격을 크게 끌어올리는 장면이 있었다. 이 모든 이유로 하이퍼리퀴드를 디파이 분야의 세 번째 축으로 점검했다.

⑦ 유니스왑UNI

유니스왑은 가장 대표적인 탈중앙화 거래소다. 에이브와 마찬가지로 크립토와 전통 금융이 계속 융합되는 국면에서 탈중앙화 거래소DEX 입지는 꾸준히 확인해야 한다. 디파이에서 특히 주목할 세 축을 꼽자면 탈중앙화 대출 프로토콜, 탈중앙화 거래소, 유동성 스테이킹 프로토콜이 있는데, 각각 대표적인 프로젝트는 유니스왑, 에이브, 리도파이낸스LDO다.

유니스왑은 탈중앙화 거래소 중 이견의 여지없는 선두다. 최근 CFTC와의 합의로 금융 감독기관의 압박에서 벗어나는 분위기도 형성했다.

CFTC가 잘못된 레버리지 옵션 제공 문제로 유니스왑을 공격했으나, 상대적으로 적은 벌금을 부과하며 논란을 마무리하는 쪽으로 정리됐다.

이로써 규제 이슈가 일정 부분 해소되고 불확실성이 줄어들었다. 중장기 상승 포지션이 더 뚜렷해질 수 있는 환경이다. 온체인에서는 가장 많은 유니스 토큰을 보유한 상위 100개 주소의 보유량이 지난주에도 증가했다는 시그널이 포착되어, 펀더멘털 축적 국면이 이어지고 있음을 보여준다.

⑧ 도지코인 DOGE

마지막으로 살펴볼 코인은 도지코인이다. 도지코인은 커뮤니티에서 꾸준히 회자되고 있고 대형 투자자를 중심으로 관심이 이어지고 있다. 대형 기업과 일론 머스크 같은 인물의 지속적인 관심이 이어지는 점도 중요하다. 최근에는 도지코인투자회사 의장직을 머스크의 개인 변호사가 맡게 되었다는 소식도 있었다.

특정 개인 의존도가 높다는 것은 분명 리스크다. 하지만 동시에 실제 활용처 연결의 촉매가 될 수도 있다. 결제 네트워크로서의 잠재력과 'X' 같은 플랫폼에서의 활용 가능성은 여전히 유효하다. 높은 유동성과 글로벌 인지도는 최상위권으로 평가된다. SEC의 기조가 크게 바뀌면서 전반적인 알트코인이 증권성 리스크에서 벗어나고 있지만, 특히 도지코인은 그중에서도 가장 안전한 코인으로 분류할 수 있다. 이런 이유로 도지코인은 이번 시즌에도 꾸준히 주목해야 한다고 본다.

⑨ 그 외

아쉬운 부분을 보완하기 위해 몇 가지 코인을 더 언급한다. 트론TRX, 아발란체AVAX, 스텔라루멘XLM, 리도파이낸스LDO, 카르다노ADA는 각기 다른 강점을 가진 대표적인 블록체인 프로젝트들로, 현재 암호화폐 시장의 주요 인프라를 구성하는 핵심 축이라 할 수 있다.

트론은 초당 수천 건의 거래를 처리할 수 있는 빠른 퍼블릭 체인을 기반으로, 콘텐츠와 결제 중심의 생태계를 확장하고 있다. 특히 USDT 등 스테이블코인의 트랜잭션이 트론 네트워크를 중심으로 이루어지고 있어, 실사용 기반이 가장 넓은 체인 중 하나로 꼽힌다.

아발란체는 속도와 확장성 측면에서 이더리움의 대안으로 주목받고 있으며, '서브넷Subnet' 구조를 통해 다양한 프로젝트가 독립적인 블록체인을 구축할 수 있도록 지원한다. 기관용 네트워크 구축과 실물자산RWA 토큰화 영역에서 존재감을 강화 중이다.

스텔라루멘은 국경 간 송금과 금융 포용을 목표로 한 결제 특화 코인으로, 저비용··고속 송금 솔루션을 제공한다. XRP와 유사한 역할을 수행하지만, 비영리 재단 주도의 개방형 네트워크라는 점에서 차별화된다.

리도파이낸스는 이더리움 스테이킹 인프라의 대표주자로, 사용자가 직접 노드를 운영하지 않고도 스테이킹 보상을 받을 수 있도록 하는 리퀴드 스테이킹Liquid Staking 모델을 제공한다. 이더리움 생태계의 핵심 수익 인프라로 자리 잡으며, 디파이와의 연계성도 강하다.

카르다노는 학문적 연구 기반의 프로토콜로, 탈중앙성과 안정성을 동시에 추구하는 레이어1 프로젝트다. 자체 스마트컨트랙트 플랫폼을 통해 점진적으로 디앱 생태계를 확장하고 있으며, 환경 친화적 합의 구조지

분증명, PoS로도 잘 알려져 있다. 반면 내러티브에 집중된 코인도 존재하며 그런 코인 또한 각자의 이유로 상승 가능성은 있다.

투자할 때는 반드시 '왜 이 코인을 투자해야 하는가'를 스스로에게 물어야 한다. 특정 코인에 과도하게 많은 비중을 넣거나, 애정에 치우친 투자는 중장기적으로 바람직하지 않다. 집중 투자를 한다면 적어도 비트코인과 이더리움 같은 메이저 몇 종목에 한정하는 편이 현실적이다. 우리는 언제나 펀더멘털과 내러티브를 함께 고려하며 포트폴리오 관점을 가져가야 한다. 그러면 어떤 상황에서도 좋은 결과를 낼 가능성이 높다.

 핵심 포인트

① 알트코인은 비트코인보다 지속성과 자산 가치는 낮고 변동성과 투자 난이도는 높지만, 대세 상승장에서는 비트코인을 뛰어넘는 수익률을 보이기도 한다.

② 알트코인 투자의 기본 원칙은 '자신의 투자 성향에 맞는 좋은 종목을 선정하고 자산을 분산 관리한 뒤, 가장 싸게 사서 가장 비싸게 파는 것'이다.

③ 알트코인 투자 전략의 핵심은 종목 선정, 매매 타이밍, 포트폴리오 전략이라는 세 가지 요소의 균형에 있다.

거시경제: 연준·금리·달러·M2로 읽는 암호화폐 사이클

알트코인뿐만 아니라 암호화폐 전반에 투자할 때, 현재 시점에서 가장 중요한 요인이 무엇인지 살펴보면, 단연 거시경제 이슈다. 이번 챕터는 다소 길 수 있지만 긴 안목에서 시장을 바라보고, 또 점검하기 위해 반드시 필요한 이야기다.

거시경제는 계속해서 시장에 영향을 미치고 있다. 그렇다면 투자에서 거시경제가 중요한 이유는 무엇일까. 단순히 경기의 방향을 알려주기 때문이 아니라, 유동성을 결정하는 핵심 요소이기 때문이다. 아직까지는 시장이 원하는 만큼 유동성이 풀리지 않았고, 더 많은 유동성을 제공할 수 있을지의 여부가 중대한 기로에 놓여 있다.

특히 미국 증시보다 암호화폐 시장이 유동성에 더 크게 목말라 있다는 점이 눈에 띈다. 그 이유는 간단하다. 암호화폐 시장에서는 유동성이 주식 시장보다 더 중요하게 작용하기 때문이다.

비트코인을 예로 들어보자. 비트코인은 내재적 가치가 없다고 평가받는다. 이제는 디파이를 비롯한 여러 서비스에 활용되며 점차 내재적 가치가 형성되고 있지만, 본질적으로는 수요와 공급에 의해 가격이 결정되는 자산이다. 그렇기 때문에 비트코인의 가격을 좌우하는 가장 중요한 요인은 결국 유동성일 수밖에 없다.

알트코인은 어떨까. 비트코인보다 명확한 내재 가치를 지니지만, 그럼에도 오히려 비트코인보다 유동성에 더 민감하다. 왜냐하면 기관이나 기업이 알트코인을 매집한 후, 시장 리스크가 커지거나 현금이 필요할 때 가장 먼저 매도하는 자산이 알트코인이기 때문이다. 알트코인은 변동성이 크고, 24시간 365일 거래되기 때문에 환금성이 뛰어나 바로 현금화할 수 있다. 이 때문에 알트코인은 비트코인보다 더 '유동성 자산'으로 분류해야 한다.

그렇다면 우리는 거시경제 흐름을 어떻게 정리해야 할까. 가장 중요한 관찰 포인트는 물가와 고용이다. 이 두 지표에서 파생되는 경기 흐름을 살펴보는 것이 핵심이다. 그리고 이런 상황을 조정하고 해결하는 주체는 정부다. 거시경제적 문제는 개별 기업이 해결할 수 없으며, 제도적·정책적 수단이 필요하다. 그 중심에 있는 것이 바로 중앙은행이고, 미국의 중앙은행인 연방준비제도연준, FED의 금리인상·금리인하, 양적완화·양적긴축 등 유동성을 좌우하는 결정을 내린다.

정리하면, 연준의 정책에 따라 유동성이 결정되고, 이 유동성이 자산의 가격을 형성한다. 이 흐름을 이해하는 것이 전체적인 투자 구도를 파악하는 가장 정확한 방법이다. 따라서 이번 파트에서는 금리가 오르거나 내릴 때 왜 자산 가격이 변동하는지, 어떤 지표가 투자 방향성에 중대한 영향을 미치는지, 유동성 변화를 감지할 기준은 무엇인지, 그리고 현재 상황은 어떠하며 유동성 장세가 도래할 수 있을지를 함께 점검해보겠다.

연준과 듀얼 맨데이트

앞서 중앙은행인 연준Fed의 의사결정이 시장의 향방을 좌우한다는 점을 짚었다. 그렇다면 연준의 목표는 무엇일까. 연준은 '듀얼 맨데이트Dual Mandate', 즉 이중 책무를 지니고 있다. 한국어로는 '목표'라기보다 반드시 지켜야 할 '책무'라고 표현한다. 그 내용은 두 가지다. 첫째는 물가 안정이고, 둘째는 최대 고용이다.

여기서 말하는 최대 고용은 모든 사람이 일자리를 갖는 완전 고용을 뜻하지 않는다. 연준이 생각하는 고용은 일정 수준의 실업률이 유지되는 상태다. 완전 고용에 가까워지면 임금 상승 압력이 커지고, 이는 다시 물가를 자극하기 때문이다. 연준은 물가와 고용이 적절한 수준에서 균형을 이루도록 조정하는 것을 핵심 책무로 삼는다.

연준은 두 가지 책무 중 어느 하나를 우선할 수 없고, 시장의 상황에 따라서 판단하게 된다. 현재 시점은 물가도 중요하지만, 고용으로 관심이 이동하고 있다. 고용 지표가 약화 국면을 보이는 가운데, 만약 고용이 더 무너지면 국가 경제 전반의 근간이 흔들릴 수 있기 때문이다.

고용이 개선되어 실업률이 하락하면 임금이 상승한다. 임금이 오르면 소비 여력이 커지고, 이는 곧 물가 상승 압력으로 이어진다. 반대로 실업률이 높아지면 임금이 정체되면서 소비가 위축되고, 물가 압력도 완화된다. 이렇게 고용과 물가가 서로 반비례 관계를 보이는 현상을 '필립스 곡선Phillips Curve'이라고 부른다.

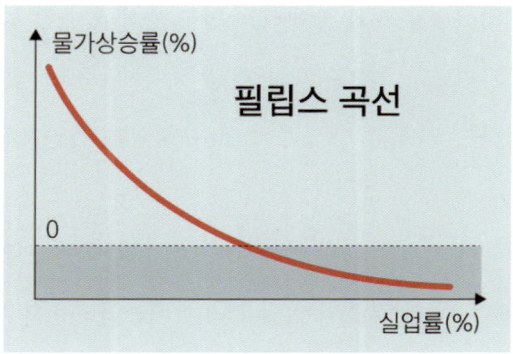

그림 1 필립스곡선(출처: 중앙일보)

특정 시기에는 물가가 주된 문제일 수 있고, 다른 시기에는 고용이 더 큰 문제일 수 있다. 예컨대 코로나19 팬데믹 이후에는 급격한 금리인하로 물가가 빠르게 상승하자, 연준은 물가를 잡는 데 정책의 무게를 실었다. 그러나 최근에는 물가와 고용이 동시에 부담 요인으로 떠오르면서 연준의 고민이 깊어졌다. 이런 상황을 '스태그플레이션Stagflation'이라 즉 현실은 단순하지 않다.

2025년 잭슨홀 미팅에서 파월 연준의장은 고용 문제가 더 시급하다는 입장을 내비쳤다. 물가 상승 압력이 여전히 존재하지만, 고용 둔화가 경제 기반을 흔들 수 있다는 우려 때문이다. 연준은 금리를 높여 물가를 잡으려 하면 고용과 경기가 위축되고, 반대로 금리를 낮춰 고용을 지키려 하면 물가가 다시 자극받는 딜레마에 늘 직면한다. 결국 중요한 것은 양쪽을 동시에 고려해 균형점을 찾는 일이다.

거시경제 지표: 물가와 고용

앞서 연준의 책무가 물가와 고용의 균형을 맞추는 데 있음을 확인했다. 그렇다면 거시경제 지표 중에서 특별히 주목해야 할 항목은 무엇일까. 우선은 물가지표다. 물가지표는 매달 정해진 날짜에 발표되며, 연준이 가장 중시하는 지표는 마지막 주에 발표되는 개인소비지출물가지수PCE다.

또 하나 중요한 시점은 매월 첫째 주다. 이 기간에는 고용지표가 집중적으로 발표된다. 특히 금요일에 발표되는 비농업고용지수와 실업률이 핵심이다. 연준이 물가 중심의 정책 기조를 고용 중심으로 바꾼 것도 바로 비농업고용지수의 급격한 조정 때문이었다. 큰 폭의 결과 조정으로 고용이 생각보다 취약하다는 사실이 드러났다.

매월 둘째 주에는 소비자물가지수CPI와 생산자물가지수PPI가 발표된다. CPI는 소비자가 체감하는 생활물가를 반영하며, PPI는 기업이 부담하는 생산 원가를 보여준다. 최근에는 관세 여파가 기업 비용에 얼마나 전가되는지 확인하기 위해 PPI의 중요성이 커지고 있다. 그래서 PPI는 CPI의 선행지표로도 불린다. 이 세 가지, 즉 PCE·CPI·PPI를 종합하면 물가의 큰 흐름을 이해할 수 있다.

물가지표를 볼 때는 몇 가지 포인트가 있다. 첫째, 컨센서스예상치와 실제치를 비교해야 한다. 예상보다 물가가 낮게 나오면 시장은 안도하고, 높게 나오면 긴장한다. 둘째, 근원과 헤드라인을 구분해 봐야 한다. 근원지표는 에너지와 식품을 제외해 변동성을 줄이고, 물가의 구조적 흐름을 더 정확히 보여준다. 헤드라인이 일시적으로 요동쳐도 근원이 안정적이라면 연준은 완화적으로 접근할 수 있다.

고용지표는 매월 첫째 주에 몰려 있다. 수요일에는 노동부가 집계하는 구인이직보고서JOLTS, 목요일에는 ADP 비농업고용변화 지표가 일반적으로 발표된다. 다만 ADP 비농업고용변화 지표는 변동성이 커 참고 지표 정도로 활용된다. 핵심은 금요일 발표다. 비농업고용지수와 실업률이 고용 상황의 전반적 강도를 가장 명확히 보여준다.

정리하면, 실업률이 낮아지고 고용이 강세를 보이면 임금과 소비가 늘어 물가 상승 압력이 높아진다. 반대로 실업률이 높아지면 소비가 줄며 물가 압력이 완화된다. 이 논리는 앞서 설명한 필립스 곡선과 연결된다. 결국 물가와 고용지표는 서로 얽혀 있으며, 연준은 이 두 가지를 균형 있게 바라보며 정책을 결정한다.

현재 시점에서 고용지표는 물가지표보다 해석이 더 까다롭다. 고용은 완전 고용이 아니라 적절한 수준에서 유지되는 것이 바람직하기 때문이다. 특히 금리인하를 고려해야 하는 상황에서는 예상치보다 약간 낮게 나오는 것이 투자자 입장에서는 긍정적일 수 있다. 연준이 금리인하 가능성을 더 강하게 시사하기 때문이다. 결국 중요한 것은 균형이다. 만약 고용 지표가 예상치를 크게 하회하면 금리를 인하하더라도 시장은 약세 국면을 보일 수 있다. 금리인하의 이유가 경기 침체에서 비롯되었다고 시장이 해석할 수 있기 때문이다.

또 하나 주목할 점은 지표 발표 직후의 시장 반응이다. 수치가 공개되면 자산 가격이 순간적으로 크게 요동치는 경우가 많다. 이는 월가의 시스템 매매, 즉 알고리즘 트레이딩 때문이다. 일단 기계적으로 반응한 뒤, 시간이 지나 애널리스트들이 세부 항목을 해석하면 시장은 다시 균형을 찾는다. 처음에는 과도하게 빠졌다가 되돌림이 나오거나, 반대로 급등했다가 조정이 오는 패턴이 반복되는 것이다.

경기와 관련된 지표들도 주목해야 한다. 제조업구매관리자지수PMI,

서비스업구매관리자지수, 분기별 국내총생산GDP, 주택판매지표, 미시간대소비자심리지수 등이 대표적이다. 그러나 결국 경기지표의 본질은 물가와 고용의 균형에서 비롯된다. 따라서 투자자가 근본적으로 집중해야 할 것은 앞서 살펴본 물가와 고용지표다.

금리와 유동성

그렇다면 왜 물가와 고용지표를 살펴봐야 할까. 바로 금리 정책과 직결되기 때문이다. 시장의 관심은 결국 '금리를 인하할 것인가, 인상할 것인가, 유지할 것인가'에 쏠려 있다. 금리인하는 곧 돈의 가치가 낮아진다는 뜻이다. 예금으로 얻는 이자가 줄어드는 대신 대출 비용이 내려가면서 레버리지 활용이 늘고, 소비와 투자가 동시에 활성화된다. 그 결과 자산 가격이 상승한다.

반대로 금리가 오르면 돈의 가치는 높아지고, 예금 선호가 늘어난다. 대출 비용은 높아지고 소비와 투자 여력은 줄어든다. 결국 자산 가격은 하락한다. 핵심은 유동성에 있으며, 금리 정책이 그 유동성을 결정한다는 점이 중요하다.

과거 사례를 보자. 코로나19 발생 직후 금리를 폭발적으로 인하하자, 주식과 암호화폐를 포함한 거의 모든 자산 가격이 급등했다. 전형적인 유동성 장세였다. 반대로 2022년에는 급격한 금리인상으로 인해 자산 가격이 폭락했고, 암호화폐 시장은 '크립토 윈터'라는 혹독한 침체기를 맞았다. 이처럼 유동성이 자산 시장을 좌우한다는 사실은 명확하다.

현재는 고용이 둔화되는 신호가 감지되고 있다. 이 상황에서 경기 회복을 위해서는 금리인하가 필요하다는 주장이 힘을 얻고 있다. 2025년

9월, 무려 9개월 만에 금리인하가 단행되었고, 앞으로도 추가적인 금리인하를 이어갈 가능성이 높다.

금리는 크게 두 가지로 구분된다. 연준이 정하는 기준금리와 시장에서 형성되는 시중금리다. 시중금리는 장단기 국채금리 변동을 통해 자연스럽게 조정된다. 반면 기준금리는 연준의 FOMC연방공개시장위원회, Federal Open Market Committee에서 결정한다.

FOMC는 미국 통화 정책의 최종 의사결정 기구로, 연간 8차례 정례회의를 개최한다. 이 중 3월·6월·9월·12월 네 차례는 '점도표'와 함께 경제전망 보고서SEP가 공개된다. 점도표는 위원들의 금리 전망을 점으로 표시한 자료로, 시장이 향후 통화 정책을 가늠하는 핵심 자료가 된다.

위원 구성은 총 19명으로, 이 중 12명이 투표권을 갖는다. 연준 의장을 포함한 7명의 연준 이사 그리고 12개 지역 연방준비은행 총재 중 4명이 번갈아가며 투표권을 행사한다. 단, 뉴욕 연은 총재는 항상 투표권을 갖는다. 이 때문에 미국 행정부는 연준 이사 인선을 중시한다. 트럼프 전 대통령이 연준 이사 교체를 통해 정책 방향에 영향을 주려고 하는 것도 것도 같은 맥락이다.

채권금리와 관세, 그리고 정책 전환 신호

트럼프 대통령은 상호관세를 밀어붙이다가 갑자기 유예를 발표했다. 당시 채권금리가 급등했고, 이 급등을 미국 경제의 근간이 흔들릴 수 있는 경고음으로 받아들였기 때문이다. 미국은 국채를 발행해 재정을 운용하는 나라다. 국채로 차환rollover 하면서 빚을 갚아나가는데, 금리가 급등하면 이자 부담이 눈덩이처럼 불어난다. 정책 스탠스가 급변한 배경이 여기에 있다.

채권은 금리와 가격이 반대로 움직인다. 채권금리가 오른다는 것은 채권가격이 떨어진다는 뜻이고, 이는 매수보다 매도가 많아 수요가 위축됐다는 의미다. '미국 채권을 덜 사겠다'라는 신호가 커지면 금리는 더 뛴다. 그 경우 정부와 기업의 차입 비용이 올라가고, 미국 재정의 이자 지출 압박이 커진다. 따라서 정책 목표는 채권금리를 낮추는 데 맞춰지기 쉽고, 이는 달러 가치 하락 압력과도 연결된다.

국채금리는 크게 단기와 장기로 나뉜다. 세부적으로는 더 다양한 만기가 존재하지만, 투자자들이 가장 주목하는 것은 단기에서는 2년물, 장기에서는 10년물이다. 2년물 금리가 오르면 연준이 기준금리를 올리거나 높은 수준으로 유지할 가능성이 크다는 신호다. 경제지표 발표 직후 2년물이 뛰면, 시장은 연준의 긴축 의지를 읽고 자산가격은 압박을 받는다. 반대로 2년물이 내리면 금리인하 기대가 반영되며 시장은 안도한다.

10년물은 다른 성격을 지닌다. 10년물이 오르면 장기 인플레이션 가능성이 크다고 해석하고, 10년물이 내리면 장기 경기 침체 가능성이 커졌다는 의미로 본다. 요약하자면 2년물은 정책의 단기 방향을, 10년물은 경제의 장기적 흐름을 보여주는 지표다.

기준금리의 향방은 선물 시장에 먼저 반영된다. CME 페드워치툴은 금리인하·동결·인상에 대한 시장의 기대치를 수치로 보여준다. 선물 거래를 통해 어느 쪽으로 베팅이 쏠리는지 확인할 수 있는 도구다. 이런 데이터는 연준의 입장 변화를 미리 가늠할 수 있는 실마리를 제공한다.

중앙은행의 또 다른 무기

거시경제 유동성은 결국 중앙은행이 채권을 사느냐, 파느냐에 따라 좌우된다. 양적완화QE, Quantitative Easing는 중앙은행이 국채를 매입하는 정책이다. 채권이 연준의 대차대조표로 들어가고, 그 대가로 시중에는 현금이 풀린다. 시장 유동성이 확대되고 자산 가격은 상승 압력을 받는다. 반대로 양적긴축QT, Quantitative Tightening은 중앙은행이 만기가 도래한 채권을 소멸시키거나 시장에 되파는 것이다. 자금이 중앙은행으로 흡수되며 유동성이 줄고, 자산 가격은 하락 압력을 받는다.

기준금리 조정이 더 근본적 수단이지만, 금리 정책만으로 부족할 때 양적완화와 양적긴축이 보조적으로 동원된다. 2008년 금융위기나 코로나19 시기처럼 금리인하와 양적완화가 동시에 투입되면 자산 가격이 폭발적으로 상승한다. 이런 조합은 세계 경제가 심각한 위기 국면에 놓였음을 뜻한다.

미국 재무부 일반계정TGA 또한 무시할 수 없다. 이는 곳간의 잔고와 유동성을 나타내는 지표로, 미국 재무부의 곳간 역할을 하는 계정이다. TGA 잔고가 늘어난다는 것은 재무부가 국채를 발행해 자금을 흡수했다는 뜻이다. 시중 유동성은 줄어들고, 위험자산에는 역풍이 분다. 반대로 TGA 잔고가 줄어든다면 정부 지출을 통해 돈이 시중으로 풀렸음을 의미한다. 최근에는 TGA 잔고가 바닥 수준이었고, 재충전을 위해 신규 국채 발행이 이어지면서 일시적으로 유동성이 흡수되었음을 의미한다. 이로 인해 비트코인을 비롯한 암호화폐도 주춤한 흐름을 보였다.

또한 연준의 역레포Reverse Repo, RRP는 단기자금을 연준에 맡기고 국채를 담보로 받는 거래다. 머니마켓펀드MMF와 같은 단기자금이 안전한 투자처를 찾지 못할 때 연준으로 흘러들어간다. 역레포 잔고가 늘어나면 유동성이 연준에 묶이면서 시중 자금이 줄어든다. 반대로 역레포 잔고가 줄면 시중에 돈이 돌아와 유동성이 확대된다. 원리는 TGA와 유사하지만, 주체가 재무부냐 연준이냐의 차이가 있다.

달러 인덱스와 비트코인의 관계

투자 관점에서 반드시 짚고 넘어가야 할 지표 중 하나가 달러 인덱스다. 달러 인덱스는 달러의 가치를 나타내는 지표다. 금리가 오르면 달러 자산의 수익률이 높아지고, 해외 자금이 유입되며 달러 수요가 증가해 달러 가치는 상승한다. 반대로 금리가 낮아지면 달러 가치는 약세로 기울 수밖에 없다.

트럼프 대통령은 금리를 빠르게 1%대까지 낮추자는 기조를 보이고 있다. 이는 달러 약세를 유도하는 정책이다. 전통적인 패턴으로 볼 경우 달러 가치가 하락할 때 비트코인 가치가 상승하는 모습을 보여왔다. 실제로 달러 인덱스와 비트코인은 역의 상관관계를 나타내는 경우가 많았다. 달러 인덱스가 하락하는 구간에서 비트코인의 가격은 반대로 상승하는 흐름을 보였던 것이다.

물론 예외도 있었다. 트럼프 대통령 당선 직후 달러 가치가 크게 뛰었을 때, 비트코인 역시 상승하는 구간이 있었다. 즉, 패턴이 변하는 국면도 존재한다. 그러나 통화 가치의 큰 구도로 보면 달러와 비트코인은 대체로 반대 방향으로 움직인다. 이 점을 투자 판단에 참고해야 한다.

글로벌 M2 통화와 유동성

마지막으로 글로벌 M2 통화와 비트코인의 상관관계를 정리해보자. 글로벌 M2 통화는 흔히 광의통화라고 불리며, 현금·요구불예금·적금 등과 같은 단기 자금들을 모두 합산한 개념이다. 쉽게 말해 언제든지 현금처럼 쓰일 수 있는 자금 규모를 나타낸다. 따라서 M2는 시중 유동성을 대표하는 지표다.

다만 M2가 크다고 해서 곧바로 시장에 자금이 풀린다고 보기는 어렵다. 일부 자금은 요구불예금처럼 잠겨 있을 수 있기 때문이다. 하지만 상황이 바뀌면 언제든지 투자 시장으로 흘러갈 수 있다. 장기적이고 거시적인 관점에서 M2가 증가하면 유동성이 확대되고, 위험자산 선호가 강해지며 비트코인 같은 자산의 상승세로 이어진다. 반대로 M2가 감소하면 비트코인 수요는 약화된다.

시장에서는 글로벌 M2가 먼저 움직이고, 10~12주의 시차를 두고 비트코인으로 자금이 흘러드는 패턴이 관측된다. M2가 늘어난 뒤 일정 시

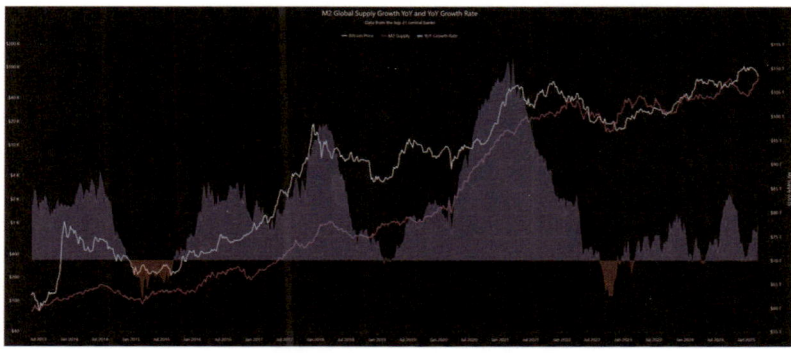

- 자산시장의 궁극적인 유동성은 광의통화 M2의 증가로 확인
- M2의 증가와 비트코인 가격은 시차를 두고 움직이지만, 궁극적으로 같은 방향을 향하는 경우가 많습니다.

그림 2 글로벌 M2 통화와 비트코인의 상관관계

간이 지나면 비트코인 가격이 뒤따라 상승하는 흐름이 나타난다는 것이다. 최근 M2가 잠시 주춤했다가 반등하는 모습을 보였는데, 이 흐름이 비트코인 시장에 영향을 주고 있다는 분석도 참고로 역사적 패턴에서 금과 비트코인 역시 깊은 상관관계를 지니고 있다. 비트코인은 '디지털 금'이라는 정체성을 지니고 있는데, 금의 가격이 상승한 후 100일의 시차를 두고 상승세를 보이는 경우가 많았다.

 핵심 포인트

① 암호화폐 시장의 핵심 변수는 거시경제와 유동성이다.

② 연준의 금리 정책은 물가와 고용지표를 바탕으로 결정되며, 이는 자산 가격과 유동성 흐름을 좌우한다.

③ 금리가 인하되면 유동성이 확대돼 암호화폐 가격이 상승하고, 금리가 오르면 반대 현상이 나타난다.

④ 달러 인덱스와 비트코인은 대체로 역의 상관관계를 보이며, 글로벌 M2(광의통화)가 증가할수록 비트코인 등 위험자산 수요가 커진다.

⑤ 결국 암호화폐 투자자는 금리·달러·M2를 중심으로 유동성의 방향을 읽는 것이 핵심이다.

사이클만으로 최고의
수익률을 얻는 투자 전략

앞선 챕터에서는 알트코인 투자 전략의 핵심 요소인 종목 선정, 매매 타이밍, 포트폴리오 전략을 시장의 큰 흐름 속에서 어떻게 구사해야 하는지 살펴보았다. 이번 챕터에서는 여기에 더해 '사이클'을 활용해 투자 전략을 극대화하는 방법을 알아보자.

암호화폐 시장은 4년 주기의 사이클 구조를 가지고 있다. 이 변동성 강한 시장에서 사이클은 마치 등대처럼 투자 기준과 방향성을 잡아주는 역할을 한다. 특히, 비트코인에서 시작해 메이저 알트코인시가총액 상위 50위 권 내의 알트코인을 거쳐 마이너 알트코인으로 이어지는 자본 순환 흐름은, 시장 내 유동성과 투자 심리의 흐름을 한눈에 파악하게 해준다.

사이클은 이번 대세 상승장을 성공적으로 마무리할 수 있는 세부 전략은 물론이고, 다음 상승장을 준비하는 장기적 그림을 그리는 데도 매우 유용하다. 사이클의 구조를 이해하면 이번 시즌의 수익률뿐만 아니라 다음 시즌까지도 대비할 수 있게 된다.

비트코인 반감기가 중요한 이유

✓ 반감기는 채굴자에게 약 10분마다 보상으로 주어지는 BTC의 양을 절반으로 줄이는 것이다.

구분	1차 반감기	2차 반감기	3차 반감기	4차 반감기
날짜	2012년 11월	2016년 7월	2020년 5월	2024년 4월
개수	50 → 25	25 → 12.5	12.5 → 6.25	6.25 → 3.125

그림 1 비트코인 반감기

암호화폐 시장에서 가장 중요한 이벤트 중 하나로 꼽히는 '반감기'는 채굴자에게 지급되는 비트코인 보상이 절반으로 줄어드는 시점을 말한다. 채산성이 약화되는 반감기 전후 시기에는 채굴자들이 보유한 물량을 대량으로 매도하게 되고, 그로 인해 시장은 일시적으로 불확실성이 커지며 약세 구간에 들어서게 된다. 그러나 시간이 지나 채산성이 회복되면 다시금 대세 상승장이 시작된다.

이 현상은 결국 수요와 공급의 문제다. 반감기를 지나면 비트코인의 희소성이 높아지며 중장기적으로 가격을 끌어올리는 요인으로 작용한다. 특히 반감기는 비트코인의 인플레이션율을 낮추는 효과를 통해 자산

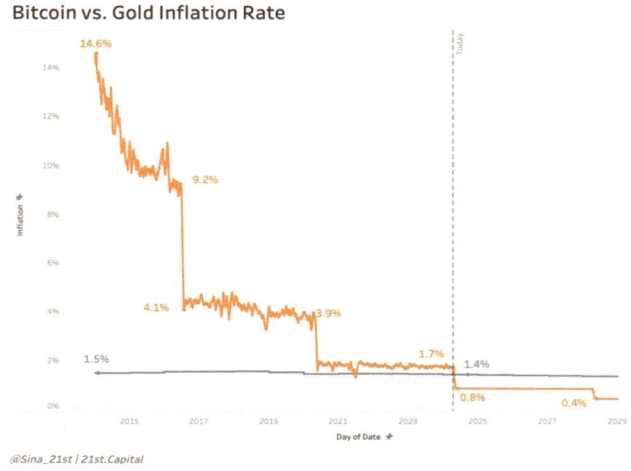

그림 2 비트코인 vs 금 인플레이션율(출처: X 계정 '@Sina_21st')

가치를 더욱 견고히 한다.

비트코인은 4차 반감기를 지나며 금보다 낮은 인플레이션율을 기록했고, 일부 기관들은 이 점을 근거로 비트코인이 더욱 안전한 자산이 될 수 있다고 평가하고 있다. 내구성, 대체 가능성, 검열 저항성 등 여러 속성에서도 금을 뛰어넘는 강점을 가진다는 분석이다. 이에 따라 비트코인이 국가 전략 자산으로 광범위하게 채택될 가능성도 제기되고 있으며, 이는 곧 가격 상승에 대한 기대감으로 이어진다.

결론적으로 반감기는 비트코인의 유동성과 자산 가치를 동시에 끌어올리는 핵심 이벤트다. 반감기의 낙수 효과로 인해 알트코인 시장 전체에도 강한 상승 흐름이 이어지므로, 전체 시장 구조 속에서 반감기의 영향을 반드시 점검해야 한다.

반감기	반감기 시점 가격	반감기 이후 최고 가격 시점(기간)	반감기 이후 최고 가격 (상승률)
2012년 11월 30일	1만원	2013년 11월 30일(375일)	122만원(122배)
2016년 7월 31일	77만원	2017년 12월 17일(504일)	2,120만원(28배)
2020년 5월 30일	1,170만원	2021년 4월 14일(319일)	8,040만원(7배)
2024년 4월 20일	9,480만원	2025년 5월~10월(예상)	2.8~4.7억원(3~5배)

그림 3 반감기 이후 비트코인 가격

이러한 관심이 집중되는 이유는 실제로 반감기 이후 비트코인 가격이 크게 상승했기 때문이다. 〈그림 3〉에 따르면 과거 세 번의 반감기에서 비트코인은 각각 122배, 28배, 7배 이상의 상승률을 기록했다. 4차 반감기인 2025년 5월~10월 구간에서는 기관들 사이에서 35배 수준의 상승, 즉 2.8억 원~4.7억 원 도달 전망이 다양하게 제시되고 있다.

〈그림 3〉을 보면 1차 반감기를 제외하고 2차, 3차, 4차 반감기의 흐름

그림 4 반감기로 인한 비트코인 가격 사이클(출처: Galaxy Research)

이 유사하게 전개되고 있다는 점을 확인할 수 있다. 다만 사이클 패턴은 유효하더라도 예상치 못한 악재에 따라 흐름은 달라질 수 있으므로, 동일 선상에서 단정적으로 해석해서는 안 된다. 아울러 이번 시즌은 현물 ETF를 중심으로 기관 장세가 이어지며, 사이클의 세부적인 흐름이 조금씩 달라지고 있기도 하다.

도미넌스를 알아야 사이클을 이해할 수 있다

반감기 중심의 자본 순환 구조를 이해하려면 반드시 '도미넌스'라는 개념을 알아야 한다. 도미넌스는 특정 코인이 전체 암호화폐 시장 시가총액에서 차지하는 점유율을 의미한다. 예를 들어 비트코인 도미넌스는 전체 암호화폐 시가총액 중 비트코인의 비중을 BTC 뒤에 .D를 붙여 도미넌스를 확인할 수 있다.

각 상위 알트코인은 개별 도미넌스 지표를 갖고 있고, 스테이블코인ㅁ

그림 5 비트코인 도미넌스(BTC.D)(출처: 트레이딩뷰)

그림 6 이더리움 도미넌스(ETH.D)(출처: 트레이딩뷰)

국 달러 등 법정 화폐에 가치를 연동해 가격 변동성을 최소화한 암호화폐인 USDT와 USDC 역시 동일하게 '.D'를 붙여서 표시한다.

특히 USDC는 최근 USDT에 비해 도미넌스가 빠르게 상승 중이며, 발행량 증가와 함께 시장 진입을 선도하는 흐름을 보이고 있다. 도미넌스 지표를 보면 현재 주목받는 코인뿐만 아니라 향후 유동성 유입 가능

그림 7 알트코인 도미넌스 - 시가총액 상위 10위권 제외(OTHERS.D)

성이 높은 섹터도 함께 파악할 수 있다.

　OTHERS.D는 상위 10위권을 제외한 알트코인의 시가총액 도미넌스를 의미한다. 이를 이더리움 도미넌스와 비교해보면, 알트코인 전반이 상승할 때조차도 이더리움 도미넌스는 하락세를 보여 알트코인 평균과는 다른 움직임을 보였다는 점을 확인할 수 있다.

도미넌스를 통해 예측하는 알트코인 대세 상승장

　도미넌스 지표는 알트코인 대세 상승장을 예측하는 주요 도구다. 비트코인 도미넌스와 비트코인 가격의 흐름을 함께 살펴보면 다음 세 가지 시나리오로 시장을 구분할 수 있다.

　첫째, 비트코인 도미넌스와 가격이 동시에 상승하는 구간은 비트코인 대세장이다. 이 시기에는 자금이 비트코인으로 집중되고 알트코인은 상대적으로 저조한 흐름을 보인다.

　둘째, 비트코인 도미넌스는 하락하는데 비트코인 가격이 오르면 알트

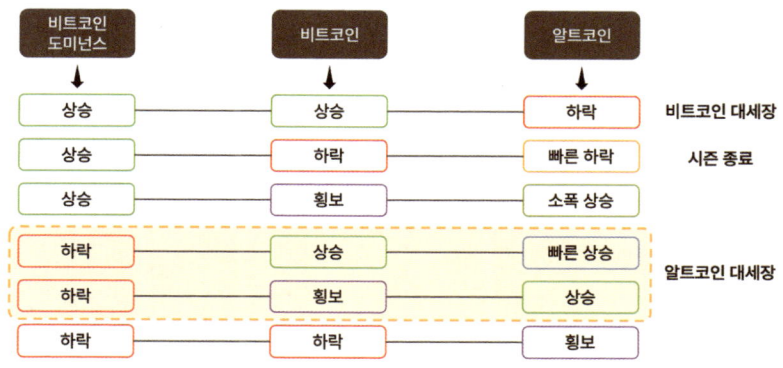

그림 8 알트코인 대세 상승장 시그널

코인이 가파르게 상승하는 구간이다. 이때 알트코인은 비트코인보다 더 빠른 속도로 대세 상승장에 진입한다. 하지만 비트코인 가격이 하락하고 도미넌스가 급격히 상승하는 구간이 나타나면 알트코인은 빠르게 하락세로 전환되므로 이 구간은 시즌 종료 시점으로 봐야 한다.

대세 상승장 구간에서 알트코인은 비트코인 대비 월등하게 높은 수익률을 기록했다.

실제로 2021년 3차 대세 상승장에서 비트코인은 124% 상승했고, 이어 알트코인 시가총액은 576% 상승했다. 하지만 모든 알트코인이 비트코인보다 높은 수익률을 거둔 것은 아니고, 장기적으로 보면 비트코인이 더 꾸준한 상승을 이어왔다. 따라서 알트코인은 매매 타이밍 관점이 중요하다. 알트코인의 흐름을 더 명확하게 보여주는 지표는 알트코인 시즌 인덱스다. 상위 50개 알트코인의 수익률을 기준으로 산출하며, 지수가 75 이상이면 알트코인 시즌, 25 이하는 비트코인 시즌으로 판단한다. 상승 랠리 초입에서 이 지표를 확인하면, 더 높은 수익률을 기대할 수 있

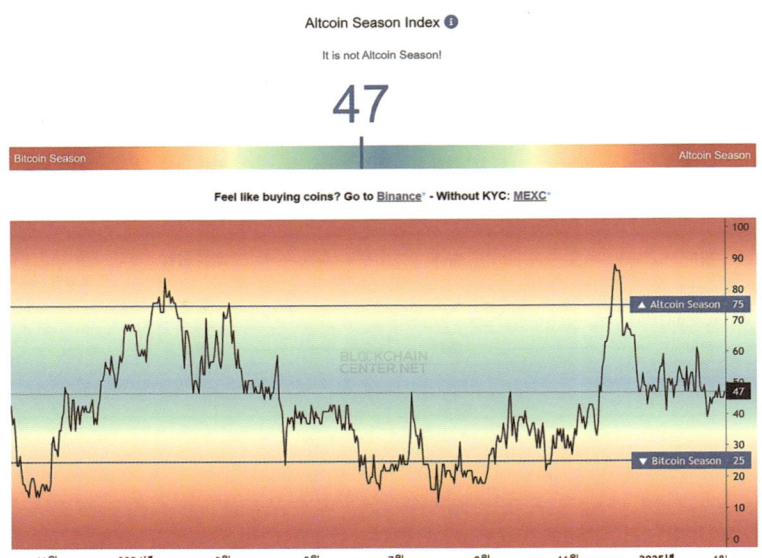

그림 9 알트코인 시즌 인덱스(출처: 블록체인센터)

는 매수 전략 수립이 가능하다. 전통적으로 59~61 구간에서 조정을 받아왔다. 시즌 인덱스는 3개월의 평균 흐름을 관측하는 것이라면, 1년을 기준으로 환산한 지표는 이어(YEAR) 인덱스다. 대세 상승장 전반을 두고 알트코인 대세장을 판별할 수 있다.

시장의 흐름을 점검했다면, 이제 어떤 코인을 담을지 살펴야 한다. 중요한 것은 코인을 무조건 많이 보유한다고 해서 수익률이 높아지는 것이 아니라는 점이다. 내가 컨트롤할 수 있는 범위 안에서, 잘 알고 확신할 수 있는 코인을 가져가는 것이 우선이다.

코인을 선택할 때 가장 기본적인 조건은 펀더멘털이다. 수수료 수익, TVL, 대출 프로토콜의 활성 대출 등 명확한 결괏값이 나오는 코인들이 이번 시즌 좋은 흐름을 보이고 있다. 내러티브도 여전히 중요하다. 최근 급등했던 크로노스는 트럼프 미디어 그룹이 재무 전략을 통해 트레저리 기업으로 도약하겠다고 발표하면서 큰 가격 움직임을 보였다.

유통량도 반드시 점검해야 한다. 아무리 좋은 코인이라도 락업 해제를 통해 물량이 지속적으로 풀리면 상승은 제한된다. 재단의 태도 역시 중요하다. 이더리움은 재단의 포지션 변화 이후 기업과 기관 채택이 급증하면서 상승세를 이어갈 수 있었다.

만약 스스로 판단하기 어렵다면, 기관과 기업의 채택이 가파른 코인, 인덱스나 포트폴리오에 포함된 코인, 현물 ETF 출시 가능성이 높은 코인을 주목하는 것도 방법이다.

비트코인 대세 상승장을 활용한 투자 전략 수립

대세 상승장에서 구체적인 투자 전략을 실행할 수 있는 방법은 온체인 지표On-Chain, 블록체인에서 발생하는 거래 내역을 실시간으로 추적하고 분석하는 지표를 활용해 고점과 저점을 판단하고, 현금 흐름을 설계하는 것이다.

그림 10 MVRV 지표(출처: 크립토퀀트)

그림 11 가격 차트 (출처: 트레이딩뷰)

대표적인 온체인 지표인 MVRV에서 분홍색 구간은 매도 타이밍으로, 연두색 구간은 매수 타이밍으로 해석된다. 〈그림 10〉에서 연두색으로 표시된 MVRV가 1 미만일 때는 시장이 저평가 구간에 진입한 것으로 보고, 이 시점에서 매수를 진행하면 단가를 낮추고 수익률을 극대화할 수 있다.

반면 분홍색으로 표시된 영역은 MVRV 3.7 이상인 구간으로 매도, 즉 현금화가 필요한 구간이다. 일반적으로 대세 상승장의 정점에 가까운 것으로 판단한다. 하지만 이번 시즌은 MVRV가 더 낮은 구간에서 정점이 형성될 가능성이 열려 있다.

이와 함께 유용한 전략으로는 〈그림 11〉과 같이, 이전 대세 상승장의 전고점까지 가격이 하락하거나 전고점을 하회할 때 물량을 매수하는 방법이 있다. 해당 가격 차트를 활용하면 바닥 구간의 강도와 수준을 보다 직관적으로 확인할 수 있으며, 같은 매수 타이밍이라 하더라도 보다 저렴한 가격에 다음 대세 상승장을 준비할 수 있다. 현재 상승장이 마무리되고 크립토 윈터 구간이 시작되는 시점을 주의 깊게 지켜보아야 한다. 이처럼 디테일과 큰 흐름을 동시에 고려하는 전략을 수립하려면 장기적 관점과 중단기적 관점을 함께 유지해야 한다.

따라서 이번 시즌에서 가장 중요한 것은 명확한 엑시트 타이밍을 찾아 수익을 실현하는 것이며, 이어서 다음 사이클에 진입할 수 있는 저점 구간을 파악해 바닥에서 물량을 다시 모아가는 것이다.

일반적으로 시장은 최고점에 도달한 후 약 1년 동안 가격이 지속적으로 하락하는 경향을 보인다. 현실적으로 완벽한 천장과 바닥에서 매수·매도하는 것은 불가능하므로, 중요한 상승 구간에서는 분할매도 전략을, 유의미한 저평가 구간에서는 분할매수 전략을 수행해야 한다.

한편 기존에는 비트코인에서 이더리움, 메이저 알트코인, 마이너 알트코인으로 이어지던 자본 흐름이 ETF와 기관 수요에 묶이면서 이번 시즌 알트코인 대세 상승장의 패턴이 달라질 가능성이 제기되고 과거 시장을 주도하던 주체는 고래라고 불리던 온체인 트레이더들이었다. 주로 단기 투자를 위주로 하고, 순환매를 이끈 장본인들이라고 볼 수 있다.

이번 시즌을 넘어서 앞으로 암호화폐 시장은 자본 순환 구조에 한계가 생길 수 있으며, 알트코인 상승을 이끌어온 순환 펌핑 구조가 약화될 수 있다는 분석이 나온다. 따라서 과거처럼 시장 전체에 투자하기보다는 상승 가능성이 명확한 종목을 선별해 포트폴리오를 구성하는 것이 더 중요해졌다.

또한 알트코인 시장은 다양한 블랙스완_{예측할 수 없고 시장에 큰 충격을 주는 돌발 변수} 이슈에 취약하다는 점을 반드시 기억해야 한다. 악재 발생 시 알트코인은 비트코인보다 훨씬 큰 타격을 받을 수 있으며, 예측보다는 대응에 집중한 전략이 필요하다. 갑작스러운 폭락에 대비해 현금 흐름을 미리 마련해두는 것이 바람직하다.

 핵심 포인트

① 비트코인 반감기의 낙수 효과로 알트코인 시장은 강력한 성장 동력을 얻었고, 실제로 반감기 이후 가격이 크게 상승했다.

② 비트코인 도미넌스와 비트코인 가격의 흐름을 함께 분석하면, 알트코인 대세 상승장을 미리 준비할 수 있다.

③ MVRV와 같은 온체인 지표를 활용해 고점에서는 분할매도, 저점에서는 분할매수 전략을 실행하며, '크립토 윈터' 이후 사이클 초입에서 물량을 확보하는 전략이 유효하다.

대세 상승장의 기본 핵심 전략

　어떤 특정 코인이 갑자기 급등한다고 해서 보유 코인을 서둘러 매도하고 갈아타거나, 갖고 있는 현금을 한 번에 소진하는 것은 바람직하지 않다. 중요한 것은 언제나 자신의 원칙과 방향성을 유지하면서 포트폴리오 전략의 관점에서 투자를 이어가는 것이다.

　이번 시즌 사이클 흐름은 과거 대비 차분한 흐름을 보였다. 특히 알트코인은 과거와 같은 비이성적인 흐름을 보이지 않았다. 물론 비트코인이 주요 변곡점을 돌파하지 못한 가운데, 크로노스처럼 이벤트성 호재로 급등하는 알트코인도 있었고, 다른 근본적인 알트코인들은 상승 준비를 하며 변곡점에 다가서는 모습도 포착되었다.

　이럴 때 투자자 심리는 크게 흔들린다. 늦었더라도 따라가야 하는지 고민하게 되지만, 장기투자 관점에서 중요한 것은 개별 알트코인이 아니라 시장 전체의 큰 흐름이다. 시장과 비트코인, 알트코인 전반의 구조적인 움직임을 관찰해야 전략이 흔들리지 않는다.

이번 파트에서는 대세 상승장에서 어떤 전략을 세워야 장기적인 관점에서 안정적인 수익을 거둘 수 있는지 이야기해보려 한다. 변동성이 큰 암호화폐 시장에서는 단기 움직임보다 큰 그림을 먼저 그릴 수 있어야 하며, 이를 위해선 종목 선정, 매매 타이밍, 포트폴리오 구성까지 모두 유기적으로 연결되어야 한다.

이때 가장 중요한 것은 지표와 데이터를 활용해 객관적으로 저평가 구간을 포착하는 것이다. 감정이 아니라 근거로 접근해야만 대세 상승장을 내 편으로 만들 수 있다.

수요와 심리를 보여주는 지표들

시장의 큰 흐름을 점검할 때 가장 중요한 포인트는 수요와 투자 심리다. 시장에 수요가 굳건히 유지되고 있는지, 투자 심리가 살아 있는지를 봐야 한다. 이를 확인할 수 있는 대표 지표가 파생상품 시장의 흐름이다.

첫 번째는 자본의 흐름이다. 현물 시장과 파생상품 시장 중 어디로 더 많은 자본이 흘러가는지 확인할 수 있는데, IF Interexchange Flow Pulse가 바로 그것이다. 과거 대세 상승장의 고점 구간에서는 파생상품으로 자본이 집중되었는데, 만약 여전히 현물 중심의 상승이 이어지고 있다면 시장은 과열되지 않고 건전하게 상승하고 있는 것이다. 두 번째는 레버리지 수준이다. 시장에 거품이 끼는지 여부를 보여주는데, 녹색 구간을 유지하며 레버리지가 과도하게 끼지 않은 상승장이 이어지고 있다면, 여전히 상승 기회는 남았다고 해석한다. 펀딩레이트 히트맵 Funding rate Heatmap 지표를 주로 확인한다.

결론적으로, 과거 대세 상승장이나 과열 구간에서 나타났던 지표 신호들이 아직 정점에 도달하지 않았고, 대세 상승장을 믿는 투자자라 여전히 기회가 남아 있다고 해석할 수 있는 것이다.

시장에서 수요를 측정하는 대표적인 지표가 명목수요Apparent demand다. 이는 신규 발행량과 1년 이상 비활성화된 코인의 공급량을 비교해 수요를 보여준다. 양수 영역을 유지하고 있다면, 꾸준한 수요가 나오고 있다는 신호다.

또한 코인베이스 프리미엄 지표를 통해 미국 기관의 수요도 확인할 수 있는데, 이 역시 양수 영역을 유지하는지, 상승세를 유지하는지 확인해야 한다. 미국 수요가 유지되고 있다면 긍정적인 시그널로 볼 수 있다. 아울러 가격이 하락하는 구간에서 코인베이스 프리미엄 지표가 상승하면 미국 기관들이 바이더딥 전략을 가지고 가는 것으로 해석할 수 있다. 여기에 공포·탐욕지수를 보면 투자자들의 심리를 확인할 수 있다. 가격이 조정받는 구간에서도 공포 구간으로 떨어지지 않고, 중립 이상을 유지한다면 투심이 유지되고 있다는 의미다. 시장이 추세를 잃지 않으려는 의지가 강하다고 해석할 수 있다. 결국 우리는 시장 점검 과정에서 과열 신호, 수요 변화, 기관 수요 감소 여부를 꾸준히 체크해야 한다. 그래야 전략을 세울 때 흔들리지 않는다.

알트코인 투자는 대응 전략이 핵심이다

앞서 챕터 2에서 이야기했듯, 알트코인 투자는 '변동성과의 사투' 그 자체다. 특히 블랙스완 이슈가 발생하면 가격이 어디까지 빠질지 가늠조차 하기 어렵다. 그렇기 때문에 알트코인에 투자할 때는, 해당 변동성이 어떤 원인에서 비롯됐는지를 먼저 파악해야 한다.

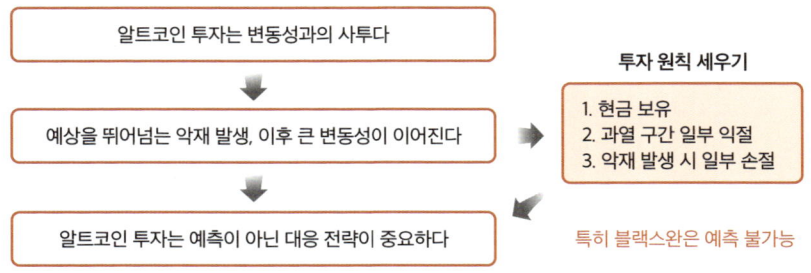

그림 1 알트코인 투자의 중요 포인트

보통은 예측 불가능한 악재 이후 큰 변동성이 발생한다. 문제는 이를 사전에 예측하기 어렵다는 점이다. 그래서 중요한 것이 바로 '대응 전략'이다. 가장 먼저 준비해야 할 전략은 현금 비중 관리다. 현금을 일정 부분 항상 보유하면서, 하락 구간이 찾아올 때 분할로 나눠 '바이더딥' 매수를 진행해야 한다.

여기서 중요한 것은 절대로 한 번에 현금을 다 써버리지 않는 것이다. 이 같은 조급한 접근은 오히려 투자 실패로 이어질 수 있다. 현금은 반드시 일정 비율을 남겨두는 습관을 가져야 하며, 하락장에서 사용하지 못한 현금은 이후 추세 전환이 명확해졌을 때 다시 투자해도 늦지 않다.

'이번 시즌에 끝내야', '이제 마지막 기회야' 같은 조급한 감정은 반드시 손실로 이어지기 마련이다. 성공적인 투자는 결국 냉철한 판단에서 시작된다. 객관적인 지표와 원칙에 따라 움직여야만 이 시장에서 살아남을 수 있다.

개인투자자라면, 노동소득이든 사업소득이든 현금 흐름을 꾸준히 창출해 투자 자금으로 활용하는 것이 가장 이상적이다. 만약 현재 현금 흐름이 어렵다면, 투자 과정에서라도 현금 흐름을 만들어내는 구조를 고민해야 한다. 이 역시 전략의 일부다.

변동성에서 손실을 최소화하려면

기본적으로 상승장이 과열됐을 때는 일부 물량을 익절해 현금 흐름을 꾸준히 만들어야 한다. 반면 악재가 발생했는데 아무 대응도 하지 못한 채 마이너스 구간으로 진입했다면, 그때는 신중히 고민해봐야 한다. 만약 그 악재가 생각보다 오래갈 가능성이 있다면, 본인의 투자 원칙에 따라 일부 손절도 감수할 필요가 있다. 그렇다면 이런 상황을 어떻게 판단해야 할까. 가장 먼저 해야 할 일은 악재의 성격을 파악하는 것이다.

핵심은 '가격 하락의 원인'이 무엇인지 보는 데 있다. 악재가 장기적인지, 단기적인지를 구분해야 한다. 예를 들어 코로나 사태는 단기 악재로 보기 어려운 사건이었다. 하지만 정부가 대규모 유동성을 공급하면서 시장은 예상보다 빠르게 회복되었고, 결과적으로는 단기적 악재로 끝났다. 비슷한 예로, 2021년 중국의 비트코인 채굴 금지는 많은 사람이 장기 악재로 판단했고, 시즌이 종료된 것으로 결론을 내렸다. 하지만 채굴장이 해외로 빠르게 이전하면서 다시 해시레이트를 회복했고, 대세 상승장이

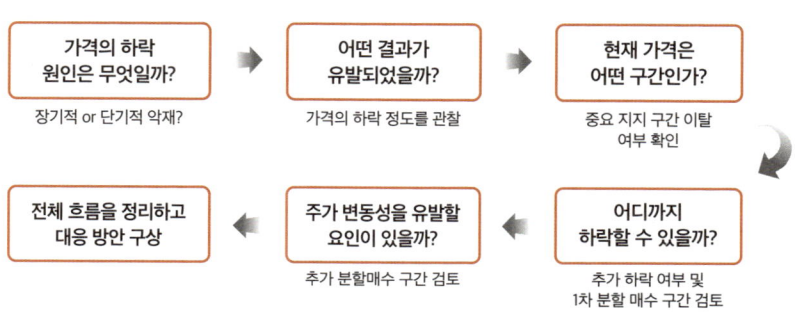

그림 2 악재에 대응하는 전략을 세우는 과정

재개되었다. 결국 그해 말에 정점을 찍었다.

따라서 악재 이후 회복 기간을 판단할 때는 더욱 신중한 접근이 필요하다. 악재가 발생하면 대부분 가격 하락이 동반되기 때문에, 지지 구간을 하방 이탈했을 때 가격이 어디까지 떨어질 수 있을지를 먼저 살펴야 한다. 이때는 온체인 지표와 기술적 분석을 함께 활용해 1차 분할매수 구간부터 점검해나가는 것이 좋다.

이 구간을 선정하는 기준은 악재의 지속 기간에 따라 달라질 수 있다. 장기 악재의 경우, 단순한 기술 분석만으로 구간을 정하면 하방을 방어하지 못하고 추가 하락으로 이어질 가능성이 있다.

또한 악재에 대한 판단 기준은 투자자의 성향에 따라 달라지기도 한다. 예를 들어 매우 보수적인 투자자라면 바이더딥 구간을 현재보다 훨씬 낮은 가격대에 설정할 것이다. 반대로 다소 진취적인 투자자라면 현재 가격에 더 가까운 지점부터 1차 매수를 시작할 수 있다.

어떤 경우든 분할매수 구간은 충분한 근거와 데이터를 바탕으로 정해야 하며, 추가적인 변동성을 유발할 수 있는 요소가 있는지도 확인해봐야 한다. 이런 흐름을 종합적으로 파악한 다음에야 제대로 된 대응 전략을 짤 수 있다.

늘 강조하지만, 장기투자 관점에서 가장 효과적인 대응 전략은 결국 바이더딥이다. 저렴한 가격에 매집하는 것보다 투자에서 중요한 일은 없다. 그 뒤 사이클이 전환될 때 고점 혹은 고점 근처에서 매도하는 것, 그것이 이번 대세 상승장을 현명하게 활용하는 최고의 전략이다.

하지만 많은 사람들은 가격이 급락한 상황에서는 더 떨어질까 두려워서 사지 못한다고 말한다. 바이더딥 구간인지 여부는 다양한 지표를 통

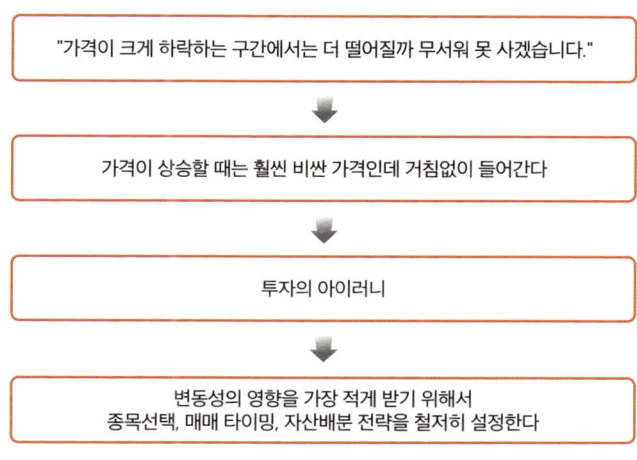

그림 3 투자의 아이러니

해 확인할 수 있다. 물론 아무리 정교하게 분석해도 단기 하락 추세가 이어질 가능성은 항상 존재한다. 그럼에도 불구하고 저평가 구간에서 매수에 나선다면, 반등이 시작됐을 때 훨씬 더 좋은 수익을 거둘 수 있다. 고점에서 매수한 사람보다 유리한 위치에 서게 되는 것이다.

그런데 대부분의 투자자는 하락세가 무서워 저점 매수는 망설이면서도, 가격이 오르기 시작하면 훨씬 더 비싼 가격에도 주저 없이 매수에 나선다. 이것이 필자가 생각하는 투자의 아이러니다. 이런 아이러니한 전략이야말로 투자 실패의 가장 큰 원인임을 반드시 기억해야 한다.

성장성과 안전성을 동시에 가진 '인프라 프로젝트'

챕터1에서 암호화폐의 자산 가치와 중요성에 대해 전반적으로 다루었다면, 이제부터는 조금 더 구체적인 종목 선정 이야기를 해보려 한다. 과연 4차 대세 상승장에서 어떤 알트코인에 주목해야 할까? 앞서

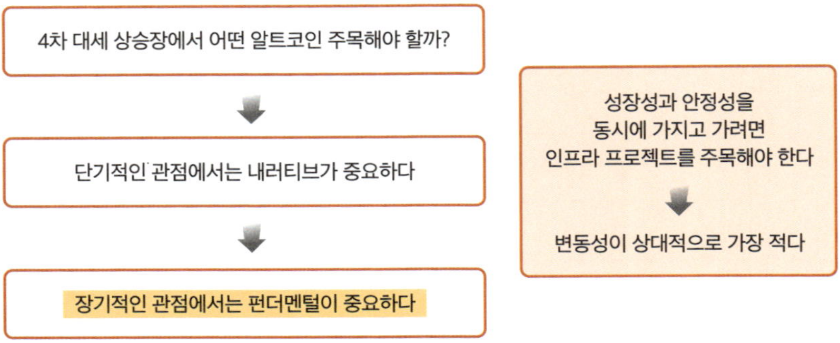

```
┌─────────────────────────────────┐
│ 4차 대세 상승장에서 어떤 알트코인 주목해야 할까? │
└─────────────────────────────────┘
              ↓
┌─────────────────────────────────┐          ┌──────────────────────┐
│   단기적인 관점에서는 내러티브가 중요하다   │          │    성장성과 안정성을      │
└─────────────────────────────────┘          │   동시에 가지고 가려면     │
              ↓                              │ 인프라 프로젝트를 주목해야 한다 │
┌─────────────────────────────────┐          └──────────────────────┘
│  장기적인 관점에서는 펀더멘털이 중요하다   │                    ↓
└─────────────────────────────────┘          ┌──────────────────────┐
                                             │ 변동성이 상대적으로 가장 적다 │
                                             └──────────────────────┘
```

그림 4 변동성 최소화를 위한 종목 선정 방법

말했듯 단기적으로는 내러티브가, 장기적으로는 펀더멘털이 투자 판단의 기준이 된다.

내러티브 관점에서는 해당 코인이 얼마나 상승할 수 있을지, 즉 성장성에 무게를 둔다. 반면 펀더멘털은 성장성은 물론 안정성까지 함께 고려하는 접근이다. 그렇다면 수많은 알트코인 중에서 성장성과 안정성을 동시에 확보하려면 무엇에 집중해야 할까? 바로 '인프라 프로젝트'다.

인프라 프로젝트는 알트코인 중에서도 변동성이 낮은 편에 속하며, 상승장에서도 안정적으로 높은 수익을 기대할 수 있다. 2024년까지만 해도 밈코인(인터넷 밈이나 트렌드 등에서 착안해 만들어진 암호화폐로, 현재 수천 종 이상 존재)이 우후죽순으로 펌핑되며 인프라 코인들이 상대적으로 주목받지 못하지만 시장에서는 오히려 이러한 분위기 때문에 암호화폐 생태계가 도박장처럼 변했다는 비판이 많았다.

하지만 지금은 분위기가 달라졌다. 인프라 프로젝트들은 꾸준히 우상향 곡선을 그리고 있고, 반대로 밈코인들은 대부분 우하향 흐름을 보이고 있다.

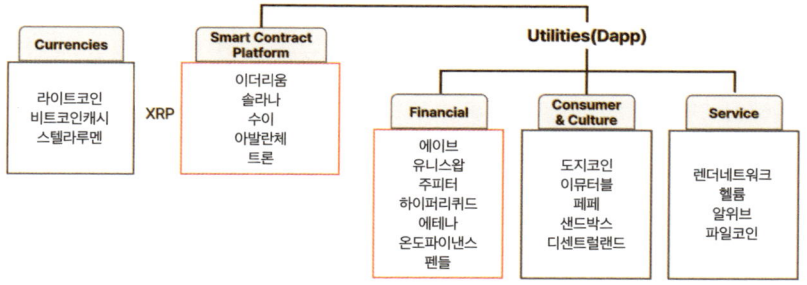

그림 5 인프라 프로젝트의 분류 예시

인프라 프로젝트를 이해하려면, 먼저 '어디에 자본이 모이고 어떤 기반이 서비스 성장을 뒷받침하는가'를 살펴야 한다. 즉 인프라란 새로운 가치를 만들어내는 '그릇'이라고 보면 된다.

이를 웹2 산업에 비유하면 이해가 쉽다. 가령 애플과 구글이 가장 많은 수익을 올리는 분야는 앱스토어와 구글 플레이 같은 플랫폼이다. iOS라는 안정적인 기반 위에서 수많은 앱들이 개발되고 유통되는 구조 자체가 대표적인 인프라 사례다.

스마트 컨트랙트 플랫폼과 디앱

암호화폐 시장에서도 이런 플랫폼 구조를 가장 먼저 주목해야 한다. 대표적인 것이 스마트 컨트랙트 기반의 생태계다. 이더리움, 솔라나, 수이, 아발란체, 트론 등이 이에 속하며, 특히 '레이어1' 기반 플랫폼은 포트폴리오 전략에서 핵심 자산으로 자리 잡는다. 물론 이런 플랫폼들도 성장 과정에서 여러 악재를 마주하게 되겠지만, 다른 알트코인에 비해 상대적으로 안정적이며 변동성이 덜하다는 강점이 있다.

다음으로는 이 플랫폼 위에서 작동하는 탈중앙화 앱, 즉 '디앱Dapp'을 주목해야 한다. 이들 디앱은 보통 유틸리티 코인 형태로 제공되며, 특히 탈중앙화 금융디파이 분야는 가장 주목할 만한 영역이다.

디파이는 기관 자본이 모인다는 점에서 일종의 금융 인프라로 간주된다. 또한 디파이는 전통 금융과 크립토가 결합될 때 가장 큰 수혜를 입는 구조이기도 하며, 트럼프 대통령 당선 이후에는 RWARea l World Assets 섹터와 함께 가장 크게 주목을 받고 있다. 이외에도 디앱에는 소비자 및 문화 관련 유틸리티, 밈코인, 게임코인, AI 서비스 등 다양한 영역이 포함되어 있다.

또 하나 흥미로운 포인트는 XRP리플 랩스에서 개발하고 발행한 리플 네트워크의 기본 화폐다. XRP는 화폐 기능과 플랫폼 기반을 모두 가진 몇 안 되는 프로젝트다. 처음에는 단순 송금 목적의 프로젝트였지만, 지금은 XRPL 플랫폼을 활용해 생태계 점유율을 확대하려는 흐름을 보이고 있다.

인프라 프로젝트를 더 잘 이해하려면, 알트코인의 구조와 분류부터 정확히 살펴야 한다. 첫 번째는 결제와 거래를 위한 알트코인이다. 라이트코인, 비트코인캐시, 모네로 등이 이에 해당한다.

두 번째는 스마트 컨트랙트 기반 플랫폼이다. 스마트 컨트랙트는 중앙화된 방식이 아닌 조건이 충족되면 자동으로 실행되는 구조로, 이더리움 이후 대부분의 플랫폼이 이 방식을 채택하고 있다.

이런 플랫폼에서는 다양한 서비스가 운영된다. 물론 구글 안드로이드나 iOS 같은 중앙화 플랫폼과는 성격이 다르지만, 사용 방식에서는 유사한 점도 많다. 예를 들어 스마트폰에 앱을 설치하듯, 암호화폐 플랫폼에도 앱을 설치해 사용하는 구조다. 이 앱들을 디앱이라고 부르며, 주로 '유틸리티 코인'으로 분류된다.

이쯤에서 한 가지 질문을 던질 수 있다. 유틸리티 코인은 플랫폼의 성장에 종속되는 구조일까? 보통은 그렇다. 예를 들어 이더리움 기반으로 만든 디앱이라면, 이더리움 가격이 상승하지 않을 경우 그 앱의 가치도 정체되기 쉽다. 이더리움에 악재가 생겨 가격이 떨어지면, 해당 디앱의 가치도 함께 하락할 가능성이 있는 것이다. 하지만 반드시 그런 것만은 아니다. 디앱 자체의 경쟁력에 따라 독자적인 상승을 보이는 경우도 있기 때문이다.

디앱은 크게 세 가지로 나눌 수 있다. 첫 번째는 금융 분야로, 대표적인 것이 디파이다. 실물 자산을 온체인에 올리는 RWA 프로젝트 역시 큰 틀에서 보면 디파이에 포함된다. 두 번째는 소비자 및 문화 영역으로, 밈코인, 게임코인, NFT 등이 여기에 포함된다. 세 번째는 AI를 활용한 서비스다. 디핀 같은 프로젝트도 GPU 공유 등은 AI와 중첩되기도 한다.

그렇다면 AI는 왜 '서비스'로 분류될까? 이는 우리가 챗GPT 같은 서비스를 이용하듯, 탈중앙화된 GPU 공유나 인프라 네트워크를 활용하는 방식이기 때문이다. 결국 수많은 서비스와 앱이 플랫폼 기반으로 생겨나기 때문에, 인프라 프로젝트를 전략의 중심에 놓아야 한다.

현재 주목받고 있는 인프라 프로젝트 종목

그렇다면 기관들은 어떤 인프라 프로젝트에 주목하고 있을까? 이를 확인하기 위해 트럼프 일가의 월드리버티파이낸셜 포트폴리오를 살펴보면 도움이 된다. 해당 포트폴리오에는 이더리움과 트론 같은 대표적인

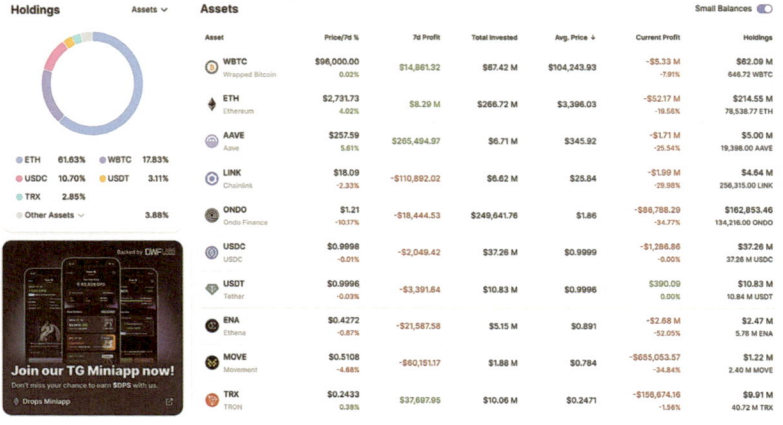

그림 6 월드 리버티 파이낸셜 포트폴리오(출처: 드랍스탭)

플랫폼 코인을 비롯해, 에이브, 체인링크, 온도파이낸스, 에테나와 같은 디파이 프로젝트들이 포함되어 있다.

이 외에도 참고할 수 있는 지표가 있다. 바로 코인데스크 20 인덱스와 코인베이스 50 인덱스 등의 주요 인덱스다. 그레이스케일의 GDLC Grayscale Digital Large Cap Fund가 ETF로 전환되었는데, 그 명칭이 '코인데스크 크립토 5 ETF'다. 인덱스 구성 종목을 보면 비트코인, 이더리움, 솔

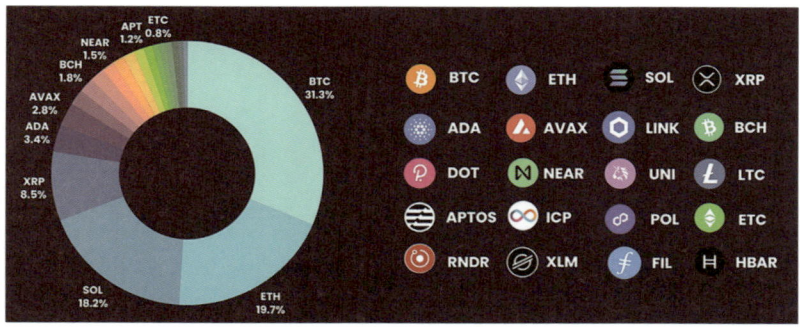

그림 7 코인데스크 20 인덱스 포트폴리오(출처: 코인데스크)

그림 8 성장성과 안정성을 갖춘 코인의 조건

라나, XRP 등 대부분이 플랫폼 기반 프로젝트라는 점을 알 수 있다. 이 비중은 수시로 변경되기 때문에 정기적으로 확인해두면 투자에 유용하다.

종합적으로 보면, 인프라 프로젝트는 안정적이고 중장기적으로 모아갈 수 있는 코인에 해당한다. 다음의 조건을 갖춘 종목일수록 좋은 선택이 될 수 있다.

첫째, 인프라 기반의 알트코인일 것. 둘째, 시가총액 기준으로는 20위 이내, 더 위험을 감수하더라도 가급적 50위 이내에 있는 코인일 것. 셋째, 락업 해제락업(lock-up) 기간이 종료되면서 잠금 상태였던 코인이 시장에 풀리는 것 물량이 적을 것.

그렇다면 오래된 코인과 신규 코인 중 어떤 쪽이 더 유리할까? 이 역시 투자 성향에 따라 다르다. 오래된 코인은 예정된 락업 물량이 적고, 장기간 생존해왔다는 점에서 안정성이 있다. 반면, 신규 코인은 락업 해제 물량이 많아 단기 하락이 있을 수 있으나, 신선한 내러티브를 바탕으로 큰 상승 가능성도 함께 갖고 있다.

그래서 포트폴리오를 구성할 때는 신규와 기존 코인을 적절히 혼합하는 것이 좋다. 이 과정에서 기관투자자의 포트폴리오를 참고하면 더 안정적인 종목을 선택할 수 있다.

마지막으로 거래량이 활발하고 유동성이 높은 종목일수록 안정적인 코인으로 평가되기 때문에, 대세 상승장을 함께할 종목을 고를 때는 이 요소도 함께 고려해야 한다.

최근에는 락업 해제에 따른 가격 반응이 일관되지 않는 사례도 많다. 따라서 단순히 락업 일정만 볼 것이 아니라, 시장의 상황과 프로젝트 특성을 함께 고려해 판단해야 한다. 알트코인은 기본적으로 수요와 공급에 따라 가격이 크게 요동치는 자산이다. 그렇기 때문에 락업 해제 물량이 대량으로 풀리는 시점에는, 이를 일종의 악재 신호로 받아들이는 것이 일반적이다.

이러한 락업 관련 정보는 '크립토랭크Cryptorank'나 '토크노미스트Tokenomist' 같은 사이트에서 확인할 수 있으며, 기관투자자의 포트폴리오 역

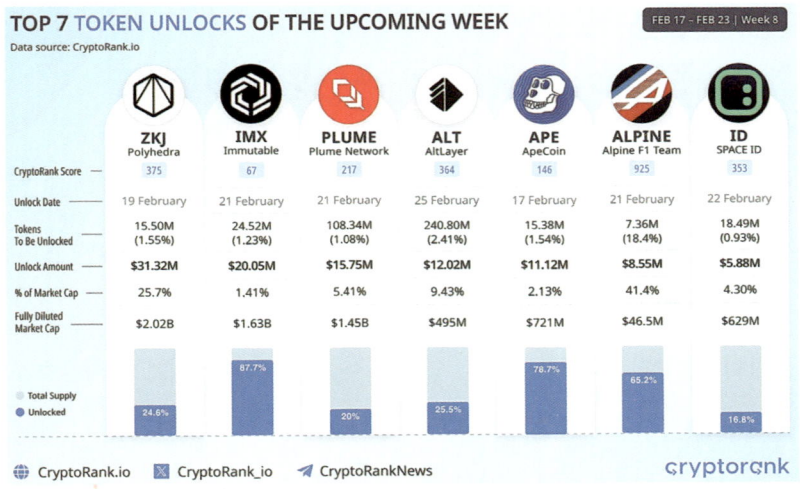

그림 9 락업 해제 예정 코인 종목 예시(출처: 크랩토랭크)

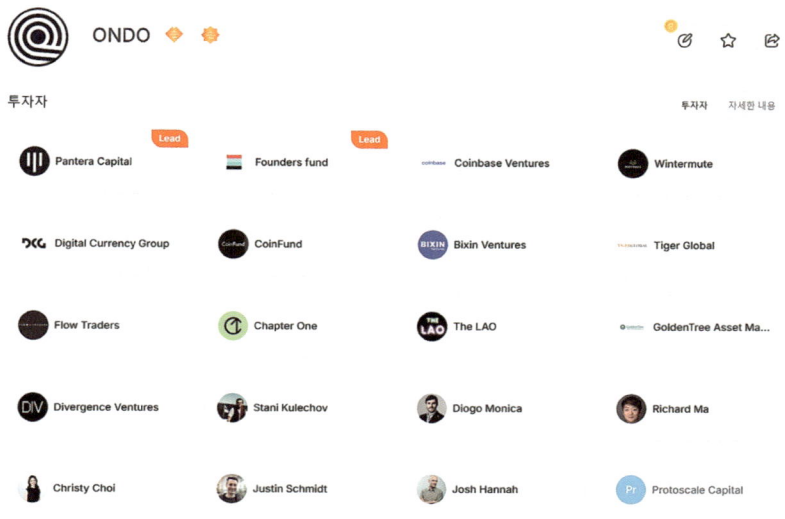

그림 10 코인 종목별 기관투자자 정보(출처: 루트데이터)

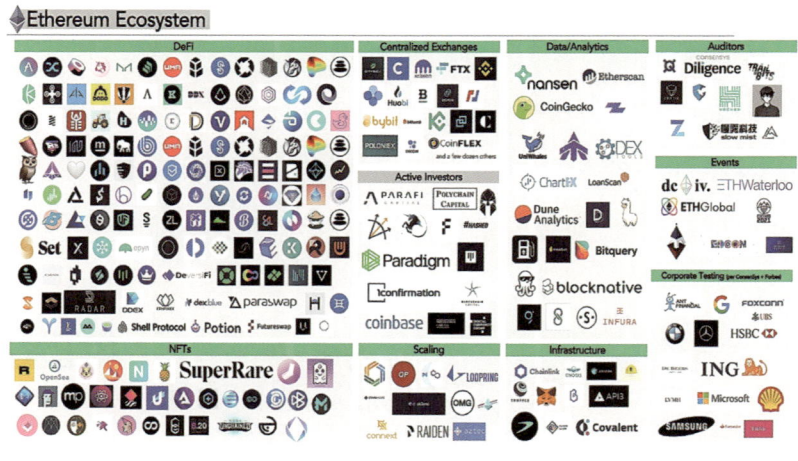

그림 11 이더리움 생태계(출처: X 계정 '@n2ckchong')

시 함께 참고하면 보다 정밀한 투자 판단에 도움이 된다.

앞선 이야기를 바탕으로 이더리움을 계속 보유해야 하는 이유를 살펴보자. 이더리움의 지속적인 성장 가능성에 무게를 두는 이유는 하나가 아니다. 알트코인의 대장격으로 TVL Total Value Locked이 다른 플랫폼에 비해 압도적으로 높고, 기관의 선호도 역시 가장 높은 편이다. 게다가 앞으로 예정된 업그레이드도 꾸준하다.

하지만 가장 핵심적인 이유는, 수많은 프로젝트와 자본이 바로 이더리움 기반에서 돌아가고 있다는 점에 있다. 이더리움이 무너지면 생태계의 상당수가 무너지게 된다.

이더리움 인프라에는 글로벌 기관과 웹2 기업, 그리고 천문학적인 자본이 함께 들어가 있다. 그만큼 비트코인 다음으로 암호화폐 시장에서 막강한 영향력을 지닌 종목이다. 그래서 하락세가 오더라도 꾸준히 주목해야 하는 이유가 여기에 있다. 결국 아무리 뛰어난 신생 프로젝트가 등장하더라도, 이더리움의 자리를 대체하기란 쉽지 않다.

또한 메인넷의 구조적 차이를 고려하면 이더리움과 솔라나, BNB는 가치 판단의 기준 자체가 다르다. 블록체인이 동시에 확장성, 보안성, 탈중앙화를 모두 만족시키기 어렵다는 '블록체인 트릴레마' 관점에서 보면 이더리움은 확장성과 보안성, 탈중앙화 사이의 균형을 비교적 안정적으

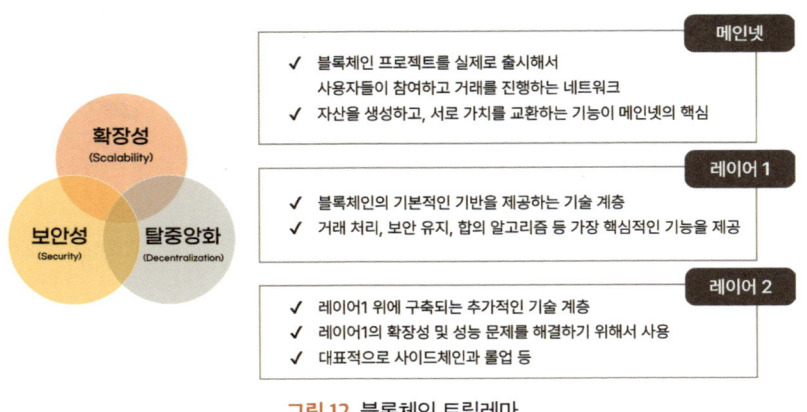

그림 12 블록체인 트릴레마

로 유지하고 있다. 그런데 상대적으로 보안성과 탈중앙화가 높기 때문에 기관의 진입이 용이하다. 그래서 하락장이 와도 이더리움은 존속 가능성이 높은 것이다.

솔라나 역시 점유율을 천천히 늘려가며, 생태계 내에서 또 다른 중요한 역할을 차지할 가능성이 크다. 이러한 메인넷 분석은 챕터 5에서 더 자세히 살펴볼 예정이다.

매매 타이밍과 종목 선정의 중요 포인트

다음으로는 매매 타이밍과 종목 선정에서 반드시 짚고 넘어가야 할 핵심 포인트들을 살펴보자. 알트코인 투자에서 가장 중요한 것은 역시 '저평가 구간'의 포착이다. 기본적으로 거래에는 현물 거래와 선물 거래가 있다.

현물 거래는 예컨대 업비트 같은 거래소에서 직접 코인을 구매하는 방식이다. 내가 직접 비트코인을 보관하는 건 아니지만, 현재 가치에 대해 돈을 지불하고 자산을 보유하게 된다.

중앙화 거래소와 탈중앙화 거래소의 차이도 유의해야 한다. 중앙화 거래소는 거래 자체가 일종의 계약에 가깝고 탈중앙화 거래소는 비트코인 자체가 지갑 간 실제 이동한다.

선물 거래는 미래의 특정 시점에 정해진 가격으로 코인을 사거나 팔겠다는 계약이다. 말 그대로 상승이나 하락에 베팅하는 투기성이 짙은 구조다.

가격이 오를 것으로 보고 베팅하는 건 '롱 포지션', 하락에 베팅하는 건 '숏 포지션'이다. 선물 거래에서는 레버리지를 사용할 수 있어, 내가

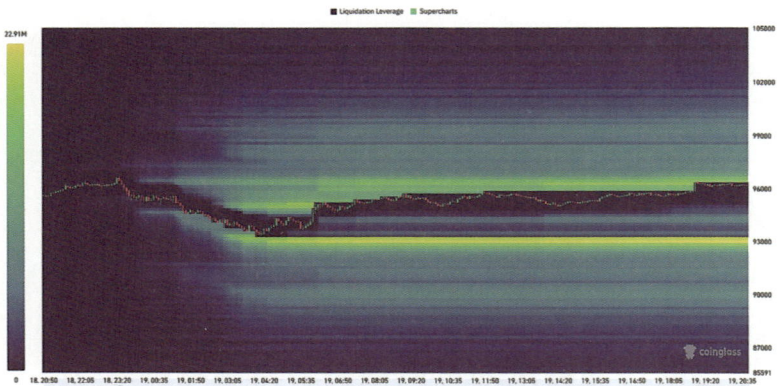

그림 13 청산 히트맵(출처: 코인글래스)

가진 자금의 5배, 10배, 심지어 125배까지도 베팅할 수 있다. 작은 변동에도 수익이 급변하게 되고, 가격이 크게 움직일 경우 '청산'이 발생하게 되어 영구적으로 돈을 잃을 수 있다.

〈그림 13〉의 청산 히트맵을 보면, 진한 색으로 표시된 곳에 포지션이 많이 몰려 있음을 알 수 있다. 가격 하단은 롱 포지션, 상단은 숏 포지션 구간이다.

롱 포지션이 과하게 쌓이면, 이를 지켜보던 고래들이 일정 물량을 매도하면서 시장을 흔든다. 그 순간 롱 포지션이 연쇄적으로 청산되면서, 시장은 급락하게 된다. 이럴 때 개인투자자들은 이유도 모른 채 공포에 휩싸여 패닉셀링을 하게 되고, 가격은 더 깊은 낙폭을 기록하게 된다.

그렇다면 우리는 언제 매수해야 할까? 바로 롱 포지션이 충분히 정리되고, 시장이 저평가된 구간이다. 즉 투기적 수요가 모두 청산되어, 바닥 근처까지 가격이 내려왔을 때가 알트코인 투자의 최적 매집 타이밍이다.

한 설문조사에 따르면, 개인투자자의 경우 선물 거래보다 일정 금액을 정해진 간격으로 지속적으로 투자하는 방식인 DCA_{Dollar Cost Averaging} 전략을 선택했을 때 수익률이 더 높았다고 한다. 그만큼 선물 거래는 고래들이 장을 조작할 가능성이 높아, 개인투자자 입장에서 성공할 확률이 매우 낮다. 시장을 읽기 전에, 먼저 자신의 전략을 신중하게 점검해보는 것이 우선이다.

이제 종목 선정과 매매 타이밍의 실제 사례를 살펴보자. 〈그림 14〉는 이더리움 기반의 탈중앙화 대출 프로토콜인 에이브의 가격 추이다. 등락은 있었지만, 전체적으로는 중장기 상승 흐름을 이어가고 있다.

〈그림 15〉는 솔라나 기반의 밈코인 '도그위햇_{Dogwifhat}'이다. 한동안 투자자들의 기대를 받으며 주목을 받았지만, 현재 중장기적 하락 추세를 이어가고 있다. 이처럼 인프라 기반의 종목은 단기 변동성이 크더라도, 중장기적으로는 우상향할 가능성이 높다.

좋은 종목이라는 확신이 있고, 이를 뒷받침하는 데이터와 지표가 있

그림 14 에이브 가격 추이

그림 15 도그위햇 가격 추이

다면 단기 조정이 와도 패닉셀링 없이 보유하는 것이 유리하다. 건실한 펀더멘털과 내러티브를 갖춘 프로젝트는, 결국 다시 상승 흐름을 회복하게 되어 있기 때문이다.

이제 포트폴리오 관점에서 살펴보자. 시가총액 상위 우량 종목인 비

그림 16 비트코인 가격 추이

그림 17 솔라나 가격 추이

트코인과 솔라나를 비교해보면 흥미로운 차이가 있다. 같은 기간 동안 비트코인의 가격 변동률은 약 11%였던 반면, 솔라나는 무려 34%에 달했다. 특정 악재의 영향도 있었지만, 이 비교만 봐도 비트코인의 방어력이 훨씬 뛰어나다는 것을 확인할 수 있다.

따라서 단기적인 미실현 손실을 줄이고, 전체 리스크를 조절하려면 포트폴리오에서 비트코인의 비중을 높게 유지해야 한다. 이 원칙은 알트코인이 대세 상승장에 진입해도 변하지 않는다. 비트코인은 중장기적인

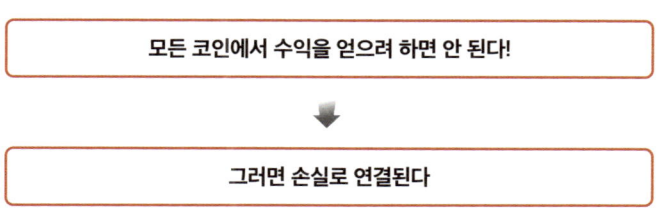

그림 18 코인 투자 시 주의 사항

안정성과 심리적 버팀목이 되어주기 때문이다.

또한 모든 코인에서 수익을 내려는 욕심은 버려야 한다. '이 코인에서 꼭 수익을 내야 해'라는 집착이나, '이걸 놓치면 큰 손해일 거야' 같은 감정은 시장에서 가장 위험하다.

가격이 급등하는 종목에 뒤늦게 올라탔다가 큰 손실로 이어지는 경우가 많다. 따라서 욕심보다 중요한 건, 처음에 세운 투자 원칙에 따라 종목을 선별하고, 전략대로 운용하는 일이다. 감정과 시세 흐름에 흔들리는 것이 아니라, 자신의 투자 철학과 전략을 중심에 두고 움직일 때 비로소

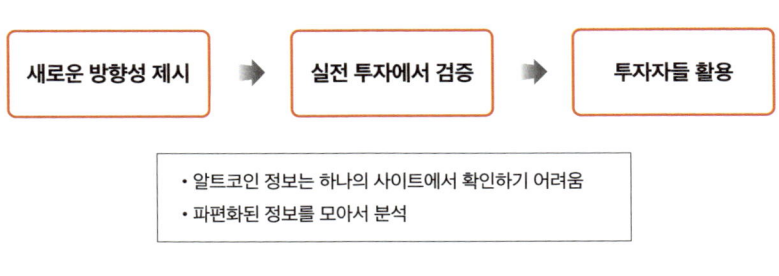

그림 19 알트코인 투자 방향의 설정 과정

성공 확률이 높아진다.

지금까지 알트코인 투자의 핵심 포인트를 차근차근 정리해왔다. 사실 알트코인 투자에는 절대적인 정답이나 '공인된 공식'이 존재하지 않는다.

누군가 새로운 전략을 제시하면 실전 투자에서 검증되고, 그 흐름을 많은 투자자들이 활용하게 된다. 필자가 이 책을 통해 소개하는 전략들 역시 직접 경험하고 검증한 것들이다. 여러분들도 이 전략들을 토대로

자신만의 기준을 다듬고, 새로운 방법을 더해가길 바란다. 그 과정에서 분명 더 견고하고 실전적인 투자 전략을 갖추게 될 것이다.

이번 파트에서는 큰 그림을 함께 그렸다. 다음 파트부터는 보다 구체적인 종목 발굴 및 검증 전략을 다루어보려 한다. 이제 본격적인 실전 포트폴리오 구성에 들어가보자.

핵심 포인트

1. 알트코인 투자는 예측보다 '대응'이 중요하며, 변동성이 크므로 손실 최소화 전략이 핵심이다.
2. 인프라 프로젝트는 상대적으로 변동성이 낮아 수익성과 안정성을 동시에 추구할 수 있다.
3. 인프라 기반의 알트코인 중 시가총액 20위권 이내, 락업 해제가 적은 종목이 안정적인 투자 전략 수립에 적합하다.

큰 기회를 가져다줄
알트코인 대표 주자 선별 방법

2025년 부의 확장을 이루어줄
알트코인 대표주자 TOP5

요즘 언론이나 암호화폐 전문가들을 통해 "모든 알트코인이 오르는 시대는 끝났다"는 이야기를 심심치 않게 들을 수 있다. 이에 대해 필자 역시 일정 부분 동의하는 편이다. 이러한 견해가 등장하게 된 이유는 크게 두 가지로 나눠볼 수 있다.

첫째, 알트코인의 종류가 지나치게 많아졌다는 점이다. 과거에는 등록된 코인 수가 아무리 많더라도, 실제 투자 가치가 있는 종목은 50~100개 정도에 불과했다. 하지만 요즘은 내러티브가 중요한 평가 기준이 되면서, 시가총액 300위, 500위, 심지어 700위까지도 고려 대상으로 삼는 투자자들이 늘어나고 있다. 문제는 이렇게 수많은 코인에 과연 충분한 자본이 고르게 분배될 수 있느냐는 것이다. 자본의 한계에 대한 의문이 제기되는 배경이다.

둘째, 비트코인과 이더리움 현물 ETF가 공식 승인되며, 기관 자본이 암호화폐 시장에 대거 유입된 점이다. 이에 따라 알트코인 현물 ETF도

속속 등장할 것이라는 기대가 커지는 반면, 이 자본이 증시에 묶이며 알트코인 시장 내 자본 순환이 제한될 수 있다는 우려 역시 존재한다.

물론 이 모든 시나리오가 맞는지는 알 수 없다. 하지만 이번 시즌 암호화폐 시장의 흐름을 살펴보면 2024년 비트코인 현물 ETF 출시 이후로 과거 사이클과 괴리를 보이고 있는 것이 관찰된다. 아울러 분명한 사실은, 이제는 더 이상 주변의 말만 듣고 아무 근거 없이 투자해서는 안 된다는 점이다. 안정적인 수익을 추구한다면, 단기 급등 종목이 아닌 장기 성장 가능성을 담보하는 종목에 집중해야 한다.

포트폴리오의 중심에는 반드시 안정적인 알트코인을 두고, 그 위에 다른 자산을 더해가는 방식으로 전략을 세워야 한다.

알트코인 투자의 안정성을 높이는 방법

그렇다면 어떻게 해야 안정성과 성장성을 동시에 확보할 수 있을까. 이를 위해 몇 가지 기준을 고민해볼 필요가 있다.

가장 먼저 살펴야 할 것은 '인프라'다. 앞서 언급했듯 장기적으로 안정적인 코인을 찾고 있다면, 생명주기가 짧은 서비스보다는 다양한 서비스가 계속해서 등장할 수 있는 인프라에 더 집중해야 한다.

다만, 인프라라고 해서 모두 동일한 수준의 펀더멘털을 갖고 있는 것은 아니다. 따라서 인프라 기반이면서도 펀더멘털이 탄탄한 종목을 선별해야 한다.

여기에 시가총액도 중요한 기준이 된다. 시가총액이 높다는 것은 이미 시장에서 일정 수준 이상의 신뢰와 검증을 받았다는 의미이며, 이는 곧 안정성으로 연결된다.

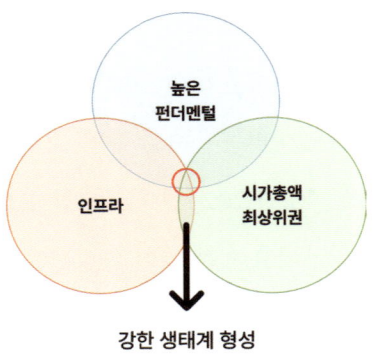

그림 1 균형 잡힌 알트코인 투자를 위한 요소

즉, 높은 펀더멘털과 인프라 기반, 그리고 시가총액 상위권이라는 세 가지 요건을 고루 갖춘 알트코인은 꾸준한 생태계를 확장할 가능성이 크다. 따라서 이런 종목은 장기 보유에 유리하고, 안정성과 수익성 두 마리 토끼를 잡을 수 있는 유망한 자산이 된다.

만약 세 가지 조건을 모두 충족하지 않더라도, 그중 두 가지 이상을 갖춘 코인이라면 포트폴리오에 포함할 수 있는 잠재 후보로 볼 수 있다. 이 경우 더 철저한 분석이 필요하다.

필자는 TOP5 코인을 본격적으로 다루기에 앞서, 먼저 시가총액 기준 TOP10 알트코인을 엄선해보고자 한다. 시가총액은 코인마켓캡Coin-MarketCap이나 코인게코CoinGecko 같은 사이트의 메인 화면에서 실시간으로 확인할 수 있다.

TOP10 중에서 비트코인, 그리고 스테이블코인인 테더USDT, USDC를 제외하면, 실제 투자 대상으로 삼을 수 있는 코인은 7개 정도다. 이들 알트코인은 높은 변동성을 지닌 종목임에도 불구하고, 오랜 시간 상위권을 지켜온 만큼 다른 중소형 종목들과는 구별된다. TOP20, TOP30,

그림 2 시가총액 TOP10 코인 리스트(출처: 코인마켓캡)

TOP50과 비교했을 때, TOP10 알트코인은 입지의 안정성 자체가 다르다. 그렇기 때문에 더욱 주목할 필요가 있다.

이 시점에서 많은 사람이 이런 의문을 가질 수 있다. '수익률을 극대화하려고 알트코인에 투자하는 건데, 이미 시가총액이 높은 TOP10 종목이 과연 큰 수익을 줄 수 있을까?'

필자의 결론은 '충분히 가능하다'는 것이다. 많은 투자자가 비트코인으로 2배, 3배, 심지어 10배 수익을 기대한다. 이 원리는 알트코인에도 그대로 적용된다. 실제로 알트코인은 비트코인보다 가격 상승률이 더 높게 나타나는 경우가 많다. 시가총액이 크더라도 상승 여력이 충분하며, 절대 수익률 측면에서는 상당한 결과를 만들어낼 수 있다. 더욱이 장기적으로 보자면, 전통금융과 암호화폐 시장이 융합하고 있는 국면인 만큼 더 높은 가치를 형성할 수 있다.

즉, 알트코인 투자는 여전히 유효한 전략이며, 포트폴리오에 핵심 자산으로 TOP10 종목을 포함해두는 것만으로도 높은 안정성과 수익률을 동시에 노릴 수 있는 투자 전략이 된다.

암호화폐의 분류와 솔라나·이더리움 생태계

알트코인은 크게 세 가지로 분류할 수 있다. 첫째, 결제 및 거래용 암호화폐. 둘째, 스마트 컨트랙트 기반의 플랫폼. 셋째, 이 플랫폼 위에서 구동되는 탈중앙화 애플리케이션, 즉 디앱이다.

스마트 컨트랙트 플랫폼에 대해 먼저 설명하자면, 흥미롭게도 시가총액 기준 상위 7개 알트코인 중 무려 6개가 이 범주에 속한다.

탈중앙화 블록체인에서는 중앙의 결정 권한이 없다. 미리 정해진 조건이 충족되면 자동으로 계약이 실행되며, 이를 스마트 컨트랙트라 부른다. 이러한 계약 구조를 구현하는 기반 시스템이 바로 스마트 컨트랙트 플랫폼이다.

스마트폰에 빗대 설명하자면, 갤럭시는 안드로이드 기반이고 아이폰은 iOS 기반인 것처럼 블록체인 플랫폼도 마찬가지로 각기 다른 환경을 갖는다. 이더리움은 안드로이드, 솔라나는 iOS와 유사한 개념으로 이해

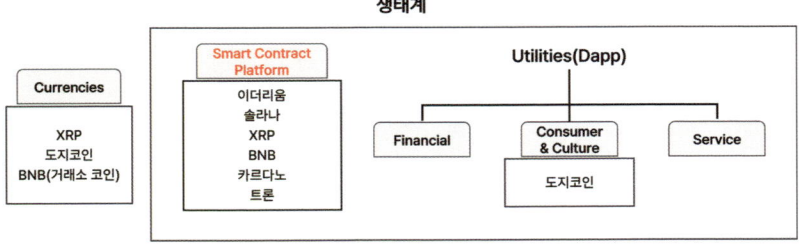

그림 3 암호화폐 생태계

할 수 있다.

실제로 이더리움의 창립자인 비탈릭 부테린Vitalik Buterin은 "블록체인의 안드로이드를 만들겠다"고 선언한 바 있다. 그리고 이 플랫폼 위에서 작동하는 것이 디앱이다.

디앱DApp은 스마트폰의 앱과 유사한 개념이지만, 앞에 붙는 'D'가 탈중앙화Decentralized를 의미한다. 기존의 카카오페이나 카카오뱅크, 케이뱅크 같은 일반 금융 앱이 암호화폐 세계에서는 디파이에 해당하는 셈이다.

본론으로 돌아가자. TOP7 알트코인 중 6개가 스마트 컨트랙트 플랫폼에 포함된다는 것은, 결국 플랫폼 기반 프로젝트들이 장기적으로 시장 상위권을 유지하고 있다는 뜻이다. 따라서 중장기적으로 플랫폼 코인에 집중하면서 구조적인 흐름을 살피는 것이 중요하다.

흥미롭게도 TOP7에 속한 종목들은 단일 특성만 가진 것이 아니다. BNB는 거래소 코인이자 플랫폼 코인이며, XRP는 국제 송금 기능뿐만 아니라 XRPL이라는 메인넷을 통해 플랫폼 기능도 함께 지닌다.

이처럼 투자 관점에서는 스마트 컨트랙트 플랫폼과 디앱을 하나의 세트로 바라봐야 한다. 두 요소가 결합되어 하나의 생태계를 이루기 때문이다. 따라서 이더리움이나 솔라나에 투자할 때는, 해당 생태계 내 주요 유틸리티 코인에도 함께 주목할 필요가 있다. 이렇게 하면 이더리움·솔라나 외에도 투자 영역을 효과적으로 확장할 수 있다.

〈그림 4〉와 〈그림 5〉을 보면 알 수 있듯, 솔라나와 이더리움의 생태계는 매우 방대하다. 디파이, NFT, 게임 등 다양한 섹터로 구성되어 있으며, 일반적으로 플랫폼과 생태계가 함께 움직이는 경향이 있다.

예를 들어 솔라나에 악재가 발생하면, 솔라나 자체뿐만 아니라 해당 생

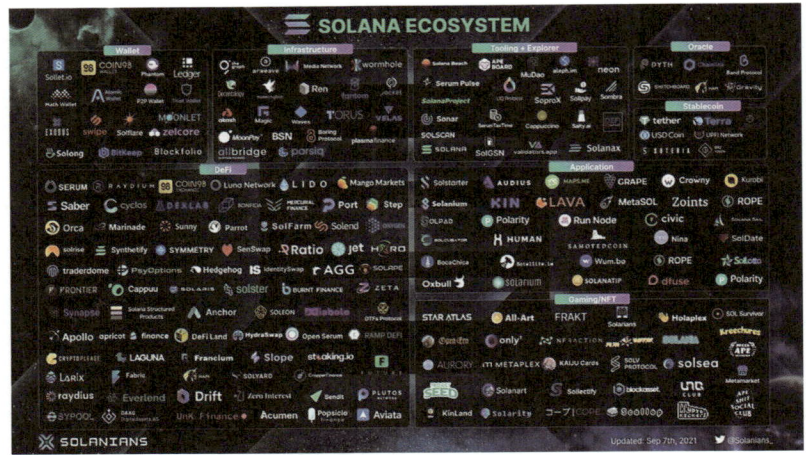

그림 4 솔라나 생태계(출처: Solanians)

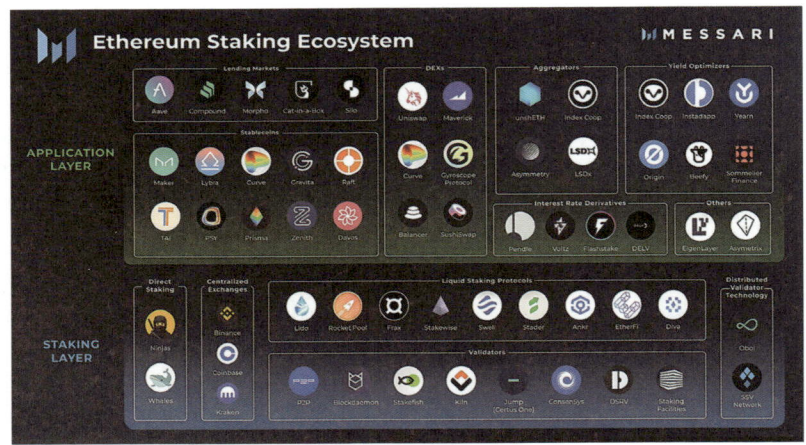

그림 5 이더리움 생태계(출처: Messari)

태계 코인들도 대부분 하락세를 보인다. 다만 플랫폼이 부진하더라도 디앱의 펀더멘털이 강하면 독립적인 상승세를 보일 수도 있다.

실제로 이더리움이 약세를 보일 때에도, 이더리움 기반의 디파이나 RWA 코인들은 상승세를 유지한 사례가 있다. 결국 플랫폼을 중심으로 생태계를 살피되, 생태계를 하나의 덩어리로만 보기보다는 개별 코인의 펀더멘털까지 점검하는 것이 바람직하다.

레이어는 무엇인가?

다음으로는 레이어에 대한 개념을 살펴보겠다. 레이어는 '층'이라는 뜻이다. '층층이 쌓는다'고 하면 무엇이 가장 먼저 떠오를까? 바로 건물이다. 이 비유를 활용해 레이어1과 레이어2의 개념을 설명하자면, 레이어1은 1층에 해당한다. 즉, 1층이라는 개념이기 때문에 레이어2가 없어도 레이어1은 단독으로 존재할 수 있다. 반면 레이어2는 2층 개념으로,

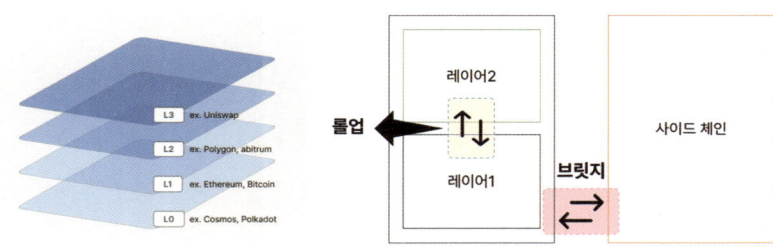

그림 6 레이어 구조

레이어1이 없다면 존재할 수 없다. 이처럼 두 레이어는 상하 구조를 갖고 있으며, 반드시 레이어1이 있어야 레이어2가 형성될 수 있다.

그런데 레이어2를 사이드체인으로 확장하는 경우도 있다. 예를 들어 폴리곤 같은 프로젝트들은 예외적으로 브릿지를 이용해 1층과 2층 역할을 동시에 수행할 수 있다. 하지만 대부분의 레이어2는 롤업을 활용하기 때문에 레이어1이 존재해야만 레이어2도 존재할 수 있다.

레이어2는 레이어1의 부담을 덜어주기 위해 고안된 구조다. 레이어1에서 모든 트랜잭션을 처리하다 보니 블록체인이 지나치게 느려졌기 때

문이다. 이를 해결하기 위해 이더리움은 핵심 업무만 레이어1에서 처리하고, 나머지 업무는 레이어2에서 담당하는 방식으로 개선을 시도했다. 그래서 투자 관점에서는 가장 중요한 핵심 자산이 레이어1에 있다는 점을 반드시 기억해야 한다. 레이어1은 거래 처리, 보안 유지, 합의 알고리즘까지 모두 수행하는 네트워크의 근간이자 본체이기 때문이다. 여기서 말한 합의 알고리즘에는 비트코인의 작업증명PoW, 이더리움의 지분증명PoS, 솔라나의 역사증명PoH 등이 포함된다.

덧붙여 레이어1 아래에 레이어0이라는 새로운 개념을 제시하는 프로젝트들도 생겨나고 있다. 이는 이더리움, 솔라나 같은 여러 블록체인을 연결하는 크로스체인의 개념으로, 독립된 국가나 도시처럼 분산된 현재의 체인들을 이어주는 고속도로의 역할을 한다. 이러한 연결을 통해 새로운 프로젝트들이 태동할 수 있다는 기대감도 커지고 있다.

필자가 왜 계속 레이어1과 레이어2 개념의 중요성을 강조하는 걸까? 예컨대 어떤 거래가 빠르게 처리될 수 있다면, 사용자 입장에서는 매우 유리한 환경이 된다. 앞서 언급했듯 이더리움은 느린 속도 때문에 레이어2가 등장했다. 이와 관련해 블록체인의 속도를 측정하는 대표 지표가 바로 TPS다.

TPS는 Transactions Per Second의 약자로, 1초 동안 처리할 수 있는 트랜잭션의 양을 의미한다. 〈그림 7〉에 따르면 가장 높은 수치를 기록한 솔라나는 최근 TPS가 10만 건을 넘으며 신기록을 달성했다. 물론 실사용 거래가 아닌 Noop 처리 기반이지만, 네트워크의 잠재력을 입증한 것이다. Noop 거래는 네트워크가 정상적으로 블록을 생성하고 거래를 기록하는지 확인하려고 빈 거래를 넣는 경우로, 네트워크의 최대 처리 용량을 시험하는 용도로 활용된다.

그 뒤를 이어 트론, BNB, XRP, 카르다노, 이더리움 순으로 TPS가 분포되어 있으며, 이 수치를 통해 솔라나와 트론이 거래 처리 속도가 빨라 실제 활용성 측면에서 강점을 지닌 코인임을 알 수 있다. TPS는 체인스펙트Chainspect 사이트에서 특정 코인을 검색해 최고 속도와 현재 속도를 직접 확인할 수 있다. 캡처 당시 이론상 최고 속도는 솔라나였지만, 실시간 처리 속도는 오히려 헤데라가 더 빠르게 나타나기도 했다. 이처럼 TPS는 이론적인 수치와 실제 속도 사이에 차이가 발생할 수 있기 때문에 유의해야 한다.

솔라나와 이더리움의 속도를 비교해보자. 앞서 솔라나는 10만 건을 달성했다고 했다. 반면 이더리움은 아무리 빨라도 119건에 불과하다. 실제로도 솔라나는 보통 1000건에서 1,600건을 처리할 수 있는 반면, 이더리움은 15건에서 60건 내외에 그친다. 이런 차이 때문에 투자자 입장에서는 '이더리움이 솔라나보다 못한 코인이 아닌가'라는 판단을 내릴

#	NAME	REAL-TIME TPS	MAX RECORDED TPS	MAX THEORETICAL TPS	BLOCK TIME	TTF	GOVERNANCE
1	Hedera	1,630 tx/s	3,287 tx/s	10,000 tx/s	2s	7s	Council
2	Solana	857 tx/s	1,624 tx/s	65,000 tx/s	0.46s	12.8s	Off-chain
4	Tron	70.76 tx/s	236 tx/s	2,516 tx/s	3s	57s	On-chain
3	opBNB	54.82 tx/s	442 tx/s	4,762 tx/s	1s	16m	Off-chain
5	Polygon	47.08 tx/s	282 tx/s	649 tx/s	2.27s	4m 16s	Off-chain
7	BNB Chain	41.8 tx/s	1,731 tx/s	2,222 tx/s	3.01s	7.5s	On-chain
9	Base	27.64 tx/s	293 tx/s	1,429 tx/s	2s	16m	Off-chain
8	Arbitrum	20.09 tx/s	532 tx/s	40,000 tx/s	0.25s	16m	On-chain
11	Algorand	18.04 tx/s	5,716 tx/s	9,384 tx/s	2.87s	0s	On-chain
6	Klaytn	14.27 tx/s	3,142 tx/s	28,922 tx/s	1.71s	0s	Council
10	Ethereum	13.59 tx/s	62.34 tx/s	119 tx/s	12.08s	16m	Off-chain

그림 7 블록체인별 TPS(출처: 체인스펙트)

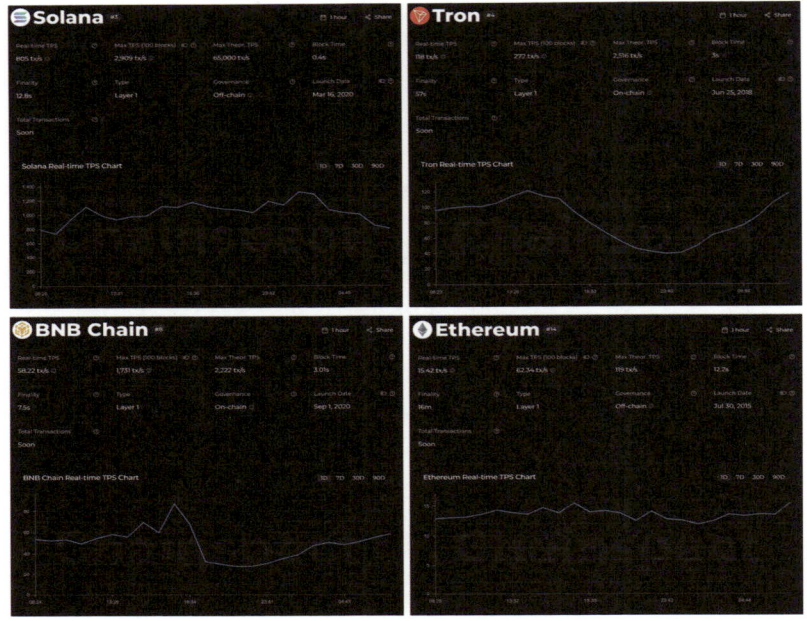

그림 8 주요 블록체인 TPS 상세 비교(출처: 체인스펙트)

수 있다.

하지만 꼭 그렇다고만은 볼 수 없다. 〈그림 9〉를 보면 알 수 있듯, 각 코인들은 저마다 다른 전략을 추구하고 있기 때문이다. 솔라나는 레이어1에서 모든 거래를 한 번에 처리하는 구조를 선택했고, 그로 인해 속도가 크게 향상되었다.

반면 이더리움은 레이어1은 그대로 두고 레이어2를 활용해 속도를 높이는 방식을 택했다. 이런 전략적 차이를 모놀리틱과 모듈러라는 용어로 구분할 수 있다. 모놀리틱은 하나의 체인이 모든 기능을 수행하는 방식으로, 솔라나와 수이가 대표적이다. 반대로 모듈러는 여러 블록체인이 이더리움을 중심으로 연합군처럼 협력하는 방식이다.

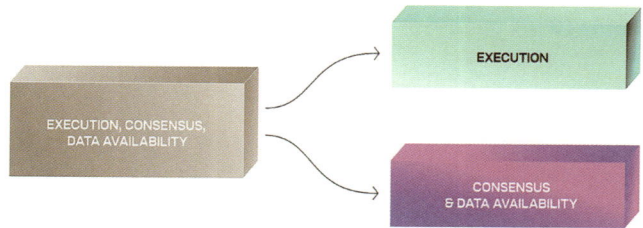

그림 9 모놀리틱과 모듈러의 개념

그렇다면 이더리움은 왜 이렇게 복잡하고 번거로운 구조를 선택했을까? 그 해답은 블록체인 트릴레마에서 찾을 수 있다. 앞서 짧게 언급했지만, 블록체인은 확장성, 보안성, 탈중앙화라는 세 가지 속성을 동시에 만족시키기 어렵다.

확장성이란 곧 속도를 의미하는데, 속도가 빠를수록 보안성과 탈중앙화는 낮아질 수밖에 없다. 반대로 탈중앙화와 보안성을 유지하려고 하면 처리 속도는 자연스럽게 느려진다. 거래 하나를 처리하는 데도 고려할 요소가 많아지기 때문이다.

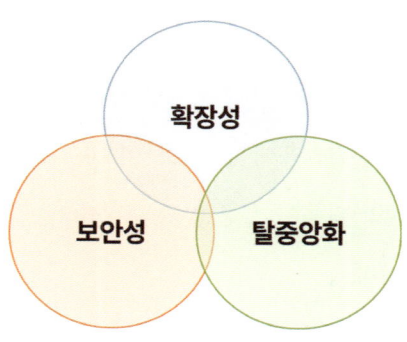

그림 10 블록체인 트릴레마

결국 이더리움은 보안성과 탈중앙화를 우선시했으며, 솔라나는 확장성을 우선으로 택했다. 이는 우열의 문제가 아니라 각 코인의 가치관과 전략이 다르다는 것을 보여준다. 이더리움은 기관 단위의 거대한 자금이 오가는 거래를 신중하게 처리하고자 했고, 그로 인해 탈중앙화를 유지하면서도 기반을 확장할 수 있도록 모듈러 방식을 택한 것이다. 반면 솔라나는 확장성을 극대화한 결과, 보안성과 탈중앙화가 상대적으로 낮아졌고 시스템이 자주 다운되는 현상도 경험하게 되었지만, 현재는 네트워크 안정성이 크게 향상되었다.

이더리움과 솔라나는 정체성이 다르다. 이더리움은 전 세계 누구나 신뢰할 수 있는 '글로벌 분산 원장World Ledger', 즉 단순 결제를 넘어 금융·계약·데이터 기록까지 포괄하는 보편적 인프라를 지향한다. 반면 솔라나는 초고속 성능을 기반으로 '탈중앙화된 나스닥decentralized Nasdaq'을 지향하며, 대규모 거래를 중앙 거래소 없이 실시간으로 처리할 수 있는 차세대 금융 시장 모델을 제시한다. 두 프로젝트는 각각 범용 글로벌 인프라와 초고속 금융 네트워크라는 차별적 비전을 통해 블록체인이 미래 경제의 핵심 자산 플랫폼으로 자리 잡을 가능성을 보여준다.

안정성 측면에서 보안성과 탈중앙화 정도는 노드 수를 통해 일정 부분 가늠할 수 있다. 여기서 말하는 노드는 탈중앙화된 서버를 의미하며, 비트코인에서는 채굴 노드가 이에 해당한다. 탈중앙화 시스템에서는 특정 주체가 아닌, 전 세계에 흩어진 노드들이 네트워크를 유지한다. 노드 수를 확인해보면, 이더리움이 가장 많고 그다음이 트론, 솔라나, 카르다노, XRP, BNB 순이다.

즉 XRP와 BNB는 노드 구성상 중앙화 성격이 강하며, 탈중앙화 정도

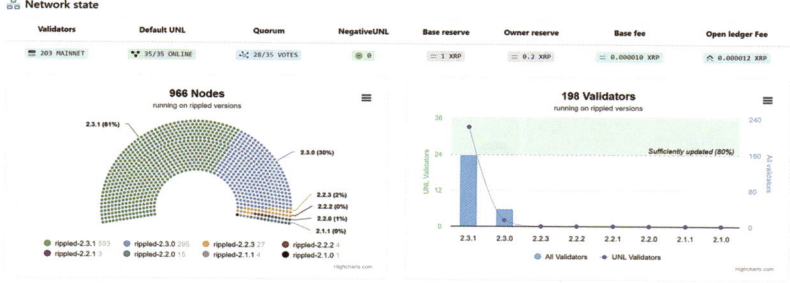

그림 11 XRP의 노드 수(출처: Highcharts)

> **메인넷**
>
> - 블록체인 프로젝트를 실제로 출시해서 사용자들이 참여하고 거래를 진행하는 네트워크
> - 자체 노드를 가진 독립적인 플랫폼
> - 자산을 생성하고, 서로 가치를 교환하는 기능이 메인넷의 핵심

- 메인넷이 중요한 이유는 그 위에서 자산, 즉 돈이 흐른다
- 자산을 생성하고, 서로 가치를 교환하는 것이 메인넷의 핵심이다

블록체인 네트워크의 펀더멘털 기준

- ✓ 얼마나 많은 사람이 모이는가?
- ✓ 얼마나 많은 돈이 모이는가?

그림 12 메인넷의 정의와 블록체인 네트워크의 펀더멘털 기준

는 이더리움, 트론, 솔라나, 카르다노 순으로 높다고 볼 수 있다. 노드의 수와 구성 방식은 이더스캔Etherscan, 솔스캔Solscan, XRP스캔XRPScan 등 각 코인별 스캔 사이트에서 확인 가능하다.

〈그림 11〉에 따르면 XRP는 집필 시점 기준 966개의 노드를 보유하고 있는데, 수천 개 노드를 가진 이더리움이나 트론에 비해 상대적으로 매우 적다. 그래서 시장에서는 XRP가 중앙화되어 있고 탈중앙화 정도는

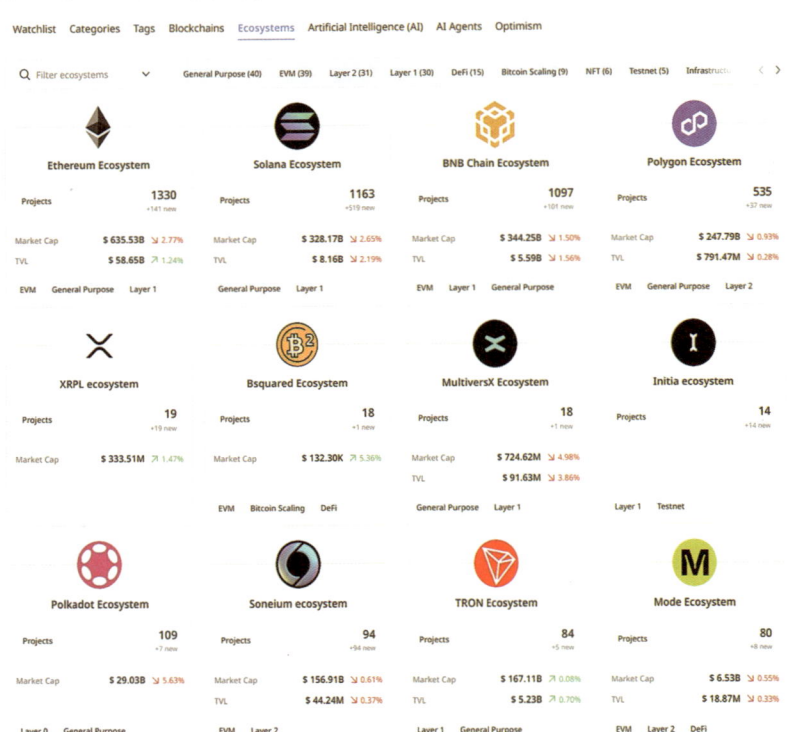

그림 13 주요 블록체인별 디앱 수와 TVL(출처: 크립토랭크)

낮은 코인으로 평가하기도 한다. 그런데 XRP의 탈중앙화 수준은 이더리움이나 솔라나와는 다른 국면으로 해석해야 한다. 리플은 태초부터 규제 친화적이면서, B2B 기반으로 확장하도록 사업 구조를 설계했다.

다음으로 메인넷은 블록체인 프로젝트가 실제로 출시되어 사용자들이 직접 거래하는 네트워크다. 일반적으로 테스트넷과 메인넷이라는 두 가지 네트워크를 갖고 있다. 테스트넷은 업그레이드를 먼저 실험해보는 공간이고, 이후 메인넷에서 이를 실제로 적용해 사용하게 된다. 즉, 투자자들이 실제로 활용하는 이더리움이나 솔라나 네트워크가 바로 메인넷이다. 메인넷에서 자산이 생성되고, 자산 가치가 실질적으로 교환된다.

결론적으로 블록체인 네트워크의 우열을 가르는 펀더멘털을 평가할 때 가장 중요한 기준은 두 가지다. 얼마나 많은 사람이 모이는가, 그리고 얼마나 많은 돈이 모이는가. 이 기준에서 본다면, 솔라나는 사람들이 많이 모이는 블록체인이고, 이더리움은 자금이 집중되는 블록체인이라 할 수 있다.

그렇다면 플랫폼의 펀더멘털은 어떤 기준으로 평가할 수 있을까? 앞서 설명했듯이 디앱은 플랫폼 위에서 생성되어 하나의 생태계를 이룬다. 따라서 생태계의 규모와 확장 정도는 플랫폼의 가치를 판단하는 첫 번째 지표가 된다.

각 플랫폼에서 운영되는 디앱 수는 크립토랭크에서 확인할 수 있으며, 디앱이 가장 많이 형성된 세 프로젝트는 이더리움, 솔라나, BNB로 모두 1,000개 이상의 서비스를 운영하고 있다. 이 수치만 놓고 보면 이 세 플랫폼이 가장 광범위한 생태계를 갖추고 있다고 평가할 수 있다.

플랫폼을 판단하는 또 다른 기준은 '돈'이다. 이때 참고할 수 있는 지표가 바로 TVL이다. 가장 많은 자금을 끌어들이고 있는 블록체인은 단연 이더리움이다. 겉으로 보기엔 생태계 규모가 비슷해 보여도, 실질적인 자본 유입은 이더리움 쪽에 훨씬 더 집중되어 있음을 알 수 있다.

다만 이 수치만으로 이더리움이 더 우수한 플랫폼이라고 단정할 수는 없다. 다양한 지표들을 종합적으로 살펴봐야 하며, 실제로 솔라나의 TVL이 급격히 상승하는 동안, 이더리움은 하락세를 보이는 경우도 있다.

이어서 〈그림 14〉를 통해 TOP5 알트코인들의 지표를 분석해보자. 솔

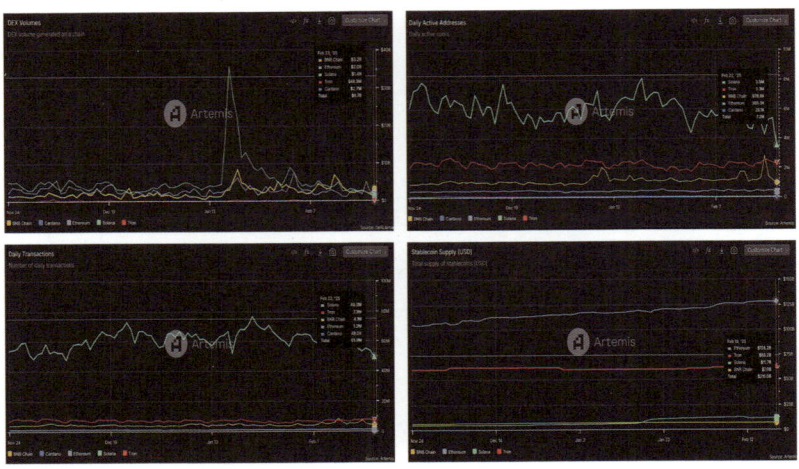

그림 14 TOP5 알트코인의 핵심 지표 네 가지(출처: 아르테미스 터미널)

라나와 트론은 일일 활성주소Daily Active Addresses와 일일 거래 건수Daily Transaction 지표에서 상위권을 차지하고 있다. 이는 TPS가 높은 프로젝트에서 거래가 활발히 이루어지고 있음을 의미하며, 결과적으로 이 두 블록체인은 많은 사용자를 유입시킬 수 있는 환경을 갖추고 있다는 뜻이다. 이러한 환경 속에서는 다양한 시도들이 플랫폼 위에서 끊임없이 등장할 수 있다.

반면, 독보적인 스테이블코인 점유율을 보이고 있는 이더리움에서는 더 많은 자금이 오간다. 탈중앙화 거래소의 거래량을 보면 BNB, 이더리움, 솔라나가 서로 교차하면서 활동하는 흐름이 확인되며, 이는 이들 생태계가 활발하게 확장되고 있다는 신호로 해석할 수 있다.

마지막으로 TVL 점유율을 보면 이더리움이 여전히 가장 높은 수치를 기록하고 있으며 그다음으로 솔라나, 비트코인, BSC, 트론 순으로 구성되어 있다. 이처럼 다양한 지표를 종합한 결과, 펀더멘털 관점에서 가장 주목

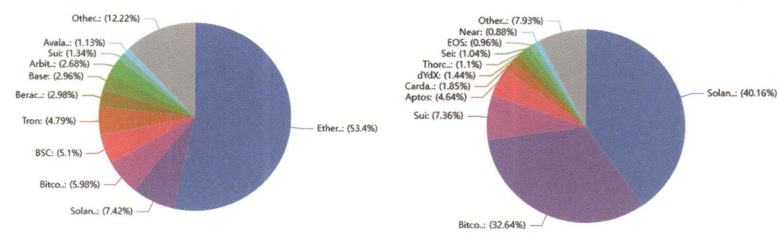

그림 15 주요 블록체인별 TVL 점유율(출처: 디파이라마)

할 만한 플랫폼은 이더리움과 솔라나라 할 수 있다.

주요 알트코인 투자 분석

① 이더리움 분석

그림 16 이더리움/비트코인 가격 추이

구분	2022년 9월	2025년 2월
비트코인	430B	1.8T
이더리움	215B	302B
배수	약 2배	약 6배

그림 17 비트코인과 이더리움 시가총액 규모

개별 코인들의 핵심 포인트를 살펴보자. 〈그림 16〉에서 이더리움과 비트코인의 가격 비율을 살펴보면 특정 구간 이후부터 하락세로 전환했고 이후 계속해서 하락을 거듭했다. 시가총액 측면에서 보면, 2022년 9월까지만 해도 이더리움과 비트코인의 시가총액 차이는 2배 수준에 불과했다.

당시에는 '이더리움이 비트코인을 추월할 수 있다'는 전망도 존재했다. 하지만 2025년 2월 기준으로 이 차이는 무려 6배까지 벌어졌다. 그만큼 이더리움은 비트코인 대비 약세를 이어왔던 셈이다.

이러한 흐름에서 주목할 포인트는 두 가지다. 첫째, 이더리움에는 근본적인 변화가 필요했다는 점이고, 둘째, 과거 비트코인의 시가총액 절반 수준까지 근접했던 이더리움이 부활할 경우, 다시금 그 수준에 근접할 가능성도 열려 있다는 점이다.

결국 펀더멘털 지표의 근본적인 개선이 함께 이루어져야 한다. 이더리움이 앞으로 지속적으로 업그레이드를 성공시켜야만 가능한 일이다.

이더리움 장점
- 가장 안정적인 블록체인
- 가장 높은 TVL 점유율과 더불어 생태계가 가장 큰 블록체인
- 기관의 신뢰도가 가장 높음
- 꾸준한 업그레이드로 네트워크의 진화

이더리움 단점
- 시장 반등 이끌 모멘텀 부족한 상황
- 덴쿤 업그레이드 이후 레이어2 거래량이 늘었지만, 레이어1과의 가치 연계가 이루어지지 않은 상황
- 이더리움 재단의 리더십 도마 위에 오른 상황

이더리움 예상 호재와 내러티브
- 꾸준한 업그레이드로 펀더멘털 강화 기대감
- ETF 이슈로 인한 기관 수요의 꾸준한 유입 기대감
- 트럼프 내러티브

그림 18 이더리움 분석 정리

지금까지의 지표를 종합하면, 이더리움은 가장 안정적인 블록체인 중 하나다. 높은 TVL 점유율과 넓은 생태계 규모는 기관들로부터도 높은 신뢰를 받고 있다는 증거다. 네트워크 업그레이드 역시 지속되고 있기 때문에 발전 가능성은 여전히 풍부하다. 다만 그동안 침체 국면을 보였던 이유는 반등을 위한 명확한 내러티브가 부족했기 때문이다. 그런데 상장 기업의 재무 전략이 새로운 트렌드로 자리 잡으면서 상황이 달라졌다. 작년 한 해 동안 기관에 의해서 시장이 움직였다면, 이제는 기업이 주축이 되어서 주요 알트코인을 매집하고 있다. 이더리움은 가장 미래지향적인 프로젝트로서 실리콘밸리와 월가의 관심이 집중되고 있다.

하지만 레이어1과 레이어2의 상호작용은 더 구체화되고, 고도화되어야 한다. 앞으로 업그레이드를 통해 이 두 레이어의 가치를 함께 끌어올릴 수 있는 기반을 마련할 수 있을지가 중요한 관전 포인트다. 한편으로는 현물 ETF 스테이킹보유 중인 디지털 자산을 블록체인 네트워크에 맡기고, 일정한 보상을 받는 방식 조항의 허용으로 꾸준한 자금 유입이 이루어질 수 있다. 이처럼 이더리움은 상승 가능성이 충분한 코인이다.

② 솔라나 분석

다음은 솔라나다. 앞서 살펴봤듯 솔라나는 속도가 빠른 블록체인이기 때문에 새로운 서비스들이 꾸준히 등장할 가능성이 높다. 또한 높은 상호 운용성을 기반으로 다양한 블록체인과 협업을 잘 이어가고 있다.

생태계 측면에서도 이더리움보다 TVL은 낮지만, 그에 못지않은 강력한 확장성과 사용성으로, 가파른 TVL 상승률을 이어가고 있다. 솔라나의 디파이 생태계가 성장하고 있다는 의미다. 하지만 시장에서는 여전히

솔라나 장점

- 빠른 블록체인으로 사용성 높음
- 새로운 서비스가 가장 먼저 시도되는 터전
- 상호 운용성이 높아서, 다양한 블록체인 및 프로젝트와 협업 관계 강화
- 생태계 꾸준히 확장
- 펀더멘털 꾸준히 향상

솔라나 단점

- 높은 밈코인 집중도
- 금융 분야에서 이더리움과 여전히 큰 격차

솔라나 예상 호재와 내러티브

- 새로운 트렌드 창출
- ETF 이슈로 인한 기관 수요의 꾸준한 유입 기대감
- 미국 내러티브

그림 19 솔라나 분석 정리

솔라나를 단순히 밈코인에 의해서 성장한 프로젝트로 치부하는 입장도 있다. 이는 솔라나의 한쪽 면만을 본 것이라고 볼 수 있다.

솔라나는 여전히 새로운 트렌드가 계속해서 생성되는 플랫폼이며, ETF가 승인될 경우 많은 기관의 자본이 광범위하게 유입될 수 있는 환경을 갖추고 있다. 특히 미국을 기반으로 하고 있기에, 미국 내러티브 코인으로도 분류할 수 있다.

③ XRP 분석

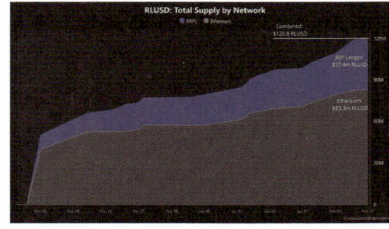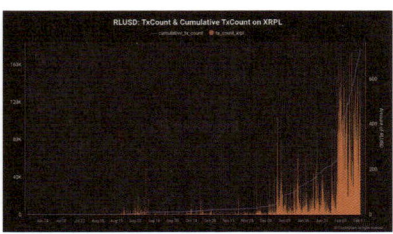

그림 20 RLUSD 스테이블코인 공급량과 유통량(출처: 크립토퀀트)

XRP는 현재 노드 수가 적고, 속도도 빠르지 않아 상대적으로 펀더멘털 지표상 부진한 모습을 보이고 있다. 이는 XRP가 메인넷 시장에서 아직 초창기 단계이기 때문이다. 앞서 언급했듯, 스마트 컨트랙트 플랫폼에서 XRPL은 이더리움이나 솔라나에 비해 아직은 초기 단계에 불과하다.

하지만 이전까지는 '송금 관련 코인'이라는 인식이 강했다면, 현재는 체질 개선이 이루어지고 있으며, 이 변화가 XRP의 향후 성공 여부를 좌우하게 될 것이다. XRPL의 체질 변화는 스테이블코인의 유통량과 공급량으로 확인할 수 있다. 실제 온체인 지표에서도 XRPL 스테이블코인 공급량은 꾸준히 상승하고 연초 대비 RLUSD 공급량은 10배 이상 증가했고, 전체 스테이블코인 중 시가총액 기준 10위권에 이름을 올리고 있다. 그리고 TOP10 스테이블코인 중 성장률 측면에서 가장 가파르다. 다만 절대적인 물량에서는 USDT, USDC와 아직은 큰 격차가 난다.

또한 미국 증권거래위원회SEC와 소송이 완전히 종결되었고, ETF 승인과 국가 전략 자산으로의 채택 가능성 등도 긍정적인 내러티브로 작용하고 있다. 최근 SEC의 행보는 친암호화폐 성향을 보이고 있고, 그동안 리플의 발목을 잡아왔던 소송과 규제 이슈가 해결된 만큼 이제는 미국을 중심으로 한 사업이 본격적 궤도에 오를 수 있다. 미국을 기반으로 한 XRP는 펀더멘털 측면과 내러티브 측면 모두에서 상승 가능성을 가지고 있는 종목이라 평가할 수 있다.

④ BNB·도지코인·카르다노·트론 분석

마지막으로 BNB, 도지코인, 카르다노, 트론에 대해서 간단히 정리해보자. 이 네 가지 중 도지코인은 스마트 컨트랙트 플랫폼으로 분류되지 않는다.

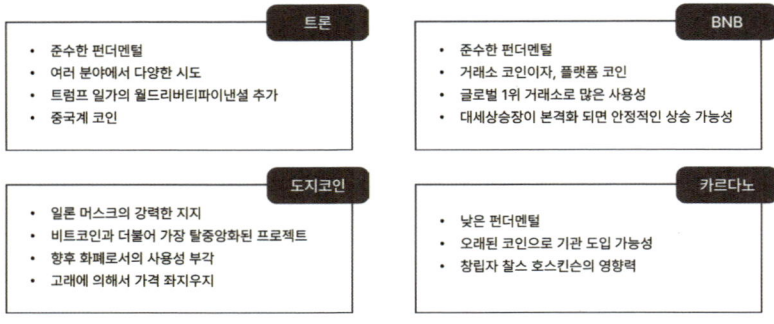

그림 21 트론·BNB·도지코인·카르다노 분석 정리

먼저 BNB는 전반적인 지표에서 펀더멘털이 뛰어나다. 생태계가 폭넓게 확장되었고, TVL도 높다. 무엇보다도 BNB는 거래소 코인이자 동시에 플랫폼 코인으로 기능하기 때문에 사용성이 높다. 특히 글로벌 1위 거래소인 바이낸스를 기반으로 하고 있어, 대세 상승장이 본격화되면 상승 흐름을 이어갈 가능성이 높다.

도지코인은 일론 머스크의 강력한 지지를 받고 있으며, 비트코인과 함께 가장 탈중앙화된 프로젝트 중 하나로 평가된다. 향후 화폐로서의 입지를 확대해나갈 가능성이 있지만, 일론 머스크 관련 이슈에 따라 가격이 크게 흔들릴 수 있다. 이 때문에 시장 흐름을 꾸준히 살피는 것이 중요하다. 특히 대규모 고래의 움직임을 세심하게 관찰해야 한다.

카르다노는 최근 펀더멘털 측면에서는 다소 부진한 모습을 보이고 있다. 하지만 비교적 오래된 코인이기 때문에 기관의 도입 가능성은 열려 있다. 또한 창립자인 찰스 호스킨슨이 가진 정치적 영향력도 변수 중 하나다. 트론은 전반적으로 준수한 펀더멘털을 갖추고 있으며, 다양한 분야에서 새로운 시도를 이어가고 있다. 최근에는 월드리버티파이낸셜의 포트폴리오에 추가되면서 많은 주목을 받았지만, 중국계 코인이라는 점과 창업자인 저스틴 선Justin Sun에 대한 시장의 평가는 크게 엇갈리고 있어 투자 시 유의가 필요하다.

 핵심 포인트

① 알트코인 투자의 안정성을 높이기 위해서는 높은 펀더멘털, 탄탄한 인프라, 시가총액 상위권이라는 조건 중에서 최소 두 가지 이상을 갖춘 코인을 선택하는 것이 좋다.

② 블록체인의 레이어1과 레이어2 중, 핵심 업무는 레이어1에서 수행되기 때문에 투자 관점에서는 레이어1에 주목해야 한다.

③ 블록체인 네트워크의 펀더멘털을 평가할 때 가장 중요한 기준은 '얼마나 많은 사람이 모이는가'와 '얼마나 많은 자금이 유입되는가'이다.

시장을 선도하는 암호화폐 섹터

암호화폐 생태계와 섹터는 서로 다른 개념이지만, 매우 밀접하게 연결되어 있다. 그리고 이 두 개념 모두 펀더멘털과 내러티브가 뒷받침되지 않으면 투자 관점에서 어떤 전략도 제대로 힘을 발휘할 수 없다. 필자는 이 두 가지 요소를 항상 함께 고려해야 한다고 생각한다.

생태계는 보통 펀더멘털과 내러티브가 충분한 플랫폼 인프라에서 시

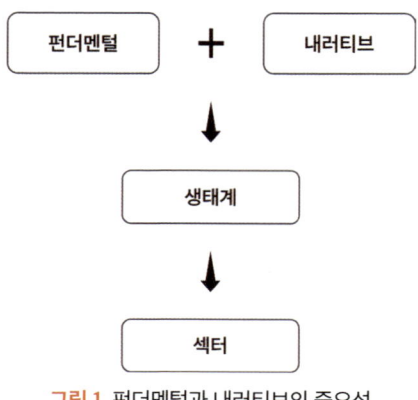

그림 1 펀더멘털과 내러티브의 중요성

작된다. 즉, 스마트 컨트랙트 플랫폼과 그 위에서 생성되는 디앱들이 하나의 생태계를 이루게 된다. 이처럼 하나의 생태계 안에서 여러 코인들이 세부적으로 분류되며, 다양한 섹터가 형성된다.

또한 생태계는 블록체인마다 각각 형성된다. 이더리움, 솔라나, BNB와 같은 플랫폼에서 각자의 생태계가 만들어지고, 그 안에서 AI 섹터, 디파이 섹터 등으로 분류되어 다양한 코인들이 각자의 위치를 잡는다. 따라서 우수한 블록체인을 먼저 선정해야 생태계 전략과 섹터 전략도 효과적으로 세울 수 있다. 결국 펀더멘털이 높은 블록체인 플랫폼을 중심으로 생태계가 확장되고, 이 안에서 우량 알트코인들이 등장하기 때문에 플랫폼의 선택이 가장 중요하다.

좋은 플랫폼을 선택했다면, 다음으로는 알트코인 선별 범위를 섹터별로 확장해보아야 한다. 알트코인 시장은 순환매 흐름을 보이기 때문에, 같은 섹터나 생태계에 속한 코인들이 유사한 가격 흐름을 나타내는 경우가 많다. 자본도 특정 코인에 몰리는 경우가 있지만, 대부분은 섹터나 생태계 중심으로 순환되는 양상을 보인다.

생태계에 속한 프로젝트를 찾는 방법

생태계에 속한 프로젝트를 찾기 위해서는 우선 〈그림 2〉와 같이 크립토랭크CryptoRank에서 블록체인별 디앱 현황을 확인할 수 있다. 원하는 블록체인을 클릭하면 〈그림 3〉처럼 해당 생태계에 포함된 코인 목록이 표시된다.

반면, 섹터별로 코인을 확인하고 싶다면 코인마켓캡이나 코인게코와 같은 사이트를 활용하는 것이 더 용이하다. 〈그림 4〉는 코인마켓캡에서

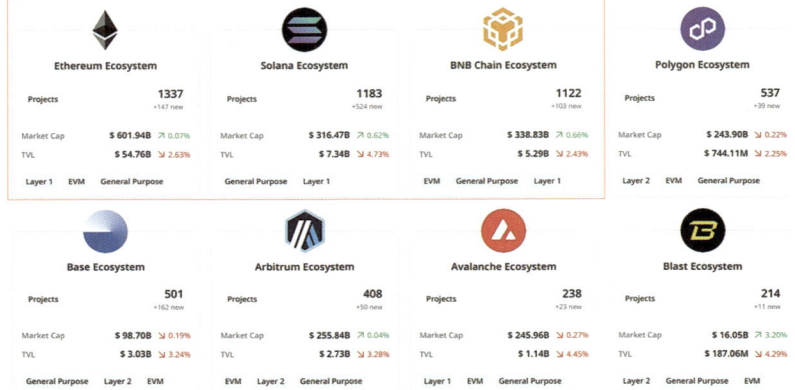

그림 2 블록체인별 디앱 현황(출처: 크립토랭크)

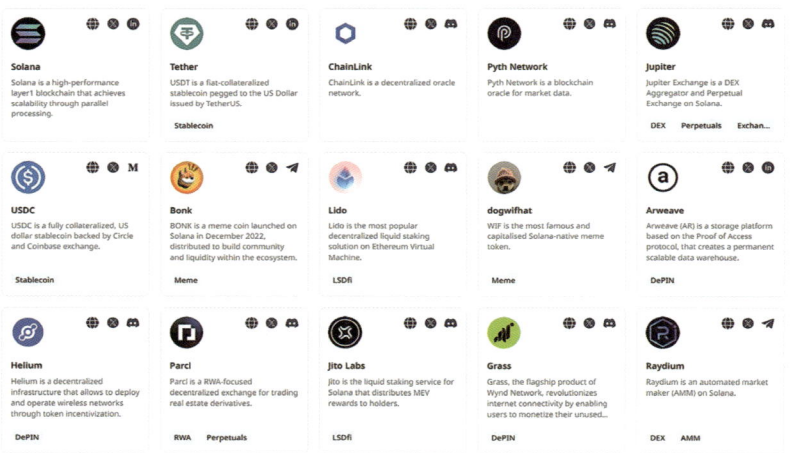

그림 3 각 생태계에 포함된 코인 현황(출처: 크립토랭크)

그림 4 섹터별 프로젝트 현황(출처: 코인마켓캡)

제공하는 예시로, 섹터별 분류뿐만 아니라 솔라나 에코시스템이나 폴리곤 에코시스템 같은 생태계별 분류를 확인할 수 있다. 즉, 생태계 관련 정보는 크립토랭크뿐만 아니라 코인마켓캡에서도 확인 가능하다.

이들 사이트는 생태계와 섹터 외에도 다양한 내러티브 정보를 함께 제공하고 있다. 예컨대 〈그림 4〉에 나타난 '메이드 인 아메리카' 같은 내러티브나 테마 중심의 분류도 함께 확인할 수 있어, 시장 흐름을 더 정교하게 분석하는 데 도움이 된다.

또한 특정 코인에 대한 상세 정보를 알고 싶을 때는 해당 코인을 클릭하면 코인 등급과 같은 데이터를 확인할 수 있다. 이 코인 등급은 여러 기

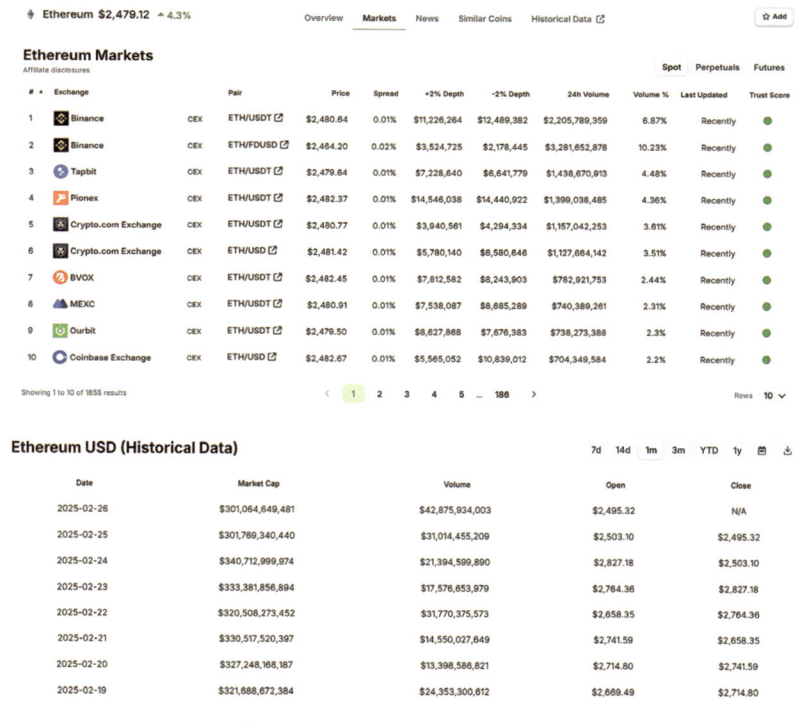

그림 5 코인별 거래소 상장 현황 (출처: 코인게코)

관이 매긴 평가 지표로, 종목에 대한 기관의 신뢰도를 한눈에 확인할 수 있는 유용한 자료다.

해외 거래소에 상장되지 않은 코인에 투자하는 사람이라면, 그 코인이 어디에 상장되어 있는지 궁금할 수 있다. 이럴 때는 코인게코의 '마켓Market' 카테고리를 통해 상장된 거래소 목록을 쉽게 확인할 수 있다.

생태계별 섹터와 디파이 분석

본론으로 돌아와보자. 앞서 언급했듯 생태계는 이더리움, 솔라나, 수이 같은 특정 블록체인 플랫폼을 기반으로 한다. 이들 플랫폼은 크게 안정적인 플랫폼과 공격적이며 성장성이 높은 플랫폼으로 나눌 수 있다.

우선 안정성 측면에서는 오랜 시간 동안 검증되어왔고, 생태계 구성 요소가 많은 플랫폼을 주목할 필요가 있다. 〈그림 6〉의 이더리움, 솔라나, 바이낸스 플랫폼은 1,000개 이상의 서비스를 보유하며 폭넓은 생태계와 안정된 구도를 보여주고 있다. TVL도 다른 블록체인에 비해 압도적으로 높다.

코스모스는 여러 블록체인을 연결하는 크로스체인 프로젝트로, 해당

안정성 측면에서 우위

그림 6 안정성 측면에서의 상위 플랫폼

분야에서 주목받는 플랫폼이다. 그 위에서 다양한 서비스가 생겨나고 있지만, 네이티브 토큰인 '아톰ATOM'의 사용성이 제한적이기 때문에 가격이 정체되어 있다는 지적도 있다. 생태계의 성장과 토큰의 가격이 항상 100% 일치하지는 않는다는 점을 주의해야 한다. 결국은 토큰의 사용성이 중요하다.

심지어 생태계는 형성되어 있지만, 네이티브 토큰블록체인의 기본 디지털 통화로, 해당 블록체인 인프라에서 직접 발행하는 토큰을 의미이 존재하지 않는 경우도 있다. 대표적으로 '베이스Base'가 그런 사례다. 생태계는 확장 중이지만, 현재까지 네이티브 토큰은 발행되지 않았다.

성장성 측면에서 주목할 만한 프로젝트로는 수이, 하이퍼리퀴드 등을 들 수 있다. 수이는 이전 대세 상승장을 거치지 않았음에도 최근 시장에서 큰 주목을 받고 있다. 톤코인과 같은 종목 역시 아직 생태계 확장이 미진하지만 시장 내에서 꾸준히 언급되고 있어 향후의 움직임을 눈여겨볼 만하다.

생태계와 섹터별로 코인들을 비교할 때는 구체적인 데이터를 활용할 수도 있고, 시장에 퍼져 있는 내러티브를 분석해볼 수도 있다. 이번 시즌에는 트럼프 대통령의 당선으로 전통 금융과 크립토의 결합이라는 흐름이 부각되고 있다. 이러한 배경 속에서 디파이와 RWA실물자산토큰화 프로젝트들이 강세를 보일 수 있다는 내러티브가 제시되고 있다.

반면 빅테크 산업에서는 AI가 핵심 산업으로 떠오르고 있다. 이에 따라 AI 관련 프로젝트뿐만 아니라, 실물 인프라(예: 통신, 에너지, 지도 데이터 등)를 탈중앙 방식으로 구축·운영하고 보상하는 '디핀' 또한 관심을 받고 있다.

펀더멘털 측면에서는 앞서 언급했듯이 구체적인 수치와 지표를 통해 접근할 수 있다. 현재 디파이와 RWA는 뚜렷한 성과와 지표를 보이며 펀

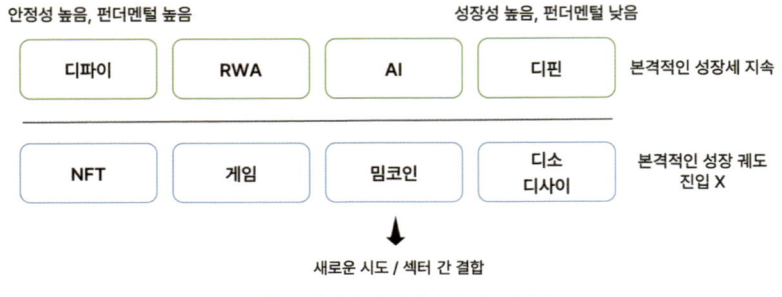

그림 7 생태계 차원에서의 섹터 분류

더멘털이 강한 섹터로 평가된다. 이에 비해 AI와 디핀은 다소 내러티브 중심의 테마지만 성장 가능성에서 높은 점수를 받을 수 있다. 이외에도 게임, NFT 분야처럼 아직 본격적으로 조명받지 않았지만 이번 시즌 꾸준히 주목할 필요가 있는 섹터들도 있다.

최근 열풍이 주춤한 밈코인의 경우에도 AI와의 결합이라는 새로운 내러티브를 통해 다시 한 번 시장에 파동을 일으킬 가능성이 있다. 여기에 디소DeSo, 탈중앙화 소셜미디어, 디사이DeSci, 탈중앙화 과학 등 신흥 트렌드들도 등장하고 있으므로, 생태계와 섹터의 흐름뿐만 아니라 이러한 변화의 조짐들 역시 지속적으로 모니터링하고 이에 맞춰 유연하게 대응해야 한다.

현재 시장에서 주목받는 섹터들을 보면, 아르테미스터미널의 메인 페이지를 통해 섹터별 가격 퍼포먼스를 확인할 수 있다. 집필 시점 기준으로 디파이와 RWA 섹터가 주목받고 있으며, AI 섹터는 조금씩 상승의 흐름을 보이고 있다. 반면 NFT와 게이밍, 밈코인 섹터는 아직 큰 반응을 보이지 않고 있다. 이번 시즌은 오르는 코인이 계속해서 오르는 흐름이 나타나고 있는 만큼, 투자 섹터나 생태계를 무리하게 확장하기보다는 각자 투자 원칙을 더 철저하게 검증할 필요가 있다.

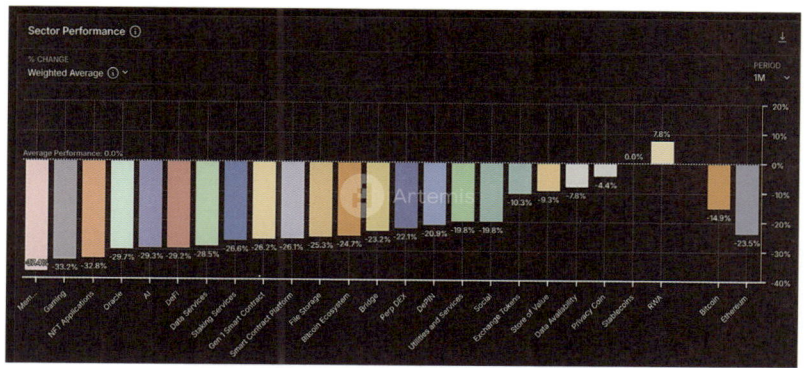

그림 8 주요 섹터별 가격 퍼포먼스(출처: 아르테미스터미널)

더불어 이러한 자료는 단일 지표로 해석하기보다는 참고용으로 활용해야 한다. 좋은 방향성을 제시할 수는 있지만 하나의 지표만으로 시장을 해석하기에는 한계가 있다. 2~3개 이상의 자료를 종합적으로 분석해야 보다 정교한 투자 판단이 가능하다.

다음으로는 주요 섹터를 개별적으로 살펴보자. 현재 대세 상승장에서 앞서 언급했듯 전통 금융과 크립토의 결합이라는 키워드가 부각되고 있는 만큼, 디파이 섹터에 대한 관심이 필수적이다. 디파이는 자본을 다루는 영역이므로 무엇보다도 자본 규모가 가장 중요한 판단 기준이 된다.

일반적으로는 TVL Total Value Locked, 즉 해당 체인에 묶여 있는 자산의 총량이 클수록 강한 프로젝트로 평가받는다. 이어서 TVL에 비해 시가총액이 얼마나 높거나 낮은지도 확인해야 한다. TVL이 높음에도 시가총액이 낮다면 시장에서 아직 제대로 가치가 반영되지 않은 프로젝트일 수 있으므로 투자에 참고가 된다.

〈그림 10〉을 보면 TVL 기준 상위 플랫폼으로는 이더리움이 1위, 솔라나가 2위를 차지하고 있다. 그 뒤를 비트코인, 바이낸스 스마트체

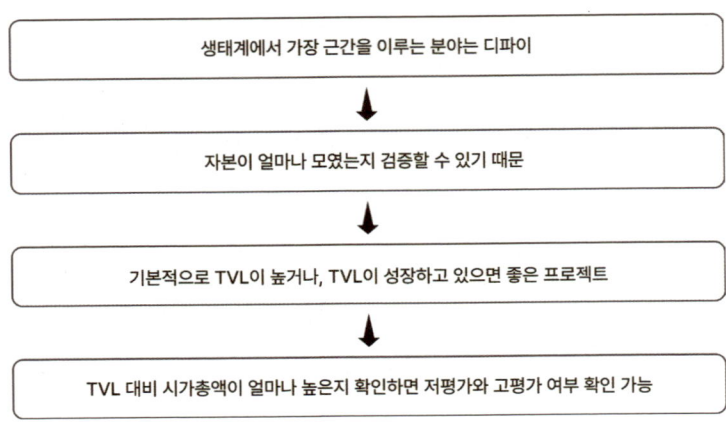

그림 9 디파이 판단 기준의 핵심

인, 트론, 베라체인, 베이스, 아비트럼, 수이, 아발란체가 잇는다. 이처럼 TOP10 안에 포함된 프로젝트들은 우선적으로 살펴볼 필요가 있다. 증감률도 주목해야 한다. 만약 일주일 혹은 한 달 동안 꾸준히 감소 추세를 이어갔다면, 펀더멘털에 문제가 생겼을 수 있다는 판단을 해야 한다. 아울러 펀더멘털이 계속 감소하다가 반등하는 구간은 더 집중해서 볼 필요가 있다. 특히 이더리움은 전체 TVL의 50% 이상을 차지하고 있어, 금융 분야에서는 사실상 절대적인 존재라 할 수 있다.

성공적인 투자를 위한 섹터별 선정 기준
① 디파이

그렇다면 어떤 디파이를 선택하는 것이 좋을까? 펀더멘털 관점에서 보면 1위 플랫폼인 이더리움 생태계와 2위인 솔라나 생태계 내에서 선택하는 것이 유리하다. 디파이 시장은 탈중앙화 거래소, 대출 플랫폼, 유동성 스테이킹 토큰 등 여러 분야로 구성되어 있다.

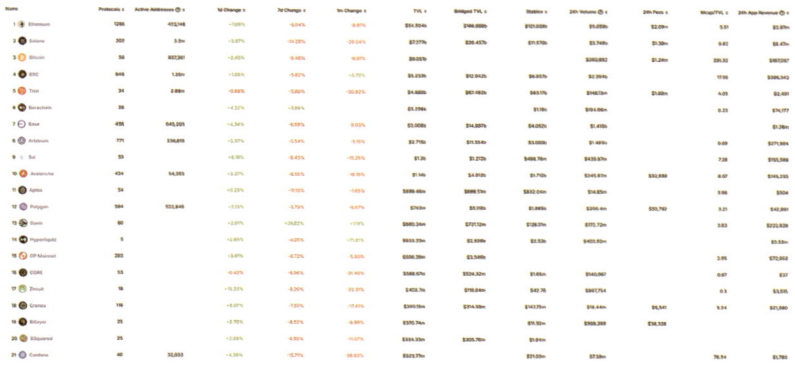

그림 10 TVL 기준 플랫폼 순위

각 분야에서 가장 저명하거나 시가총액이 높은 프로젝트를 선택하는 것이 성과로 이어질 가능성이 높다. 또한 이더리움은 상대적으로 안정성이 높고, 솔라나는 성장성이 높기 때문에 이 둘을 병행하면 시너지와 함께 리스크 헤지 효과도 기대할 수 있다.

먼저 탈중앙화 거래소를 보자. 이는 업비트나 빗썸처럼 중앙화된 거래소와 달리 KYC신원 인증 없이 바로 사용할 수 있다. 투자 관점에서는 코인이 중앙화 거래소에 상장되기 전, 먼저 탈중앙화 거래소에서 유통되기 때문에 초기 매집의 기회로 활용될 수 있다. 따라서 디파이 서비스를 선택할 때는 탈중앙화 거래소를 최우선으로 살펴야 한다. 대표적인 예로

그림 11 분야별 대표 디파이

Chapter 6. 시장을 선도하는 암호화폐 섹터

이더리움의 유니스왑, 솔라나의 레이디움을 꼽을 수 있다.

다음은 대출 플랫폼이다. 금융에서 대출이 핵심인 것처럼, 암호화폐 시장에서도 대출 시스템을 구현하는 프로젝트들이 있다. 대표적으로는 이더리움의 에이브AAVE, 솔라나의 카미노가 있다. 이더리움 기반에서는 이 외에도 주목해야 하는 탈중앙화 대출 프로토콜이 다수 존재한다. 최근 펀더멘털이 꾸준히 상승하고 있으며, 활성 대출도 증가하고 있다.

에이브가 압도적인 1위를 점유하는 가운데, 모포MORPHO, 메이플 파이낸스Syrup, 플루이드FLUID, 오일러EUL 등을 대표적으로 꼽을 수 있다.

유동성 스테이킹 토큰은 스테이킹된 자산에 대한 증서처럼 기능한다. 예컨대 이더리움을 스테이킹하면 해당 자산은 일정 기간 동안 묶이게 된다. 이를 유동성 측면에서 활용하기 위해 스테이킹 증서를 발행하는 방식이다. 대표적인 프로젝트로는 이더리움의 리도파이낸스, 솔라나의 지토가 있다. 이러한 토큰들은 향후 ETF 스테이킹 허용 이슈와 함께 더 큰 주목을 받을 수 있다.

이외에도 스테이킹 자산을 재차 활용하는 '리스테이킹'과 무기한 선물 기반의 탈중앙화 거래소인 '퍼프덱스' 같은 새로운 유형의 프로젝트도 등장하고 있다.

〈그림 12〉를 보면 이더리움의 TVL이 한때 상승했다가 하락세에 들어서고 있다. 기본적으로 TVL이 상승할 때는 토큰의 가치도 우상향하는 경향이 있다. 반면 〈그림 13〉에서는 솔라나 생태계의 TVL이 더 급격히 감소하고 있으며, 이에 따라 가격 흐름도 둔화되고 있는 모습이다. 아울러 생태계를 대표하는 코인의 TVL 변화뿐만 아니라 해당 생태계 내 주요 프로토콜들의 종류도 함께 분석해야 한다.

지금까지는 이더리움과 솔라나 플랫폼을 중심으로 살펴보았지만, 수이, 바이낸스, 트론 등 기타 플랫폼들도 중요하다.

신생 플랫폼들의 경우 아직 생태계가 완전히 확립되지 않았기 때문에 현재 시점에서는 안정성은 낮지만 성장 가능성은 높다. 따라서 안정적인 프로토콜과 공격적인 프로토콜을 적절히 조합하는 전략이 좋은 성과로

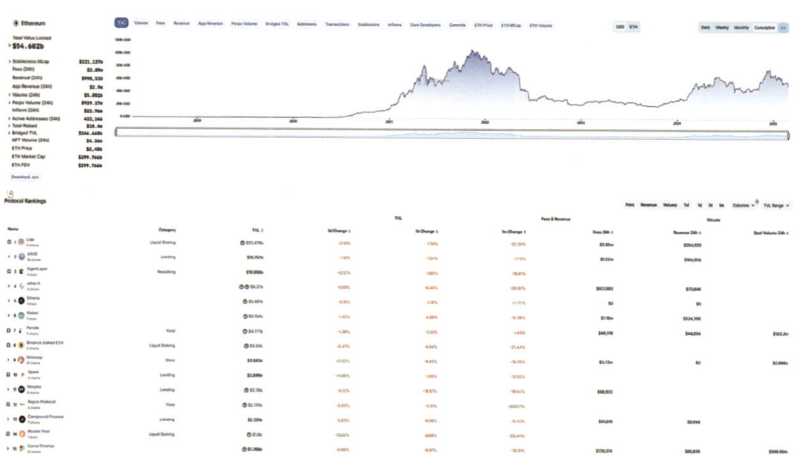

그림 12 이더리움 생태계의 다양한 디파이 프로토콜(출처: 디파이라마)

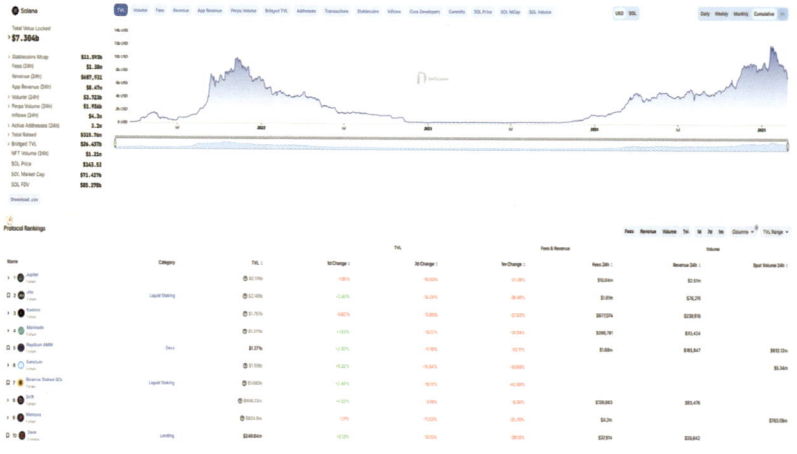

그림 13 솔라나 생태계의 다양한 디파이 프로토콜(출처: 디파이라마)

이어질 수 있다.

마지막으로 각 체인의 디파이DeFi TVL 순위를 살펴보자. 〈그림 14〉를 보면, 놀랍게도 TOP10 프로젝트 가운데 8개가 이더리움 기반이다. 나머지 2개는 각각 바이낸스와 비트코인 기반이다.

솔라나 기반 디파이도 최근 빠르게 성장하고 있으나, 집필 시점 기준으로는 주피터와 지토가 각각 TOP20에, 카미노가 21위에 머물고 있다. 이러한 점을 보면 솔라나 기반 디파이 금융 생태계는 아직 충분한 확장 가능성을 지니고 있으며, 그만큼 발전의 여지도 많다고 볼 수 있다. 따라서 이 점을 염두에 두고 중장기적인 투자 전략을 세워야 한다.

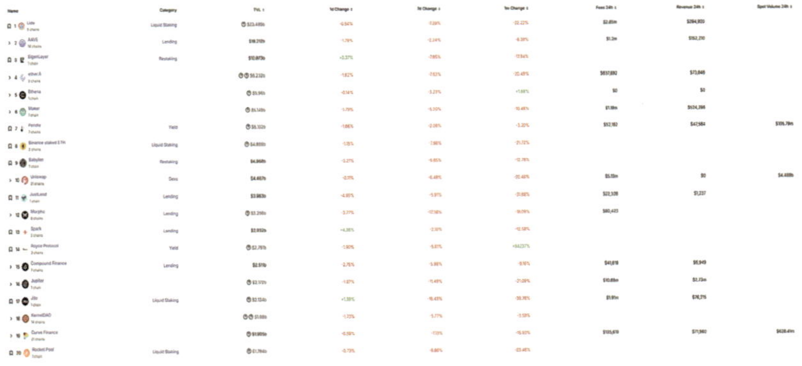

그림 14 모든 체인의 TVL 순위 (출처: 디파이라마)

② RWA

디파이와 유사하지만 보다 구체적인 현실 자산을 다루는 RWA Real World Assets 에 대해 살펴보자. 최근 금융 기반 프로젝트들이 늘어나면서, RWA도 이번 시즌을 기점으로 2030년까지 지속적인 성장이 기대되고 있다.

RWA는 현실 세계에 존재하는 자산을 블록체인에 올리는 구조를 말하며, 현재는 주로 국채, 신용대출, 부동산 등이 적용되고 있다. 하지만 아직까지는 거품이 많은 초기 시장으로, 낮은 진입 장벽을 가진 자산 중심으로 확장되고 있는 상황이다.

특히 점유율이 가장 큰 분야는 프라이빗 크레딧, 즉 신용대출이다. 이는 은행을 제외한 대주가 투자 등급이 없는 기업을 대상으로 자금을 제공하는 방식으로, 구조적으로 은행권 밖의 시장을 겨냥한다. 결국 RWA는 아직 성숙되지 않은 시장이기에, 제도권 자금이 접근하기 쉬운 영역부터 활용되기 시작했다고 해석할 수 있다.

이 가운데 가장 집중해서 봐야 할 섹터는 단연 '국채' 분야다. 국채는 세계적으로 가장 안정적인 신용 등급을 가진 자산이며, 블랙록을 포함한 주요 기관들이 적극적으로 참여하고 있다. 따라서 이 자산이 블록체인 기반 RWA에 적극 도입된다면, 안정성 측면에서 높은 주목을 받을 수 있다.

이와 관련해 가장 주목해야 할 프로젝트는 '온도파이낸스ONDO'다. 온도파이낸스는 미국 국채를 블록체인에서 거래할 수 있도록 하는 프로젝트로, 블랙록과의 협력 관계를 기반으로 한다. 또한 트럼프 행정부 당시

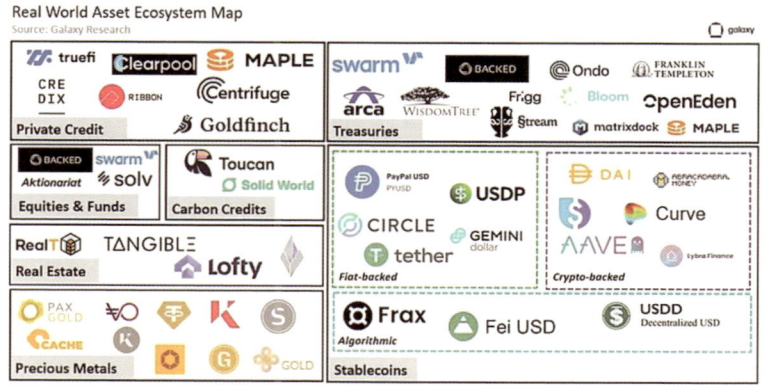

그림 15 RWA 생태계 지도(출처: 갤럭시리서치)

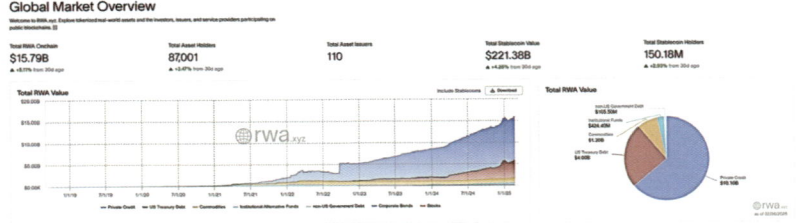

그림 16 RWA 점유율 현황(출처: RWA.xyz)

의 경제 기조와도 맞물려 있어, 중장기적인 성장성이 탄탄한 프로젝트로 평가된다.

현재 국채 기반 RWA를 가장 많이 운영하는 플랫폼은 이더리움이며, 그 뒤를 스텔라루멘, 솔라나, 아발란체, 앱토스가 잇고 있다. 이러한 RWA 생태계의 흐름은 각 블록체인 플랫폼의 미래와도 긴밀히 연결되므로, 투자자 입장에서도 반드시 주목할 필요가 있다.

③ 디핀과 AI

디핀DePIN은 탈중앙화된 물리적 네트워크를 의미하며, 관련 네트워크와 서비스를 통합적으로 제공하는 개념이다. 가장 이해하기 쉬운 사례는 스토리지다. 현재 많은 기업과 개인이 아마존의 저장 공간을 활용하고 있지만, 이를 디핀 기반의 분산형 스토리지로 전환하면 비용을 획기적으로 절감할 수 있다. 〈그림 18〉을 참고하면 아마존이 23달러인 반면, 스토리지 프로토콜은 4달러, 파일코인은 무려 0.19달러 수준이다.

이처럼 디핀은 산업 구조 자체를 바꿀 수 있는 가능성을 지녔지만, 아직까지는 객관적으로 성과를 입증할 자료가 부족하다. 따라서 단기적 접근보다는 중장기적인 관점에서 시장의 움직임을 꾸준히 살펴볼 필요가

Top Entities

#	Protocol	RWA Count	Market Cap	30D%	Market Share
				Protocols / Issuers / Networks / Jurisdiction Country	
1	Hashnote	3	$1,074.18M	▼ 11.19%	27.18% ▼
2	Ondo	12	$883.23M	▲ 53.36%	22.35% ▲
3	Securitize	8	$646.57M	▼ 0.04%	16.36% ▼
4	Franklin Templeton Benji Inve...	7	$616.34M	▲ 20.86%	15.60% ▲
5	Superstate	2	$304.91M	▲ 57.95%	7.72% ▲
6	WisdomTree	8	$118.67M	▲ 538.15%	3.00% ▲
7	Open Eden	2	$96.63M	▲ 16.54%	2.45% ▲
8	Spiko	2	$52.21M	▲ 4.32%	1.32% ▲
9	Libre Capital	3	$41.42M	0%	1.05% ▲
10	Centrifuge	3	$34.47M	▼ 5.17%	0.87% ▼

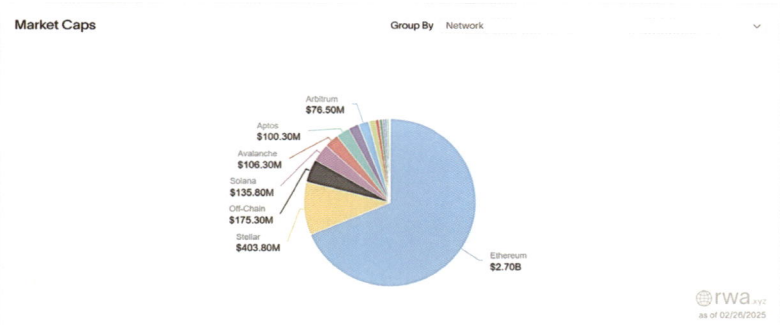

그림 17 국채 분야 RWA의 점유율 현황(출처: RWA.xyz)

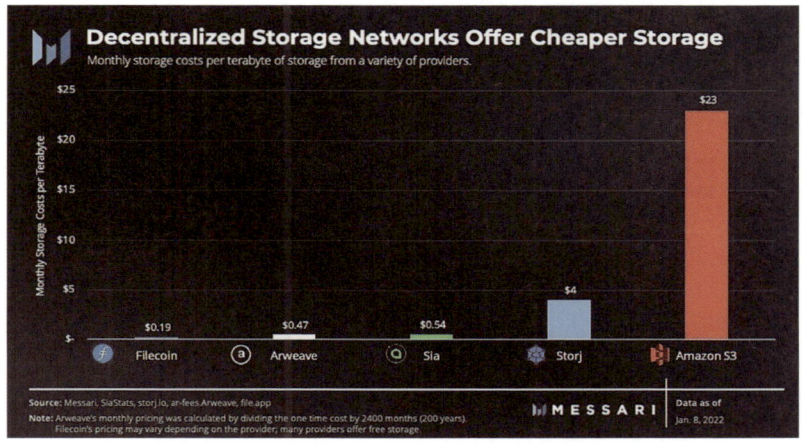

그림 18 아마존 스트리지와 주요 디핀 스토리지의 가격 비교(출처: 메사리)

있다.

현재 디핀에서 가장 중요한 블록체인은 솔라나다. 속도와 사용자 수 모두에서 우위를 점하고 있으며, 시가총액 상위권 디핀 프로젝트 대부분이 솔라나 기반으로 구축되어 있다.

〈그림 20〉에서는 주요 AI 코인 현황을 볼 수 있다. AI 분야는 다양한 하위 영역으로 나뉜다. 탈중앙화된 컴퓨팅, 영지식 증명ZKP, 비밀 정보를 상대방에 공개하지 않고도 자신이 그 내용을 알고 있음을 증명하는 암호화 방식, 머신러닝, AI 에이전트, 학습용 코프로세서 등 다양한 기술 분류가 존재한다.

현재 투자 관점에서 가장 주목해야 할 것은 두 가지다. 먼저 탈중앙화된 컴퓨팅 분야다. 이 분야는 GPU 리소스를 공유하는 방식으로, 시가총액 기준으로도 상위권을 차지하고 있다. 렌더 네트워크, 아카시 네트워크, 에이셔 등이 대표적인 프로젝트다.

엔비디아의 GPU가 지나치게 고가이기 때문에, 이를 공동 구매하고 분

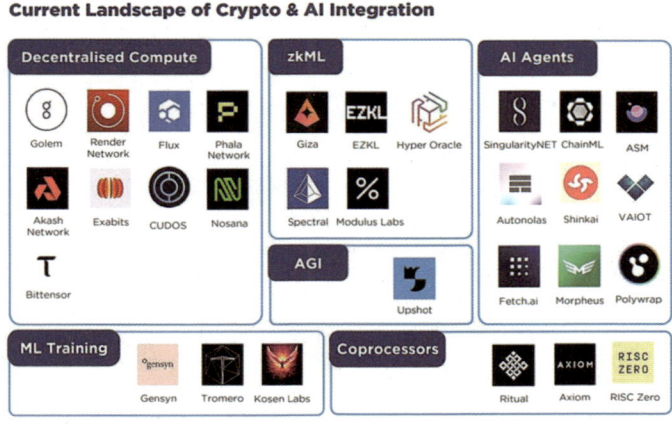

그림 19 주요 AI 코인(출처: 크립토닷컴리서치)

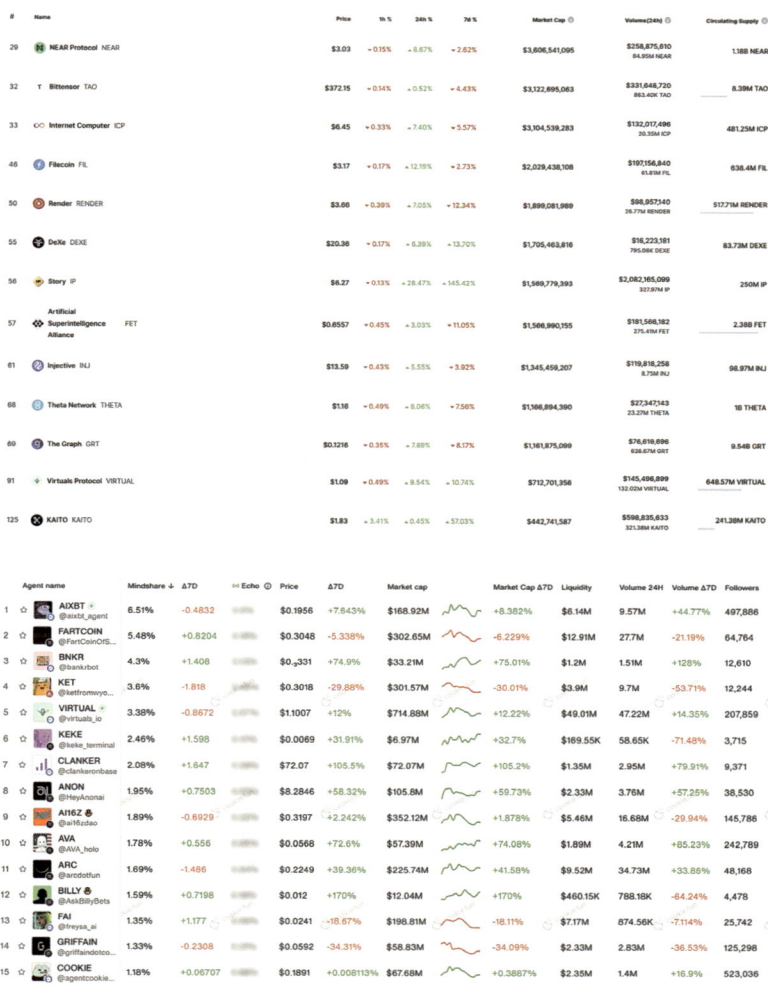

그림 20 지속적으로 등장하고 있는 새로운 섹터들

산 방식으로 활용하려는 시도가 활발히 이어지고 있다. 이러한 기술적 실용성 덕분에 지속적인 관심을 받고 있지만, 여전히 펀더멘털 지표가 명확하지 않다는 점에서 장기적인 관점이 필요하다.

또 다른 주목할 분야는 AI 에이전트, 즉 인공지능 비서다. 이 섹터에서 시가총액 기준으로 가장 큰 프로젝트는 '페치AI'였으며, 3개의 프로젝트가 통합되며 'ASI'라는 이름으로 변경되었다.

버추얼 프로토콜 ai16z 등도 언급되고 있지만, 대다수 프로젝트는 아직 펀더멘털이 부족한 초기 단계에 머물러 있다. 특히 일부 프로젝트는 AI 밈코인 발행에 집중하고 있는 상황이므로, 아직은 내러티브 중심의 움직임으로 해석할 필요가 있다. 〈그림 20〉에서는 이처럼 계속해서 생성되는 새로운 섹터와 테마의 흐름을 확인할 수 있다.

AI에서 AI 에이전트라는 하위 테마가 등장한 것처럼, 앞으로는 AI와 디파이가 결합된 새로운 섹터도 등장할 수 있다. 따라서 이런 신흥 테마의 등장과 진화를 꾸준히 모니터링하면서, 중장기적 흐름과 단기적 투자 기회를 동시에 고려하는 전략이 요구된다.

자, 이렇게 이번 챕터에서는 다양한 섹터와 생태계를 분석했다. 이제 중요한 것은 이러한 분석을 토대로 우수한 종목을 선별하고, 이를 바탕으로 포트폴리오를 구성하는 일이다.

펀더멘털이 어느 정도 검증된 디파이는 상대적으로 포트폴리오 내 비중을 높게 가져가기 용이하다. 반면 펀더멘털이 아직 불분명한 AI 분야

펀더멘털 검증되는 디파이는 조금 더 공격적 전략
펀더멘털 검증이 어려운 AI는 상대적으로 안정적 전략

- 꾸준한 팔로우업 통해서 프로젝트의 방향성과 변화를 확인해야 한다
- 재단이 지원하는 프로젝트를 확인하는 것도 방법이다
- 기본적으로 각 섹터의 1등 종목을 위주로 포트폴리오를 편성하는 것이 좋은 전략이다

그림 21 펀더멘털 검증과 전략 선택의 상관성

는 안정적인 전략을 중심으로 접근하는 것이 바람직하다. 즉 AI에서는 검증된 코인을 중심으로 종목을 구성하고, 내러티브에만 기대기보다는 신중하게 접근해야 한다.

디파이의 경우에는 성장 가능성이 높은 공격형 프로젝트에 일부 자금을 배분하되, 무엇보다도 안정성을 우선 고려해야 한다는 것을 잊지 말자. 더불어 각 섹터의 1등 종목 위주로 포트폴리오를 구성한다면 보다 효과적이고 지속적인 투자가 가능할 것이다.

 핵심 포인트

❶ 현재 주목할 섹터는 디파이, RWA, AI, 디핀 등 금융 특화 및 기술 접목형 프로젝트다.

❷ 디파이는 TVL, RWA는 국채, 디핀과 AI는 실사용성 및 테마 동향을 중심으로 분석해야 한다.

❸ 펀더멘털 검증 여부에 따라 전략을 달리하고, 각 섹터의 선두 종목 중심으로 포트폴리오를 구성해야 한다.

성장성 높은 코인을 선택하는 세 가지 노하우

투자자들이 종종 범하는 실수는 크게 두 가지다. 누군가의 추천만 듣고 매수하거나, 가격이 급등한 뒤 뒤늦게 추격매수하는 방식이다. 이런 방식은 제대로 된 분석 없이 시장 흐름에 휘둘리는 결과를 낳는다. 그렇기 때문에 종목을 고를 때는 반드시 충분한 분석을 바탕으로 신중하게

```
하나의 종목을 선택할 때는 깊이 고민하고 심사숙고해야 한다
        ↓
수많은 알트코인 중 선택의 범위를 좁히기 위해서는
다양한 조건에 부합하는지 여부를 중복 확인해야 한다
        ↓
해당 종목을 선택해야 하는 근거가 많을수록 좋다
        ↓
남의 말만 듣고 덜컥 매수 결정하면 절대로 안 된다
```

그림 1 투자 종목 선택 시 유의 사항

판단해야 한다.

문제는 선택지가 너무 많다는 점이다. 수많은 알트코인 중 어떤 것을 선택할지 막막하다면, 우선 '선택지를 좁히는 법'부터 배워야 한다. 그 방법 중 하나는 여러 기관, 인덱스, 미디어 등에서 공통으로 언급되는 코인을 기준 삼는 것이다.

예컨대 블랙록이 선택한 코인을 JP모건이나 다른 주요 기관도 언급한다면, 그 코인은 신뢰할 만한 후보로 간주할 수 있다. 이처럼 교차 검증을 통해 핵심 종목을 추려내면 보다 신뢰도 높은 포트폴리오를 구성할 수 있다.

내러티브 중심의 선별 기준

① 내러티브

첫 번째 기준은 내러티브다. 내러티브란 시장에서 주목받는 테마 또는 스토리라인을 의미하며, 대세 상승장의 핵심 동력으로 작용한다. 이번 상승장에서 알트코인의 내러티브는 크게 두 가지로 나뉜다. 하나는 '미국 중심 내러티브'이고, 다른 하나는 '알트코인 현물 ETF' 내러티브다.

트럼프 대통령이 다시 당선되면서 미국 중심의 암호화폐 정책에 대한 기대가 높아졌고, 이에 따른 관련 코인들의 부각이 예상된다. 이 내러티브는 트럼프 임기 전체와 상승장의 주기까지 고려하여 중장기 전략으로 연결해야 한다.

두 번째는 알트코인 현물 ETF 승인 이슈다. ETF 승인 여부는 특정 종목에 강력한 호재로 작용하므로, 어떤 알트코인이 ETF 신청 대상으로 거론되고 있는지 지속적으로 체크해야 한다.

#	Category	Top Gainers	1h	24h	7d	Market Cap	24h Volume	# of coins	Last 7 Days
1	Smart Contract Platform		▲ 0.1%	▼ 1.8%	▼ 6.9%	$2,499,656,802,347	$127,661,902,627	753	
2	Layer 1 (L1)		▲ 0.1%	▼ 1.9%	▼ 6.4%	$2,403,190,778,034	$119,954,608,420	294	
3	Proof of Work (PoW)		▲ 0.2%	▼ 2.6%	▼ 7.0%	$1,829,673,850,977	$74,291,564,028	181	
4	Proof of Stake (PoS)		▲ 0.3%	▲ 0.3%	▼ 7.1%	$540,720,413,421	$40,141,712,676	146	
5	Made in USA		▲ 0.3%	▼ 1.4%	▼ 8.1%	$408,326,577,961	$44,352,126,003	252	
6	World Liberty Financial Portfolio		▲ 0.2%	▼ 0.5%	▼ 6.8%	$322,637,345,502	$27,295,340,981	8	

그림 2 알트코인 카테고리 분류

#	Coin		Price	1h	24h	7d	24h Volume	Market Cap
4	XRP XRP	Buy	$2.31	▼ 0.4%	▲ 7.8%	▼ 9.9%	$7,514,487,820	$133,535,389,391
6	Solana SOL	Buy	$140.81	▼ 0.4%	▲ 3.1%	▼ 17.4%	$5,660,184,744	$70,122,592,335
7	USDC USDC	Buy	$0.9999	▼ 0.0%	▲ 0.0%	▼ 0.0%	$13,801,098,348	$56,274,154,697
9	Cardano ADA	Buy	$0.6854	▲ 0.0%	▲ 5.9%	▼ 10.3%	$903,918,786	$24,623,891,617
14	Chainlink LINK	Buy	$15.48	▲ 0.5%	▲ 5.4%	▼ 14.1%	$776,636,459	$9,874,336,243
15	Litecoin LTC	Buy	$125.14	▲ 0.1%	▲ 11.5%	▼ 7.8%	$1,368,202,265	$9,446,891,948
16	Sui SUI		$3.01	▼ 0.2%	▲ 10.8%	▼ 4.5%	$1,584,787,928	$9,291,658,411
17	Avalanche AVAX	Buy	$22.32	▼ 0.1%	▲ 6.2%	▼ 6.1%	$558,540,717	$9,241,360,769
18	Stellar XLM	Buy	$0.297	▼ 0.2%	▲ 5.9%	▼ 10.4%	$345,247,369	$9,104,234,382
22	Hedera HBAR	Buy	$0.199	▲ 0.1%	▲ 10.1%	▼ 5.1%	$511,660,890	$8,306,977,241

#	Name	Price	1h %	24h %	7d %	Market Cap	Volume(24h)	Circulating Supply
2	Ethereum ETH	$2,490.66	+0.13%	-3.39%	+5.83%	$300,314,473,874	$26,122,321,978 / 10.50M ETH	120.57M ETH
3	Tether USDT	$0.9992	+0.00%	+0.07%	+0.04%	$142,000,427,560	$117,452,908,136 / 117.55B USDT	142.1B USDT
7	USDC USDC	$0.9999	+0.01%	+0.00%	+0.00%	$56,307,157,932	$11,470,628,340 / 11.47B USDC	56.31B USDC
10	TRON TRX	$0.2304	+0.05%	+0.53%	+5.39%	$19,832,273,387	$986,019,122 / 4.28B TRX	86.07B TRX
11	Chainlink LINK	$15.47	+0.09%	+4.92%	+13.97%	$9,875,175,622	$834,331,701 / 41.02M LINK	638.09M LINK
33	Aave AAVE	$208.35	+0.00%	+5.23%	+19.03%	$3,142,491,154	$351,625,086 / 1.69M AAVE	15.09M AAVE
38	Ondo ONDO	$0.9878	+0.00%	+4.84%	+16.12%	$3,120,748,473	$290,734,182 / 295.06M ONDO	3.15B ONDO
63	Sei SEI	$0.2782	+0.79%	+7.34%	+23.20%	$1,295,983,143	$242,785,711 / 873.87M SEI	4.65B SEI
65	Ethena ENA	$0.4066	+0.17%	+0.55%	+4.87%	$1,271,955,827	$259,666,525 / 640.37M ENA	3.12B ENA
71	Movement MOVE	$0.4598	+1.25%	+13.29%	+9.56%	$1,103,721,684	$109,990,693 / 240.09M MOVE	2.4B MOVE

그림 3 미국 기반 알트코인 목록(위)과 월드리버티파이낸셜 포트폴리오(아래)(출처: 코인게코)

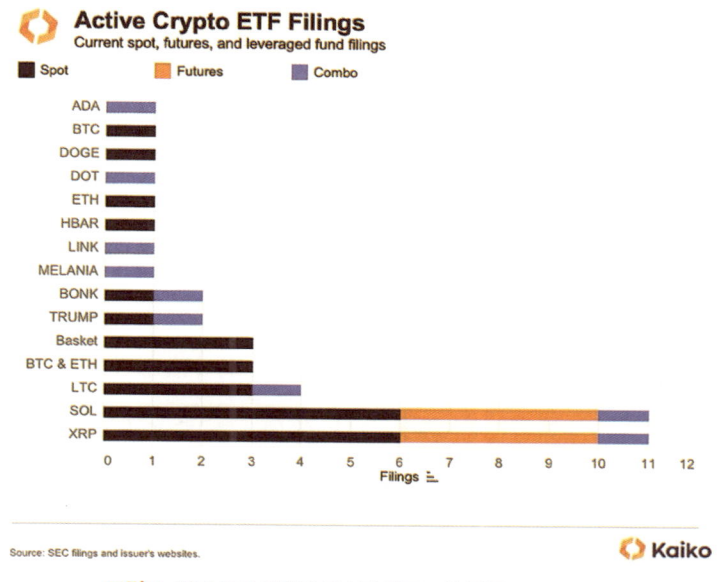

그림 4 현물 ETF 신청이 접수된 알트코인 목록(출처: 카이코)

〈그림 2〉는 알트코인을 카테고리로 나눈 구조를 보여주며, 〈그림 3〉은 미국 기반 알트코인 목록과 트럼프 일가가 운영하는 월드리버티파이낸셜의 포트폴리오를 제시한다. 사실 미국 내러티브를 조금 더 세부적으로 살펴보면 트럼프 내러티브를 포착할 수 있다. 미국 내러티브와 트럼프 내러티브는 다소 차이가 난다. 가령 최근 미국의 거시경제 정보를 블록체인에 올린다는 결정은 미국 내러티브다. 반면 트럼프 미디어 그룹이 크로노스 토큰을 재무전략으로 가지고 간다는 것은 트럼프 내러티브다. 월드리버티파이낸셜도 트럼프 내러티브에 들어간다. 코인게코나 코인마켓캡에서는 'Made in USA'라는 태그로 미국 기반 코인을 확인할 수 있다.

여기서 월드리버티파이낸셜 포트폴리오까지 비교하면, 트럼프 일가 또는 미국 내러티브에 부합하는 종목들을 좁혀볼 수 있다. 이처럼 두 목록을 함께 보며 교차되는 종목들을 찾아보는 것이 유효하다.

〈그림 4〉에서는 현물 ETF 신청이 접수된 주요 알트코인들을 보여준다. X(구 트위터)를 통해 블룸버그 인텔리전스의 제임스 세이파트James Seyffart, 에릭 발추나스Eric Balchunas 같은 전문가들이 빠르게 정보를 전하고 있다. 가장 많은 ETF 신청이 이루어진 코인은 XRP와 솔라나다. 시장에서는 라이트코인이 가장 먼저 승인을 받을 것이란 전망도 있지만, 대중성과 흥행 측면에서는 XRP와 솔라나가 더 큰 주목을 받고 있다.

ETF 이슈는 가격 급등 후 반락이라는 패턴을 유의해야 한다. '바이 더 루머, 셀 더 뉴스'라는 표현처럼, 기대감으로 오른 가격은 정작 승인 발표 이후에는 조정될 수 있다. 결국 실제 ETF 자금 유입 규모가 펀더멘털을 반영하는 본격적인 상승으로 이어지는지 확인해야 한다. 따라서 내러티브는 단기 트레이딩뿐만 아니라 장기적 시각에서도 전략 수립에 활용되어야 한다.

② 주요 기관의 포트폴리오 참고하기

다음으로는 주요 기관들의 포트폴리오를 살펴봐야 한다. 크게 VC벤처캐피털, 자산운용사(예: 그레이스케일), 그리고 마켓메이커로 나뉜다. VC는 초기 단계에서 프로젝트에 투자하기 때문에, 우리가 해당 정보를 접할 땐 이미 수익 실현 구간일 가능성이 높다. 즉 VC 포트폴리오만을 기준으로 삼기엔 다소 늦을 수 있다.

반면 마켓메이커는 시장에 유동성을 공급하는 역할을 하며, 밈코인처럼 유동성 중심의 종목과 관련이 깊다. 대표적으로 윈터뮤트와 DWF 랩스를 들 수 있다. 이들은 기술보다 유동성에 집중하기 때문에, 단기적 시세 움직임을 예측하는 데 참고할 수 있다. 하지만 펀더멘털 기반의 중장기 전략에는 조금 거리가 있다.

Crypto Products

Grayscale has pioneered the model of providing investors with exposure to crypto in the form of a security without the challenges of buying, storing, and safekeeping it.

As of 02/28/2025

SYMBOL	NAME	AUM	NAV PER SHARE	NAV PER SHARE 1 DAY	MARKET PRICE/SHARE	MARKET PRICE/SHARE 1 DAY
	Grayscale Aave Trust Private Placement only	$1,412,969.08	$19.93	-11.11%		
	Grayscale Avalanche Trust Private Placement only	$1,662,926.32	$10.82	-5.09%		
GBAT	Grayscale Basic Attention Token Trust	$4,311,408.10	$1.52	-2.56%	$3.30	-8.84%
BCHG	Grayscale Bitcoin Cash Trust	$114,381,746.51	$2.45	-4.67%	$2.76	-4.17%
	Grayscale Bittensor Trust Private Placement only	$7,253,153.98	$7.42	-9.40%		
GLNK	Grayscale Chainlink Trust	$17,772,731.16	$13.80	-5.28%	$38.30	-7.17%
MANA	Grayscale Decentraland Trust	$8,625,226.70	$2.62	-2.96%	$7.85	-5.42%
	Grayscale Decentralized AI Fund Private Placement only	$886,325.90	$5.61	-6.81%		
DEFG	Grayscale Decentralized Finance (DeFi) Fund	$4,229,266.84	$18.08	-2.90%	$27.00	-12.90%
GDLC	Grayscale Digital Large Cap Fund	$667,774,987.86	$42.08	-6.32%	$36.72	-6.94%
	Grayscale Dogecoin Trust Private Placement only	$1,733,282.86	$6.29	-5.70%		

그림 5 그레이스케일 포트폴리오 목록(출처: 그레이스케일)

이와 달리 필자가 가장 주목하는 기관은 그레이스케일이다. 그레이스케일은 펀더멘털을 기반으로 장기 포트폴리오를 구성하며, 보유 내역과 투자 비중까지 투명하게 공개한다.

앞서 언급했듯이 그레이스케일은 펀더멘털 중심의 포트폴리오를 구성하는 기관이다. 〈그림 5〉에서 보듯이, 그레이스케일의 공식 홈페이지에서는 각 종목의 보유 물량과 포트폴리오 구성을 확인할 수 있다.

특히 단일 종목에 대해 구성된 신탁Trust 상품에 주목할 필요가 있다. 이 상품들은 상당한 물량을 담고 있을 뿐만 아니라, 현물 ETF로 전환하기 위한 준비가 진행 중이기 때문이다.

Holdings		
Number of Holdings: 5		As of 03/25/2025
NAME ↑	ASSETS/SHARE	WEIGHT
UNI Uniswap	0.94939791	43.96%
AAVE Aave	0.02428003	27.04%
MKR Maker	0.00144000	12.66%
LDO Lido DAO	1.44919994	11.22%
CRV Curve	2.01653944	5.12%

Holdings		
Number of Holdings: 6		As of 03/25/2025
NAME ↑	ASSETS/SHARE	WEIGHT
NEAR NEAR	0.54388959	28.89%
TAO Bittensor	0.000571282	24.97%
FIL Filecoin	0.31182998	17.44%
RENDER Render (SOL)	0.25388027	16.60%
GRT The Graph	4.61976361	9.92%

그림 6 그레이스케일 포트폴리오 항목별 구체적 내역 (출처: 그레이스케일)

또한 AI 펀드와 디파이 펀드처럼 테마형 펀드 상품들도 함께 구성되어 있다. 〈그림 6〉과 같이 개별 상품을 클릭하면, 세부 구성 종목과 비중을 확인할 수 있다. 여기서 중요한 점은 대부분의 디파이 펀드가 이더리움 기반이라는 사실이다. 이는 그레이스케일이 이더리움의 펀더멘털에 대해 높은 신뢰를 가지고 있다는 점을 보여준다.

하지만 단순히 코인이 포트폴리오에 포함되어 있다고 해서 무조건 투자 가치가 높은 것은 아니다. 가장 핵심적인 판단 기준은 바로 '비중'이다. 〈그림 5〉에서 유니스왑이나 에이브처럼 높은 비중으로 편입된 프로젝트들은 안정적인 자산으로 볼 수 있다. 반면 낮은 비중으로 구성된 종목은 기관의 공격적인 전략의 일부일 수 있으므로 보다 신중한 해석이 필요하다.

③ 인덱스를 활용한 우량 코인 판별

이제는 인덱스를 통해 투자 대상을 좁히는 방법을 살펴보자. 앞서 살펴본 미국 내러티브, ETF 승인 가능성, 그리고 그레이스케일 포트폴리오에 이어, 인덱스는 전체 시장에서 우량 종목을 판단하는 또 하나의 기준이 된다. 미국 주식 시장에서는 S&P500이나 나스닥100이 대표적인 기준선이듯, 코인 시장에도 그에 준하는 대표 인덱스가 존재한다.

〈그림 7〉의 코인데스크20은 코인데스크가 제공하는 인덱스로, 20개의 종목이 포함되어 있다. 여기에는 비트코인, 이더리움, 솔라나 등이 높은 비중으로 담겨 있으며, XRP는 상대적으로 낮은 비중을 가진다. 〈그림 8〉의 코인베이스50은 코인베이스가 제공하는 인덱스로, 총 50개 종목

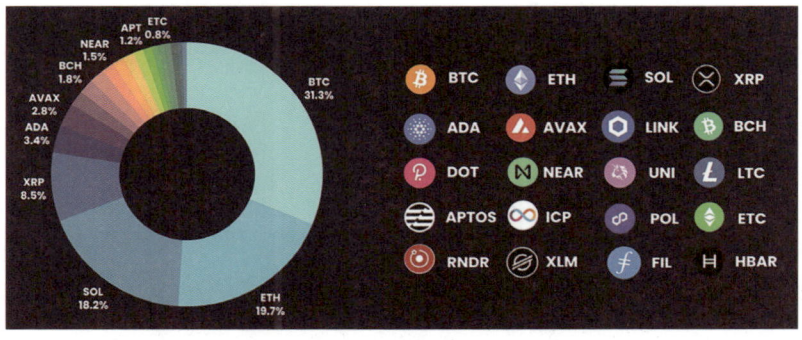

그림 7 코인데스크20(출처: 코인데스크)

그림 8 코인베이스50(출처: 코인베이스)

이 포함되어 있다. 상위 6개 종목의 구성 비중을 보면 비트코인이 절반인 50%, 이더리움이 23.8%를 차지하고 있어 보수적인 포트폴리오임을 알 수 있다.

기관마다 코인을 선별하는 기준은 다르다. 결과적으로 두 인덱스에 모두 포함되어 있으며 비중까지 높은 종목은 시장 내 공통된 신뢰를 받고 있는 핵심 자산으로 해석할 수 있다. 이러한 중복 종목을 중심으로 포트폴리오를 구성하는 전략이 유효하다.

펀더멘털 분석을 통한 실전 선별 전략

지금까지는 투자 종목의 범위를 좁히는 다양한 기준을 살펴보았다. 이제부터는 그렇게 좁혀진 후보군을 어떻게 분석할지에 대해 알아보자. 선택한 종목들이 실제로 펀더멘털이 탄탄한지, 현재 저평가 구간에 있는지를 구체적인 지표를 통해 확인해야 한다.

〈그림 9〉는 블록체인별 펀더멘털을 비교하는 예시로, 아르테미스터미

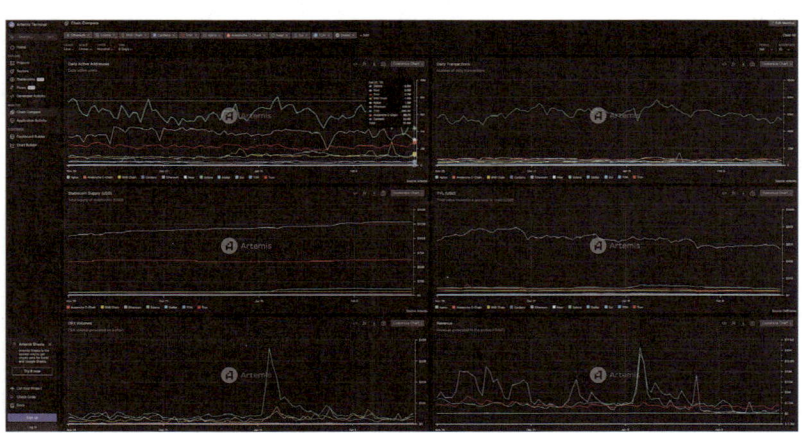

그림 9 블록체인별 펀더멘털 비교(출처: 아르테미스터미널)

널의 '체인 컴페어Chain Compare' 기능을 활용한 것이다. 여기에서는 비교하고 싶은 코인들을 직접 선택해 일일 활성 주소, 일일 트랜잭션, 스테이블코인 공급량, TVL, 탈중앙화 거래소 거래량, 수수료 수익 등 여러 지표를 기준으로 비교할 수 있다.

일일 활성 주소와 트랜잭션 수는 실사용자 수를 반영하며, 스테이블코인 공급량과 TVL은 해당 체인으로 유입되는 자금 흐름을 보여준다. 탈중앙화 거래소 거래량은 생태계의 활발함을 나타내며, 수수료 수익은 체인의 지속 가능성을 확인하는 핵심 지표다. 이러한 지표들을 종합적으로 비교해보면 어떤 종목이 현재 저평가 상태에 있는지 파악할 수 있다.

〈그림 10〉은 멀티플Multiple 분석을 통해 코인의 저평가 여부를 확인하는 방법을 설명한다. 멀티플은 주식시장에서 자주 활용되는 개념으로, 암호화폐 시장에도 그대로 적용할 수 있다. 예컨대 TVL 대비 시가총액 비율이 낮다면, 자금은 많지만 가격은 낮다는 의미로 저평가된 상태라 볼 수 있다. 멀티플 값이 낮을수록 시장에서 저평가된 종목으로 간주된다.

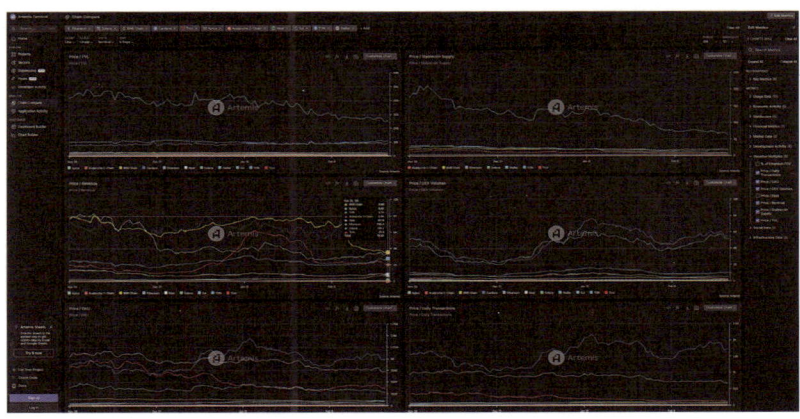

그림 10 체인 컴페어에서 멀티플을 확인하는 법(출처: 아르테미스터미널)

Chapter 7. 성장성 높은 코인을 선택하는 세 가지 노하우

〈그림 10〉에서 트론과 솔라나가 낮은 멀티플 값을 보이고 있는 것도 이러한 맥락이다. 복잡한 수치를 직접 계산할 필요는 없다. 아르테미스 터미널의 '에디트 매트릭스Edit Matrix' 기능을 활용하면 다양한 지표를 자동으로 확인할 수 있다.

또한 특정 시점의 펀더멘털 수치만 확인할 것이 아니라, 장기적인 추세를 함께 살펴야 한다. 펀더멘털 지표가 지속적으로 하락세를 보인다면, 해당 프로젝트의 구조적인 문제가 누적되고 있다는 신호일 수 있다.

따라서 자신이 선택한 코인들의 펀더멘털 상태를 주기적으로 비교 분석하면서, 자신이 이해하고 통제할 수 있는 범위 안에서 포트폴리오를 구성하는 것이 바람직하다.

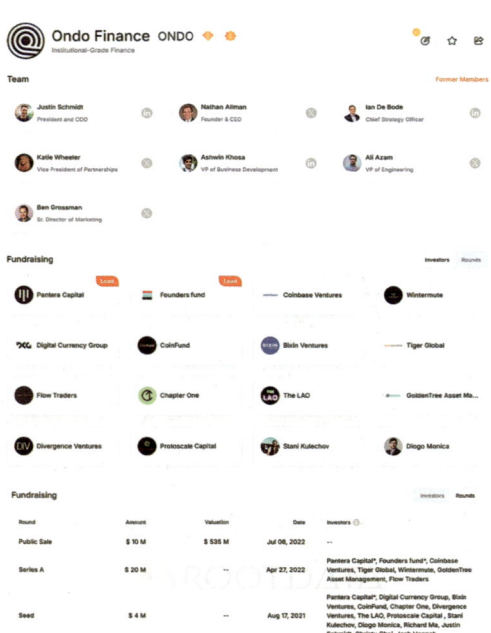

그림 11 온도파이낸스의 투자 기관 현황(출처: 루트데이터)

기관별 코인 보유 현황 분석

펀더멘털 분석을 마쳤다면 이제는 각 코인에 어떤 기관들이 얼마나 투자하고 있는지를 확인해야 한다. 앞서 그레이스케일 포트폴리오를 통해 1차적인 범위를 좁혔다면, 이번에는 다른 주요 기관들의 보유 현황도 함께 점검해보는 것이 좋다.

〈그림 11〉은 온도파이낸스에 투자한 기관들의 현황을 보여주는 자료로, 루트데이터RootData 사이트를 통해 누구나 무료로 확인할 수 있다. 해당 사이트에서는 특정 알트코인을 검색해 투자 기관의 수, 메이저 기관의 참여 여부, 보유량, 최초 투자 시점 등 여러 정보를 종합적으로 파악할

Ecosystem	Full-time devs	Full-time devs 1y	Full-time devs 2y	Established devs	Total devs
EVM Stack	3,562	+8.4%	+14.3%	1,151	10,110
Ethereum	2,181	+10.6%	+16.3%	668	6,244
SVM Stack	599	+14.8%	+22.9%	152	3,354
Solana	582	+15.0%	+23.1%	141	3,201
Polkadot Network Stack	467	+25.5%	+35.8%	153	1,301
Polkadot	448	+26.8%	+37.6%	150	1,245
Cosmos	436	+20.4%	+33.2%	148	1,200
Bitcoin	359	+9.1%	+4.0%	112	1,200
Polygon	330	+36.8%	+58.7%	104	1,240
Base	327	+2.5%	-	0	1,140
Arbitrum	323	+27.8%	+34.9%	79	975
Move Stack	292	+10.2%	+38.4%	55	1,555
Internet Computer	236	+60.5%	+67.6%	50	760
Starknet	227	+12.4%	+70.7%	29	685
Cardano	189	+2.2%	+11.8%	52	449
BNB Chain	184	+29.0%	+56.1%	45	698

그림 12 코인별 개발자 현황과 개발 추이(출처: developerreport.com)

Chapter 7. 성장성 높은 코인을 선택하는 세 가지 노하우

그림 13 프로젝트별 커밋 수(출처: 깃허브)

수 있다.

일반적으로 많은 기관이 참여한 코인은 상대적으로 검증도가 높다고 평가된다. 예컨대 온도파이낸스에는 약 20개의 기관이 투자하고 있는데, 다른 프로젝트들 중에는 1~2곳 정도만 투자한 경우도 적지 않다. 그런데 단순히 기관 수만 보는 것이 아니라, 메이저 기관의 참여 여부까지 함께 살펴야 한다. 비록 한 곳만 투자했더라도 메이저 기관이라면 의미 있는 기준이 될 수 있다. 결국 어떤 기관이 참여했는지가 해당 프로젝트의 펀더멘털 수준을 가늠하는 데 중요하다.

다음으로 참고할 수 있는 보조 지표는 개발자 수와 개발 활동 추이다. 프로젝트에 얼마나 많은 개발자가 참여하고 있는지는 기술력과 지속 가능성을 판단하는 핵심 요소다. 앞 페이지 〈그림 12〉에서 확인할 수 있듯, 이더리움과 솔라나는 개발자 수 기준으로 가장 상위권에 위치하고 있다.

이더리움은 EVM[Ethereum Virtual Machine, 이더리움 블록체인에서 스마트 계약을 실행하는 가상머신] 스택을 기반으로, 개발자 생태계와 관련 도구들이 풍부하게 구축되어 있다. 마찬가지로 솔라나는 SVM[Solana Virtual Machine, 솔라나 블록체인에서 스마트 계약을 실행하는 가상머신] 스택을 중심으로 개발 생태계가 구성되어 있으며, 이는 높은 개발 집중도를 반영한다. 특히 이더리움이 상당 기간 가격 흐름이 좋지 않았음에도 불구하고 여전히 시장의 기대를 받고 있었던 이유가 여기에 있다.

이외에도 각 프로젝트의 개발 활동 빈도를 확인할 수 있는 곳이 깃허브[GitHub]다. 〈그림 13〉은 깃허브 기준 각 프로젝트의 커밋 수를 보여주는 자료로, 얼마나 자주 업그레이드와 개선이 이루어지고 있는지를 판단할 수 있다. 지속적인 개발이 이어지고 있는 프로젝트일수록 기술적 생명력이 길고, 투자자로서의 신뢰도도 높아진다.

다양한 요소로 판단하는 저평가 여부

펀더멘털이 우수한 프로젝트를 선별했다면, 이제 그 코인이 현재 저평가 상태인지 아닌지를 판단해야 한다. 온체인 지표와 기술적 분석을 함께 활용해, 내러티브와 펀더멘털이 양호한데도 가격이 낮게 형성되어 있다면 그 시점이 매수 기회일 수 있다. 특히, 펀더멘털이 반등하는 구간, 상승 다이버전스를 나타내는 구간을 주목해야 한다. 상승 다이버전스는 가격은 하락하지만, 펀더멘털은 상승하는 것을 의미한다. 반대로 우수한 프로젝트라도 이미 고평가 구간에 진입했다면, 추적을 유지하며 진입 타이밍을 기다리는 전략이 필요하다.

여기에 또 하나 중요한 변수가 바로 '락업 해제'다. 락업은 일정 기간 동

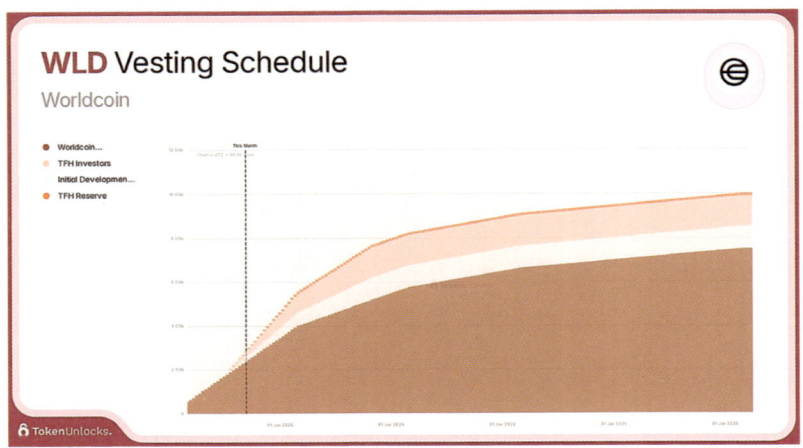

그림 14 월드코인 락업 해제 물량 추이(출처: 토큰언락)

안 토큰의 유통을 제한하는 장치로, 개발자나 초기 투자자의 물량이 시장에 쏟아지는 것을 방지하기 위해 설정된다. 만약 락업 해제 시점에 대규모 물량이 한꺼번에 시장에 풀린다면, 코인의 가격은 급격히 하락할 수 있다. 그 이유는 초기 투자자들이 낮은 단가에 매수했기 때문이다.

토큰의 락업 해제 일정은 토크노미스트나 크립토랭크 등 플랫폼에서 확인할 수 있다. 락업 해제 방식은 두 가지 패턴으로 나뉜다. 첫째는 일정 물량을 유지하다가 특정 시점에 대량으로 풀리는 경우로, 이때는 시장이 한 번에 큰 충격을 받을 수 있다. 둘째는 물량을 조금씩 천천히 푸는 경우인데, 이때는 지속적으로 매도 압력이 형성돼 장기 상승에 불리한 환경이 조성된다.

따라서 토큰의 락업을 해제하는 두 가지 패턴에 맞춰 투자 전략을 세워야 한다. 먼저 물량을 지속적으로 푸는 경우는 장기 투자에는 적합하지 않다. 대표적으로 월드코인이 있다. 물론, 락업 해제에 따른 매도 물량

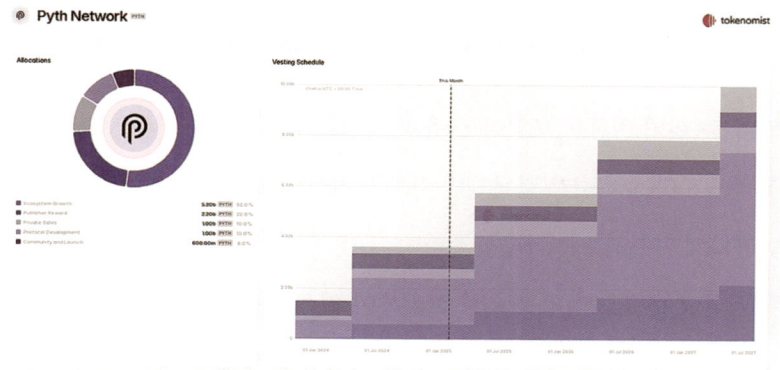

그림 15 피스 네트워크 락업 해제 물량 추이(출처: 토크노미스트)

보다 더 많은 수요가 나온다면 상승도 가능하다. 이를 위해서는 개인투자자보다 기관과 기업 단위의 채택이 중요하다. 반면에 대규모 물량이 한 번에 풀리는 코인들은 해당 시점이 다가올 때 시장 변동에 대비해야 한다.

다만 최근의 시장 흐름을 보면 락업 해제가 일어났을 때 가격 변동에 일정한 패턴이 나타나지 않는다. 프로젝트마다 펀더멘털과 내러티브의 정도가 다른 데다가 시장이 상승장인지 하락장인지에 따라 결과가 다르게 나타날 수 있기 때문이다.

가장 기본적인 패턴은 락업 해제 전에 이른바 '카르텔 펌핑'으로 가격을 올려놓고, 락업 해제 시점이 가까워지면 하락세를 보이다가 시장 상황이 좋으면 반등하고, 시장이 침체 국면이면 하락세를 이어가는 것이다. 하지만 이런 패턴을 보이지 않는 코인들도 있다.

대표적으로 2024년 5월에 대규모 락업 해제가 있었던 피스 네트워크는 3월까지 상승하다 5월까지 하락세를 이어갔다. 그리고 락업 해제 시점에서는 일시적으로 반등했지만 그 흐름을 이어가지 못했다. 미국이 주요 거시경제 지표를 블록체인에 올린다고 발표하면서 오라클의 중요성이 강조되며, 큰 단기 반등을 보였다. 금융과 크립토의 결합 국면에서 오라클은 매우 중요하다. 오라클은 블록체인 외부의 현실 데이터를 스마트 컨트랙트에 안전하게 연결해주는 역할을 한다.

이처럼 대규모 락업 해제가 예정되어 있을 때는 시장의 변동성을 예측하기 어렵기 때문에 방어적인 전략을 택하여 가격 상승 국면에서 일부 수익을 실현하는 것이 좋은 전략이 될 수 있다. 또한 락업 해제에 따라 신생 코인과 오래된 코인의 투자 전략도 구분되는데, 신생 코인은 신선한 내러티브로 단기 상승이 가능하지만 락업 해제 후 가격이 하락할 수 있다.

반면에 오래된 코인은 가격 급등은 어렵지만 대부분의 락업이 해제되어 상대적으로 안정적인 움직임을 보인다는 차이점이 있다. 정리하자면, 새롭게 리브랜딩을 하면서 락업 해제 물량이 없는 코인에 주목해보는 것도 좋은 틈새 전략이 될 수 있다. 즉 오래된 코인이 새롭게 태어나는 프로젝트를 의미한다. 하지만 투자를 결정하기 전에 다양한 분석 도구로 펀더멘털과 내러티브를 점검해봐야 한다.

지금까지 펀더멘털 지표와 내러티브 분석을 통해 종목 선정의 노하우

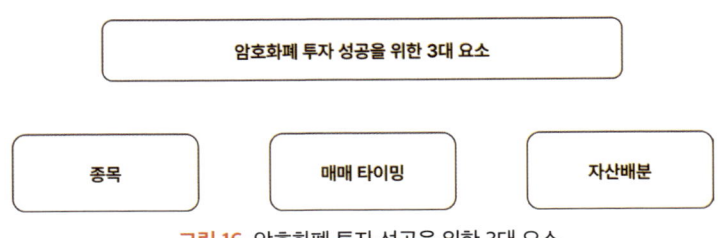

그림 16 암호화폐 투자 성공을 위한 3대 요소

를 살펴보았다. 여기에 자산을 적절한 비율로 배분한다면 성공적인 암호화폐 투자를 해낼 수 있을 것이다. 그러나 수많은 코인 중에서 무엇이 안정적이고 성장 가능성이 높은지 미리 파악하기는 무척 어렵기도 하다. 또한 투자하지 않은 코인의 가격이 급등할 때 느끼는 상실감도 무시할 수 없다. 그럼에도 종목 선정, 매매 타이밍, 자산배분을 균형 있게 관리한다면 암호화폐 시장에서도 성공적인 투자를 이끌어낼 수 있다.

 핵심 포인트

1. 알트코인 투자에 앞서 선택 범위를 좁히는 것이 중요하다. 이때 미국 트럼프 내러티브, 현물 ETF 승인 가능성, 주요 기관의 포트폴리오, 인덱스 등을 기준으로 삼아야 한다.
2. 투자 대상을 좁힌 후에는 각 코인의 펀더멘털, 기관별 보유 현황, 개발자 현황과 개발 추이를 면밀히 분석해야 한다.
3. 이러한 과정을 통해 펀더멘털이 우수한 알트코인을 찾았다면 시장 흐름과 함께 락업 해제 일정에 주목해야 한다.

가격 저평가와 매수 타이밍을
정확히 파악해
수익으로 연결하는 법

확실한 매매 판단을 위한 추세 분석

이번 장에서는 기술적 분석, 즉 차트 분석을 통해 매수와 매도 타이밍을 판단하는 방법을 다루어보겠다. 가장 기본이 되는 개념부터 시작해, 실전투자에서 어떻게 활용할 수 있는지 차근차근 짚어보자. 앞서 살펴본 종목 선정, 매매 타이밍, 자산배분이라는 세 가지 성공 투자 요소를 함께 복기해본다면, 암호화폐 투자에서 흔들림 없는 체력을 키울 수 있을 것이다.

기술적 분석의 중요성과 종류

기술적 분석은 온체인 분석과 함께, 매매 타이밍을 잡는 데 있어 매우 핵심적인 도구다. 기술적 분석이란 과거의 가격 변화를 시각화한 도표에서 일정한 패턴을 찾아내고, 이를 바탕으로 미래의 흐름을 예측하려는 방법이다. 다시 말해, 과거의 흐름을 현재와 비교하고 나아가 미래로 확장해보려는 시도인 것이다.

그렇다면 왜 이런 차트 분석이 여전히 유효할까? 돌이켜보면, 시장의 가격은 결국 수요와 공급에 의해 결정된다. 그리고 대부분의 투자자들은 비슷한 상황에서 유사한 반응을 보인다. 예컨대 매수세와 매도세가 충돌하는 구간에서 많은 사람이 공포나 탐욕이라는 감정에 의해 움직이기 때문에, 그 패턴은 과거와 반복적으로 닮아가게 된다.

이런 이유로 기술적 분석은 단순히 선을 긋는 작업이 아니라, 집단 심리를 들여다보는 과정과도 맞닿는다. 시장이 큰 악재를 만났을 때 가격이 급락하고, 많은 투자자들이 공황 속에서 매도하는 패닉셀링이 대표적인 사례다. 이럴 때일수록 펀더멘털과 차트를 함께 들여다보며 '바이더 딥Buy the Dip' 전략으로 대응한다면 오히려 기회를 잡게 된다.

다만 주의할 점은, 기술적 분석 하나만으로 모든 시장 상황을 설명하려 해서는 안 된다는 것이다. 차트 분석은 분명 유효하고 강력한 도구지만, 거시경제 환경이나 정책 변화, 돌발 악재 같은 변수들을 함께 고려해야 실제 투자에 적용할 수 있다. 또한 똑같은 차트를 두고도 해석은 사람마다 다를 수 있기 때문에, 열린 마음으로 차트를 바라보는 태도가 중요하다.

기술적 분석은 세 가지 주요 방식으로 나눌 수 있다. 바로 추세 분석, 지표 분석, 패턴 분석이다. 먼저 추세 분석은 가격의 큰 흐름을 파악하는 데 집중한다. 가격은 가까이서 보면 불규칙하게 움직이는 것 같지만, 조금 더 멀리서 보면 상승, 횡보, 하락이라는 세 가지 방향성이 반복된다. 이런 흐름이 언제 바뀌는지, 어디서 꺾이는지를 포착할 수 있다면 매수나 매도 타이밍도 더욱 명확해진다. 많은 투자 기관들이 추세 분석에 특히 집중하는 이유이기도 하다.

다음은 지표 분석이다. 추세선을 직접 그리는 것이 어렵거나 복잡하게 느껴진다면, 지표 분석이 좋은 대안이 된다. 지표를 통해 작도 과정 없이도 고평가 구간과 저평가 구간을 직관적으로 파악할 수 있기 때문이다. 따라서 투자자 입장에서는 이 지표들이 매수·매도 타이밍이나 모멘텀 전환 구간을 알려주는 유용한 힌트가 된다.

마지막으로 패턴 분석은 과거 가격 흐름 속에서 반복적으로 등장한 형태들을 분석하는 방식이다. 예컨대 '헤드앤숄더 Head and Shoulder' 패턴은 처음엔 상승 추세처럼 보이지만, 실제로는 하락 전환의 신호로 해석된다. 이처럼 패턴 분석은 눈에 보이는 흐름과 실제 방향이 다를 수 있다는 점에서 중요한 보완 역할을 한다.

캔들 차트란 무엇인가?

추세 분석에 들어가기 전에, 차트의 가장 기초 단위부터 짚고 넘어가야 한다. 바로 캔들 차트, 흔히 '봉 차트'라고 부르는 것이 그것이다. 이 캔들들이 하나하나 쌓이면서 시장의 큰 흐름을 만들어낸다.

캔들 하나는 네 가지 가격 정보로 구성된다. 시가 Open는 거래가 시작될 때의 가격이고, 종가 Close는 거래가 종료되는 시점의 가격이다. 고가 High는 장중에 가장 높았던 가격이고, 저가 Low는 그날 가장 낮았던 가격이다. 이 네 가지가 조합되어 하나의 봉이 만들어지고, 이렇게 만들어진 수많은 봉이 시장의 방향을 말해준다.

암호화폐 시장은 24시간 365일 쉬지 않지만, 시초가를 기준으로 하루 단위의 흐름을 구분해야 하는 특성이 있다. 보통 이 기준은 매일 오전 9시로 잡혀 있다. 그래서 차트를 매일 확인하는 투자자라면, 오전 9시까

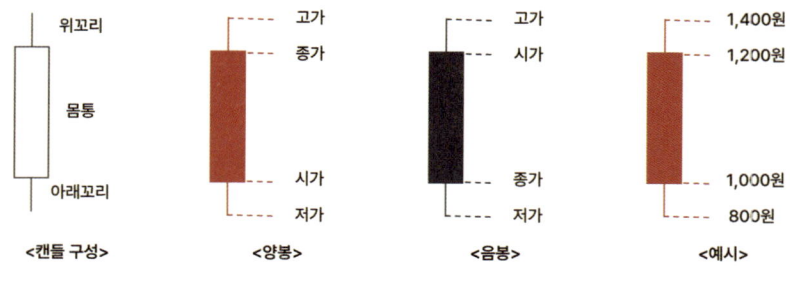

그림 1 캔들 구성과 예시

지는 흐름이 괜찮다가도 9시 이후에 분위기가 확 바뀌는 경험을 한두 번쯤 해봤을 것이다. 이는 트레이더나 기관투자자들이 이 시점을 기준으로 자금을 회수하거나, 매도 전략을 실행하는 경우가 많기 때문이다.

캔들은 기본적으로 몸통과 꼬리(윗꼬리, 아랫꼬리)로 구성된다. 이 중 몸통은 시가와 종가로 만들어진다. 시가보다 종가가 높게 마감되면 이를 '양봉'이라 부른다. 이는 매수세가 우세했음을 의미하며, 한국에서는 보통 빨간색으로 표시된다. 미국에서는 파란색으로 표시된다.

반대로, 시가보다 종가가 낮게 마감되면 '음봉'이라 부른다. 이 경우 몸통이 아래 방향으로 향하게 되며, 시가와 종가의 위치가 양봉과 반대인 셈이다. 〈그림 1〉의 예시를 보면, 장은 1,000원에서 시작해 한때 800원까지 하락했다가, 1,400원까지 상승한 뒤, 1,200원에 마감했다. 결과적으로 시가 대비 종가 기준으로는 200원의 수익이 났고, 저점에서 매수해 고점에 매도했다면 최대 600원의 수익이 가능한 구조였다.

양봉이나 음봉이 유독 길게 나타나며 시장에 큰 방향을 만드는 경우도 있다. 이런 경우에는 각각 '장대양봉', '장대음봉'이라고 부른다. 이는 강력한 매수세나 매도세가 형성되었음을 의미하며, 중요한 매매 포인트

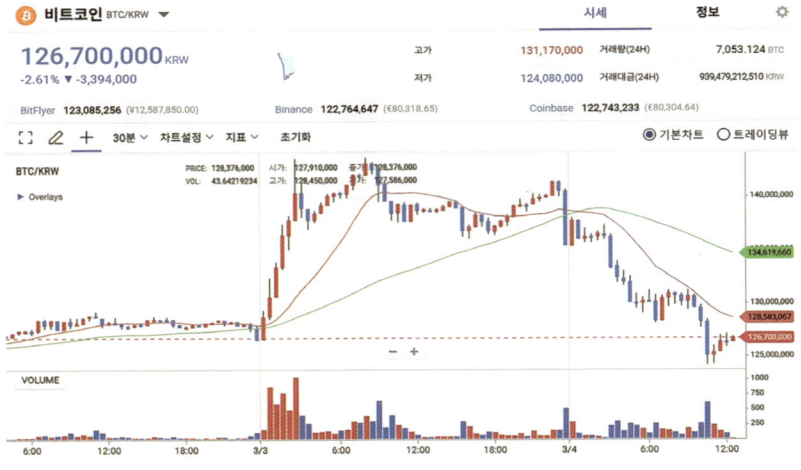

그림 2 업비트 차트 예시(출처: 업비트)

그림 3 트레이딩뷰 차트 예시(출처: 트레이딩뷰)

로 작용한다. 시가와 종가가 거의 같은 위치에서 마감될 경우, 캔들은 십자가 형태로 나타나게 된다. 이런 캔들을 '도지'라고 부르며, 방향성의 모호함 또는 전환 신호로 해석되기도 한다.

한편, 캔들 차트는 시간 단위에 따라 다양한 종류로 나뉜다. 일봉뿐만 아니라 주봉, 월봉 같은 장기 차트는 물론이고, 4시간봉, 1시간봉, 15분봉, 5분봉, 심지어 초단위 차트까지 확인할 수 있다.

캔들 차트는 대표적으로 두 가지 경로를 통해 확인할 수 있다. 첫 번째는 자신이 이용하는 거래소의 차트를 활용하는 방법이다. 이 경우 차트를 보다가 바로 거래까지 이어갈 수 있어, 거래의 연결성 측면에서 매우 유용하다.

〈그림 2〉에서 볼 수 있듯이, 국내 투자자들이 주로 사용하는 업비트 차트는 다양한 기능이 잘 구현되어 있다. 거래량, 지표, 시간 간격 등 주요 분석 요소를 확인하기에 부족함이 없다. 두 번째는 좀 더 전문적인 투자를 지향하는 이들이 애용하는 '트레이딩뷰TradingView'라는 사이트다. 이 플랫폼은 업비트를 포함해 전 세계 주요 거래소의 코인들을 검색할 수 있도록 구성되어 있다.

즉, 하나의 사이트에서 다양한 종목의 가격 변화를 확인할 수 있으며, 거의 모든 보조 지표와 분석 도구가 제공되기 때문에 활용성이 매우 높다. 사용자 인터페이스도 직관적으로 설계되어 있어, 필자 역시 트레이딩뷰를 주로 활용하고 있다.

추세 분석으로 매매 타이밍을 읽다

이제 본격적으로 추세 분석의 핵심을 들여다보자. 추세 분석은 기술적 분석의 출발점이자 가장 기본적인 분석 도구다. 기본이라는 말은, 이를 이해하지 못하면 다른 어떤 보조 지표도 효과적으로 사용할 수 없다는 뜻이기도 하다.

추세 분석에서 가장 중요하게 살펴봐야 할 지점은 '변곡점'이다. 추세

란 말 그대로 큰 흐름을 의미하며, 쉽게 바뀌지 않는 속성이 있다. 이 큰 흐름을 꺾는 어떤 신호가 발생했을 때, 비로소 시장은 변화를 맞는다.

그래서 우리는 항상 '추세가 유지되고 있는가, 아니면 전환되는가'를 점검해야 한다. 특히 상승에서 하락으로, 혹은 하락에서 상승으로 전환되는 구간을 '추세 전환'이라 부른다. 이 전환 시점을 포착할 수 있어야 실전 매매에서도 유리한 고지를 점할 수 있다.

추세선을 그리는 방법은 의외로 간단하다. 고점은 고점끼리, 저점은 저점끼리 선으로 연결하면 추세선이 만들어진다. 그렇게 형성된 두 추세선 사이에서 가격이 움직일 때 이를 '채널'이라 한다.

추세선에 닿는 구간에서는 시장이 몇 차례 테스트를 거치며 그 흐름을 유지하려는 성향이 나타난다. 하지만 특정 지점에서 이 채널을 하방으로 돌파하게 되면, 공포 심리가 확산되면서 이른바 패닉셀링으로 이어질 수 있다. 반대로 상방 돌파가 발생하면, 이는 강한 상승 신호로 해석되어 더욱 빠른 속도로 가격이 상승하게 된다.

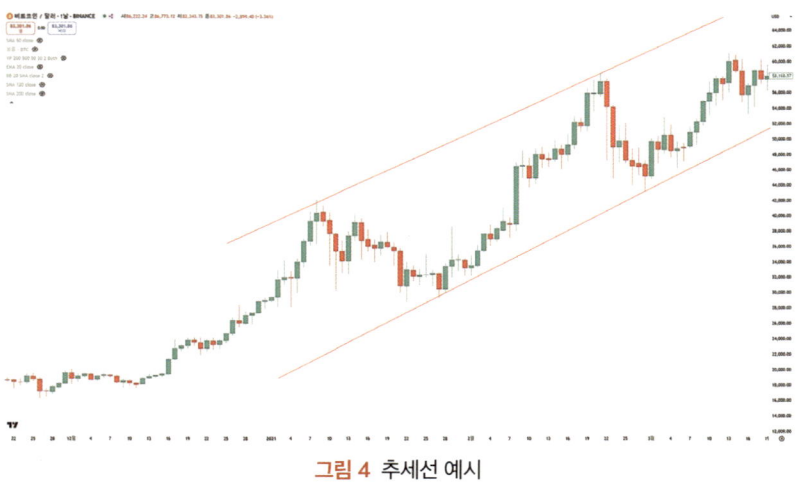

그림 4 추세선 예시

예컨대, 장기적으로는 상승 추세를 보이고 있어도 그 안에는 일시적인 하락 구간이 여러 번 포함되어 있다. 〈그림 4〉 역시 그러한 구조를 보여준다. 결국 가격은 직선이 아니라 지그재그로 움직이며 상승하거나 하락하는 법이다.

또한 지지선과 저항선에 자주 닿을수록 해당 구간은 더욱 견고해진다. 이처럼 반복된 테스트를 거친 구간이 돌파될 경우, 시장은 더욱 강한 반응을 보이게 된다.

이제 실전 사례를 통해 추세 분석과 거래량 분석이 어떻게 활용되는지 살펴보자. 〈그림 5〉는 얼핏 보면 복잡해 보이지만, 실제로는 몇 가지 핵심 포인트만 이해하면 된다.

첫 번째 관찰 포인트는 2024년 비트코인 현물 ETF 승인 시점이다. 이 시기에는 상승 추세 전환이 일어났으나, 이후 지지부진한 흐름 속에 하방 돌파 가능성까지 나타났다. 하지만 강한 매수 거래량이 유입되며 반등에 성공했고, 결과적으로 상승세는 이어졌다. 이처럼 반등 시점에서

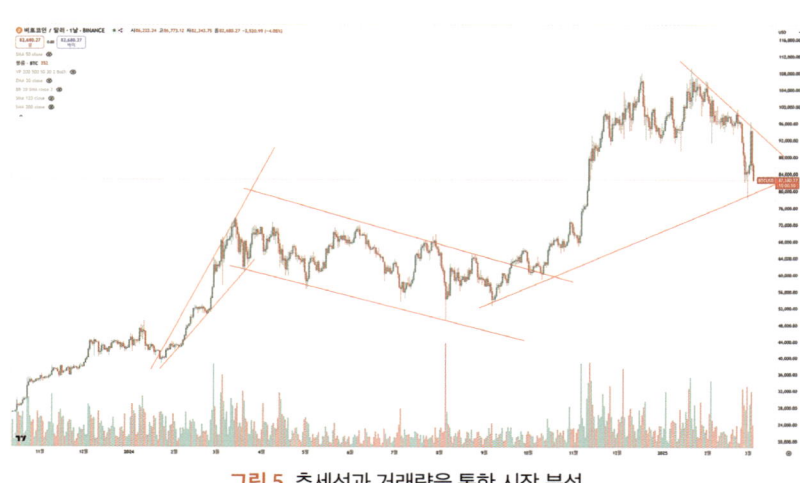

그림 5 추세선과 거래량을 통한 시장 분석

거래량이 급증한다는 것은 상승 추세가 지속될 수 있다는 중요한 신호로 작용한다.

그러나 상승세가 지속되면 과열 구간 진입을 알리는 신호들도 동시에 발생한다. 이 시점에서 시장은 불안감에 휩싸였고, 차익 실현 매물이 쏟아지며 결국 가격은 조정 국면에 들어섰다. 이후 추가 매도세가 발생하며 주요 지지 구간을 이탈했고, 시장은 하락 추세로 전환되었다.

두 번째 포인트는 2024년 8월에 발생한 '블랙먼데이월요일 증시가 대폭락을 맞이하는 경우' 시기다. 당시 강한 매도세가 시장 전반을 덮쳤고, 많은 투자자들이 더 큰 하락을 예상했다.

실제로 대규모 매도 거래량이 터지며 중요한 지지선을 위협했지만, 긴 아랫꼬리가 형성되며 방어에 성공했다. 이처럼 아랫꼬리가 길다는 것은 가격이 한때 급락했다가 빠르게 회복했음을 의미하며, 그만큼 매수세가 강력하게 작동했다는 신호로 해석할 수 있다.

마침내 이 지점에서 시장은 다시 상승 추세로 돌아섰고, 우리는 추세선과 거래량만으로도 변곡점을 일정 부분 미리 포착할 수 있었다.

2024년 말, 트럼프 대통령 당선 직전에도 유사한 흐름이 나타난 바 있는데, 당시 강력한 매수세가 유입되며 강력한 저항 구간이 지지 구간으로 전환된 것을 확인할 수 있었다. 이 같은 흐름은 주봉에서도 나타났고, 따라서 단기적 흐름뿐만 아니라 주봉과 월봉을 함께 살피는 것이 중요하다.

주봉은 한 주간의 시장 흐름을 보여주는 차트이며, 매주 월요일 아침 9시에 마감된다. 마감 시점의 가격은 한 주의 방향성을 결정짓는 신호가 되기도 한다. 월봉은 매월 1일 오전 9시에 마감되며, 이때의 위치나 흐름

그림 6 월봉과 주봉을 통한 시장 분석

에 따라 한 달간의 시장 컨디션이 정해지기도 한다. 이런 이유로, 일간 차트만으로는 볼 수 없는 더 큰 그림을 확인하기 위해 주봉과 월봉을 함께 분석해야 하는 것이다.

가격의 방어선, 지지선과 저항선의 작동 원리

지지선과 저항선은 얼핏 보면 추세선과 비슷하지만, 용도와 성격에서는 조금 다르다. 이들은 매수·매도 포인트를 잡거나, 추세 전환의 변곡점을 파악할 때 유용하게 활용된다. 지지선은 가격이 일정 수준까지 하락하면 매수세가 유입돼 더 이상 떨어지지 않도록 받쳐주는 선이다. 예컨대 일정 가격 수준에서 수평선을 그어놓고 차트를 살펴보면, 가격이 그 선에 도달할 때마다 반등하는 모습을 확인할 수 있다.

반대로 저항선은 가격이 일정 수준까지 상승했을 때 매도세가 강하게 나오며, 상승이 제한되는 구간을 말한다. 이처럼 지지와 저항의 개념은 단순하지만, 실전에서는 자주 활용되며 중요한 신호가 되기도 한다. 일반적으로 가격이 너무 하락하면 저가 매수세가 들어오며 반등하고 반대로 가격이 과도하게 오르면 차익 실현 물량이 쏟아지면서 조정이 일어난다. 특히 과거에 치열한 매매가 집중되었던 구간일수록 지지와 저항은 더욱 강하게 작동하는 경향이 있다.

투자자들은 이 같은 지지선과 저항선을 마치 '전투'에 비유하기도 한다. 그 전장에서 사용할 수 있는 자금력을 '탄환'이라 부르며, 종종 '총알이 부족하다'는 표현이 사용되기도 한다. 기본적으로 지지선이 무너지면 저항선으로 바뀌고, 반대로 저항선이 돌파되면 지지선으로 전환되는 구조를 갖는다. 따라서 이러한 변곡점을 유심히 살펴보는 것이 중요하다.

또한 한 지점에 여러 번 가격이 도달했다는 사실은 그 구간이 더욱 강한 지지나 저항이 되었음을 뜻한다. 만약 견고한 지지선이 무너진다면, 시장은 쉽게 공포에 빠지고 이른바 패닉셀링이 일어날 수 있다. 그렇기 때문에 차트는 단순히 눈앞의 흐름만 보기보다는, 특정 구간이 무너질 경우 어떤 여파가 있을지까지 함께 고려해야 한다.

지지선과 저항선이 돌파되는 구간에서는 대체로 큰 가격 변동이 일어난다. 특히 두 선이 오랫동안 유지되며 두텁게 형성돼왔다면, 그 돌파 시 변동 폭은 훨씬 커지게 된다. 그래서인지 시장에서는 '지지선 돌파'나 '저항선 돌파'에 주목하며 거래량까지 함께 확인하는 경우가 많다. 결국 지지선과 저항선 돌파를 통해 추세 전환이 확실히 이루어지려면, 단순히 움직임뿐만 아니라 강한 거래량이 수반되어야 한다는 점을 기억해야 한다.

마지막으로 지지선과 저항선을 활용한 실제 투자 전략을 종합해보자. 〈그림 7〉을 보면, 가장 하단의 지지선 구간에서 매수 거래량이 급격히 증가하며 상방 돌파가 일어나는 장면이 눈에 띈다. 이후 지그재그 형태의 테스트 과정을 거친 뒤, 두 번째 터치 구간에서는 더욱 강력한 매수세와 함께 거래량이 급등했고, 결과적으로 가격도 큰 폭으로 상승했다.

반면 가장 상단에 위치한 선은 강력한 저항선으로 작용했다. 이 구간에서 얼마나 팽팽한 접전이 벌어졌는지는 과거 차트를 보면 알 수 있다. 만약 이 구간이 다시 한 번 돌파된다면, 또 한 번 치열한 매수·매도 싸움이 벌어질 가능성이 높다. 특히 시장이 최고점을 돌파하려는 순간에는 가장 강한 저항이 집중되며, 어느 정도의 후퇴와 재도전이 반복될 수 있다.

눈여겨볼 또 다른 구간은, 과거 지지선으로 작용하던 96K 수준이 하방 돌파되며 가격이 급락했던 사례다. 이 지점은 오랫동안 지지 구간으로 활용되었으나, 무너지는 순간 매도세가 급증하며 패닉셀링이 나타났고, 이후로도 시장은 극심한 조정을 겪었다. 그 다음 구간에서도 지지선이 무너지는 흐름이 반복되었고 반등 시도는 길게 꼬리를 만들었으나 다

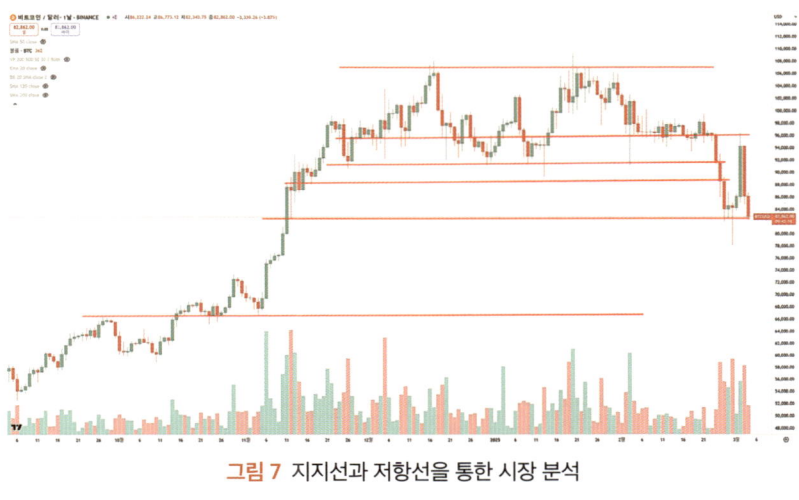

그림 7 지지선과 저항선을 통한 시장 분석

시 하락세로 이어졌다.

    이처럼 한 차례의 하락 이탈 이후에 회복한 구간은, 이후 강력한 지지선으로 자리 잡을 수 있다. 이 구간은 흔히 '바이더딥' 구간으로 활용되며, 단기 반등을 노리는 매수 타이밍으로 사용된다. 반대로, 저항선이 강한 매수세로 인해 지지선으로 바뀌는 변곡점에서는 상승세가 본격적으로 촉발되기 때문에, 돌파 매수 전략의 핵심 구간이 되기도 한다.

    정리하면, 매수 전략은 크게 두 가지로 나눌 수 있다. 첫째는 가격이 가장 낮은 지지 구간까지 내려왔을 때 진입하는 '저가 매수(바이더딥) 전략'이며, 둘째는 저항선을 확실히 돌파하고 지지선으로 전환된 구간에서 매수하는 '돌파 매수 전략'이다. 결국 지지선과 저항선을 구분하고, 그 흐름의 변화를 읽어낼 수 있다면 보다 안정적이고 명확한 매매 전략을 세울 수 있는 것이다.

핵심 포인트

❶ 기술적 분석은 시장의 가격이 수요와 공급의 법칙에 따라 결정된다는 점, 그리고 과거의 패턴이 반복될 가능성이 높다는 점에서 그 의미가 있다. 대표적인 기술적 분석 방법에는 추세 분석, 지표 분석, 패턴 분석이 있다.

❷ 캔들 차트는 시가, 종가, 고가, 저가의 네 가지 요소로 구성되며, 이 네 개의 값을 통해 시장의 전반적인 추세를 파악할 수 있다. 종가가 시가보다 높게 마감하면 '양봉', 그 반대는 '음봉'이라 부른다.

❸ 추세선은 고점과 고점, 저점과 저점을 이어 만든 선이다. 이 선을 기준으로 가격은 지그재그 형태로 움직이며 전체적인 흐름을 만들어간다. 지지선은 가격이 일정 수준까지 떨어졌을 때 더는 하락하지 않는 선, 저항선은 일정 수준까지 오르면 더는 상승하지 않는 선을 뜻한다.

이동평균선으로 매매 타이밍 포착하기

추세선, 지지선, 저항선 등 시장의 전환점을 읽을 수 있는 기술적 분석 도구는 여럿 존재한다. 그중 이동평균선은 가장 핵심적인 도구로 손꼽힌다. 이번 챕터에서는 이동평균선의 개념을 정리하고, 피보나치 되돌림 등 함께 활용할 수 있는 추세 분석 도구들도 같이 살펴보려 한다.

이동평균선이란 무엇인가?

① 이동평균선의 기본 개념

이동평균선은 기술적 분석에서 가장 기본이자 핵심이 되는 도구다. 선 하나를 그리는 것이지만, 그 속에는 시장의 방향성과 투자 심리를 보여주는 다양한 정보가 담겨 있다. 추세선 못지않게 중요한 이유다.

이동평균선의 개념은 단순하다. 일정 기간의 평균 가격을 산출하여 그것을 선으로 연결한 것이다. 예를 들어 1일부터 5일까지 가격이 순서대로 1,000원, 1,100원, 1,200원, 1,300원, 1,400원이었다면, 5일 이동평균선

영업일	1일	2일	3일	4일	5일
가격	1,000	1,100	1,200	1,300	1,400
5일 이동평균					1,200

그림 1 5일 이동평균선 예시

은 1,200원이 된다. 이 경우 5일째 가격인 1,400원이 평균보다 위에 있으므로, 상승 흐름에 들어섰다고 판단할 수 있다.

시간이 지나며 1,500원, 1,600원으로 가격이 오르면, 최신 가격을 반영해 다시 평균을 계산하고 좌표를 연결하게 된다. 이렇게 형성된 선이 바로 이동평균선이다. 일반적으로는 20일 평균을 뜻하는 20일 이평선, 50일 평균을 나타내는 50일 이평선처럼 기간을 기준으로 구분해 사용한다.

이동평균선은 단순하지만 유용하다. 〈그림 1〉의 5일 이동평균선처럼, 현재 가격이 5일 평균보다 높다면 최근 5일간 매수한 투자자들은 평균적으로 수익을 내고 있다고 해석할 수 있다. 〈그림 2〉처럼 가격이 이동평

그림 2 상승 추세의 이동평균선

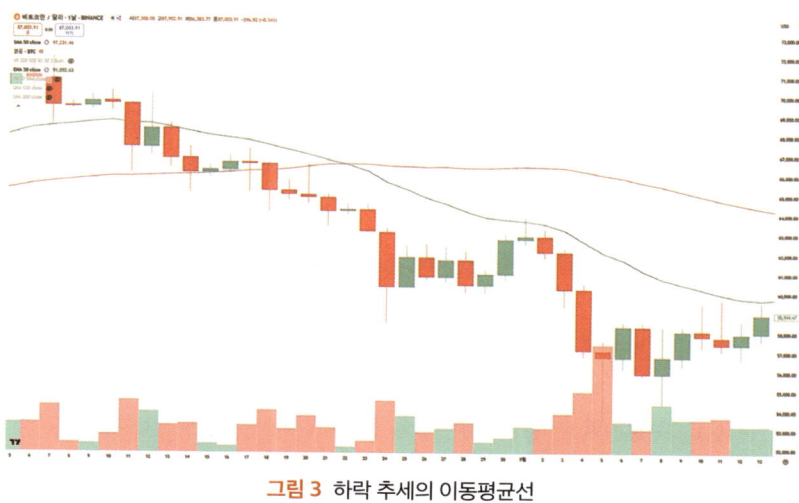

그림 3 하락 추세의 이동평균선

균선 위에 있고, 선 자체도 상승 곡선을 그린다면 기술적으로 상승 추세에 있다고 본다. 반대로 〈그림 3〉처럼 가격이 이동평균선 아래 있고, 선도 하락세를 보인다면 하락 추세가 진행 중이라고 해석할 수 있다.

② 이동평균선의 종류

이동평균선은 해석 방식도 다양하고 종류도 여러 가지다. 일반적으로는 단순이동평균선SMA, 지수이동평균선EMA, 가중이동평균선WMA으로 구분되며, 이 중에서는 단순이동평균선과 지수이동평균선이 가장 널리 쓰인다.

> **단순이동평균선(SMA)**
>
> 공식: $(A_1 + A_2 + \cdots + A_n) / n$
>
> 여기서 A는 주어진 기간의 종가다. 모든 데이터에 동일한 가중치를 적용하므로, 장기 추세를 확인할 때 유용하다.

지수이동평균선(EMA)

공식: (종가 - 전일 EMA) × (2 / (n + 1 + 전일 EMA))

최근 데이터에 더 많은 가중치를 주어 단기 추세나 급변 구간을 더 민감하게 반영하는 데 유리하다.

즉, SMA는 일정 기간의 가격을 단순하게 평균을 낸 것이고, EMA는 최근 가격에 더 민감하게 반응할 수 있게 설계된 방식이다. 복잡해 보일 수 있지만, 대부분의 차트 프로그램에서는 자동 계산되므로 기본 개념만 이해하면 된다.

코인 시장에서는 20일과 50일 이동평균선을 중심으로 단기와 중기 흐름을 분석하고, 120일·300일·365일 이동평균선을 활용해 장기적인 추세를 파악한다. 일반적으로 20일 이동평균선은 EMA로, 나머지는 SMA로 설정해 사용한다.

③ 이동평균선 세팅하기

트레이딩뷰 같은 차트 툴에서는 '무빙 에버리지moving average' 또는 'MA'를 입력하여 이동평균선을 추가할 수 있다. '멀티 EMA', '멀티 SMA', '멀티 MA' 등을 선택하면 여러 이동평균선을 동시에 표시할 수

그림 4 지표에서의 이동평균선 설정 예시

그림 5 이동평균선 설정 메뉴 예시

있다.

인풋 메뉴의 '길이' 항목에서 기간을 설정할 수 있으며, 20은 EMA, 50 이상은 SMA로 설정하는 것이 일반적이다. 여러 선을 동시에 표시할 때는 색상을 달리해 구분하는 것이 좋다. 기본 세팅은 그대로 사용해도 무방하다.

이동평균선의 배열과 활용법

이동평균선은 단순한 추세선처럼 보일 수 있지만 실제로는 더 정밀한 분석 도구로 활용된다. 특히 변곡점을 확인하는 데 유용하며, 추세 식별뿐만 아니라 지지와 저항 구간까지 포착할 수 있다는 점에서 강력한 도구다.

첫 번째 이유는 이동평균선 자체가 추세를 식별하는 데 효과적이라는 점이다. 가격이 장기 이동평균선 위에서 움직인다면 상승세가 이어지고 있거나, 그 방향으로 전환될 가능성이 높다고 판단한다. 두 번째 이유는 이동평균선이 지지선과 저항선의 역할도 하기 때문이다. 특히 여러 개의 이동평균선을 함께 활용하면 '골든크로스'와 '데드크로스'라는 매매 신호까지 포착할 수 있다.

① 이동평균선의 배열

이동평균선을 실전 차트에 적용할 때 가장 먼저 확인해야 하는 것은 배열 상태다. 배열은 크게 정배열과 역배열로 나뉜다. 정배열은 단기 이동평균선이 장기 이동평균선보다 위에 있는 상태를 말한다. 예컨대 20일 이동평균선이 50일선, 120일선보다 위에 위치해 있다면, 현재는 상승 흐름이 이어지고 있다고 볼 수 있다. 반대로 역배열은 단기 이동평균선이 중기 및 장기 이동평균선보다 아래에 있는 구간이다. 예를 들어 120일 이동평균선이 가장 위에 있고, 그 아래로 50일선과 20일선이 위치해 있다면 하락 추세로 해석할 수 있다.

이러한 배열이 뒤집히는 시점에서 '크로스'가 발생하게 되며, 이 구간이 추세 변화의 중요한 변곡점이 된다. 단기 이동평균선이 중장기 이동평

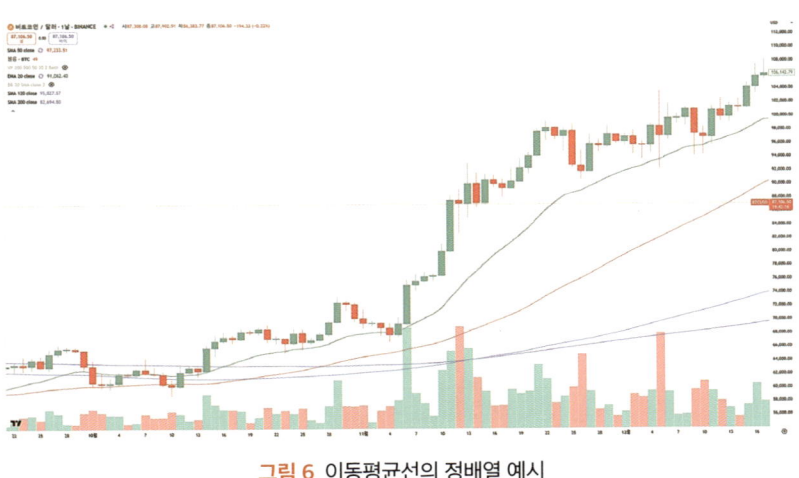

그림 6 이동평균선의 정배열 예시

균선을 상방 돌파하면 상승 전환 신호인 '골든크로스'가 되고, 반대로 하방 돌파하면 하락 전환 신호인 '데드크로스'가 된다. 이 과정은 지지·저항 구간과 함께 추세 전환점을 읽는 데 매우 유용하다.

실제 예시를 보자. 〈그림 6〉은 트럼프 대통령 당선 이후의 차트다. 당시 20일 이동평균선이 120일선을 상방 돌파했고, 이어 50일선도 120일선을 넘어서며 정배열이 형성되었다. 이처럼 정배열 구간이 이어질수록 상승 추

그림 7 이동평균선의 역배열 예시

세는 더욱 가팔라지고, 강한 매수 신호로 작용한다.

반대로 〈그림 7〉에서는 데드크로스를 기점으로 하락 흐름이 나타났다. 20일 이동평균선이 50일선을 하회하면서 흐름이 나빠졌고, 반등 시도는 실패했다. 이후 120일선, 200일선까지 연이어 하락했으며, 50일선도 이들을 하방 이탈하면서 뚜렷한 역배열이 형성되었다.

데드크로스는 단기 이동평균선이 장기 이동평균선을 하방 이탈할 때 나타나는 신호로, 약세 구간으로의 전환을 의미한다. 〈그림 8〉을 보면

그림 8 데드크로스 예시

20일선이 50일선을 하회하면서 데드크로스가 발생하고, 시장은 침체 흐름으로 접어들었다. 여기서 주목해야 할 점은 데드크로스가 발생할 시점에는 이미 가격이 상당히 하락한 상태라는 것이다. 따라서 데드크로스를 선제적 신호로 삼기보다는, 흐름 가속의 징후로 해석해야 하며, 보조지표와 함께 분석하는 것이 바람직하다.

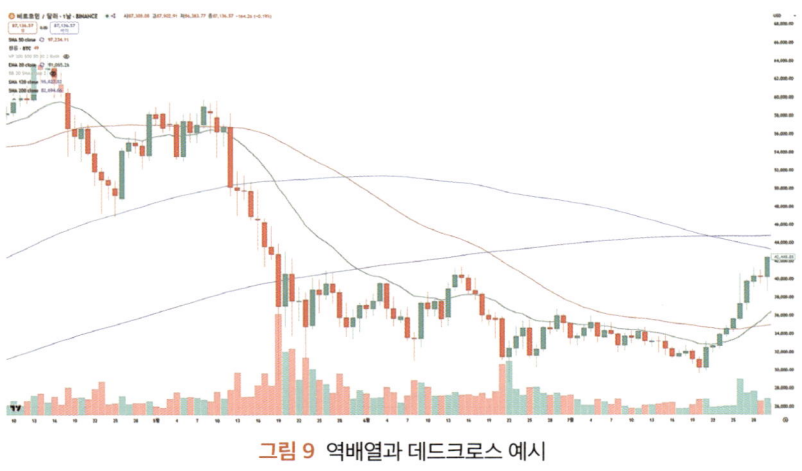

그림 9 역배열과 데드크로스 예시

〈그림 9〉에서는 120일 이동평균선이 200일 이동평균선을 하방 돌파하며 데드크로스가 발생한 후 완전한 역배열이 형성되었다. 하지만 이후 반등이 나타났고, 이는 시장이 과도하게 저평가되었음을 보여주는 사례다. 일반적으로 단기선끼리의 데드크로스는 자주 발생하지만, 120일선과 200일선처럼 장기선 간 데드크로스는 매우 드물다. 이는 침체 국면이 오래 지속되었음을 의미하며, 그만큼 반등의 힘도 강해질 수 있다. 실제로 이 지점 이후 골든크로스가 포착되며 상승 전환이 본격화되었다.

〈그림 10〉에서도 골든크로스 이후 전반적인 상승 흐름이 이어졌다. 따라서 크로스를 단순한 고점·저점 포착 도구로만 보기보다는, 시장 흐름이 가속되거나 꺾이는 지점을 해석하는 데 활용해야 한다. 다시 한 번 강조하지만, 다양한 지표와 함께 종합적으로 판단하는 것이 중요하다.

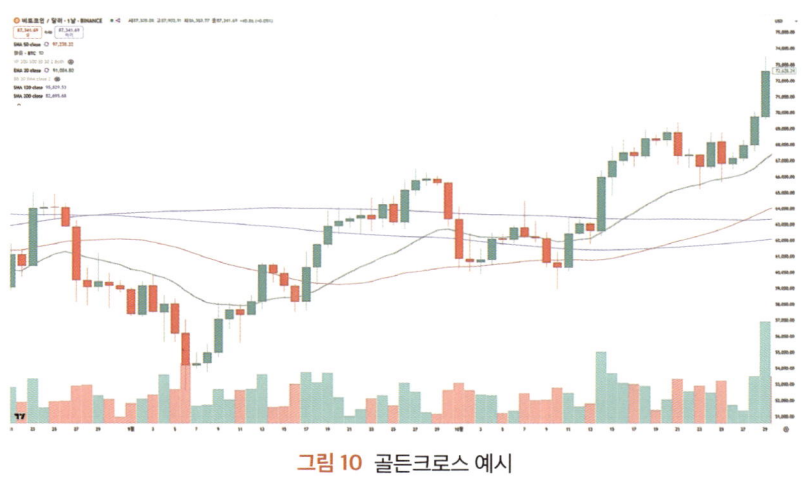

그림 10 골든크로스 예시

② 이동평균선의 지지와 저항 역할

이동평균선은 단순한 추세 지표를 넘어 지지와 저항선으로서도 기능한다. 〈그림 11〉에서는 트럼프 대통령 당선 이후 상승장에서 20일 이동평균선이 강력한 지지 역할을 하며 상승 흐름을 지탱했다. 일반적으로 상승 국면에서는 20일선이 주요 지지선으로 작용하며, 일시적인 조정이 발생해도 해당 선에서 반등이 이루어지는 경우가 많다.

만약 20일선을 하방 이탈하면, 다음으로 50일선을 주목해야 한다. 50일 이동평균선은 시장에서 대표적인 지지선이자 저항선으로 인식된다. 실제로 〈그림 11〉에서는 50일선을 하방 이탈한 이후 강한 거래량이 동반되며 상방 돌파 시도가 나타났고 이후 몇 차례 시도 끝에 돌파에 성공했다. 즉 상승 추세에서는 20일선과 50일선을 지지하려는 힘이 강하게 작용하며, 이들이 이탈되면 추세 전환의 신호로 간주할 수 있다.

이후 흐름에서는 데드크로스가 발생했고, 가격이 20일선과 50일선을 회복하지 못하며 크게 하락했다. 120일선마저 무너졌지만, 최종적으로 200일선에서 정확히 반등하면서 지지 역할을 수행했다.

정리하자면, 상승장에서는 20일선과 50일선의 지지와 저항을 주목하

그림 11 이동평균선의 지지와 저항 역할 예시

고, 하락장에서는 120일선과 200일선이 중요한 경계선으로 작용한다. 특히 200일 이동평균선은 시장의 바닥을 가늠하는 중요한 기준선으로, 반드시 눈여겨볼 필요가 있다.

피보나치 되돌림을 통한 지표 분석

이제 이동평균선과 함께 자주 활용되는 또 하나의 도구, 피보나치 되돌림에 대해 알아보자. 이 지표는 우리가 수학 시간에 배웠던 '피보나치 수열'을 주가의 파동에 접목해 만든 분석 도구다. 시장의 움직임이 일정한 비율대로 되돌아오는 경향이 있다는 점에 착안해 만들어졌으며, 특히 상승과 하락의 조정 구간을 예측하는 데 탁월한 효과를 보인다.

피보나치 되돌림은 주로 두 가지 상황에서 사용된다. 첫 번째는 상승 이후 조정이 어디까지 진행될지를 예상하는 경우다. 특히 장기 투자 관점에서는 이 지표를 통해 매수 타이밍을 설정할 수 있다. 두 번째는 하락 추세 이후 반등이 어디까지 가능할지를 가늠할 때 활용된다. 즉, 고점이

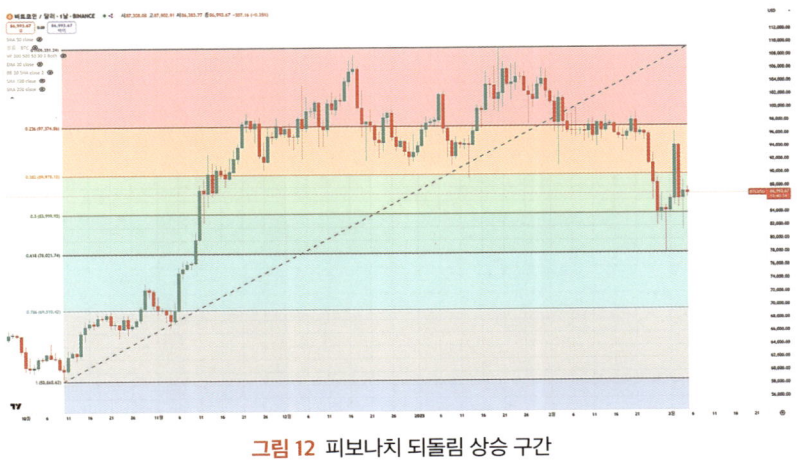

그림 12 피보나치 되돌림 상승 구간

나 저점이 어느 정도 확정된 이후에는 상당히 높은 정확도를 보이는 전략인 셈이다.

예를 들어 〈그림 12〉를 통해 트럼프 대통령 당선 이후 본격적인 상승장이 나타난 시점을 기준으로, 피보나치 되돌림을 적용해보자. 먼저 상승 구간을 정한 후, 되돌림 비율을 통해 주요 지지 구간을 찾아본다. 일반적으로는 0.382, 0.5, 0.618 구간을 가장 중요하게 여긴다. 이 사례에서는 0.5 지점에서 첫 번째로 지지가 확인되었고, 이는 첫 번째 '바이더딥' 구간으로 간주할 수 있다.

이후 차트는 0.5 구간을 일시적으로 하방 이탈했지만, 0.618 구간에서 정확하게 반등에 성공했다. 피보나치 되돌림상 0.618 지점은 통상적으로 저평가 구간으로 여겨지므로, 두 번째 바이더딥 구간으로 해석할 수 있다. 이처럼 바이더딥 전략은 특정 지점에 올인하기보다, 하락 구간을 선점하는 분할매수 전략에 가깝다.

그래서 앞서 배운 지지선, 이동평균선, 추세선, 그리고 피보나치 되돌

그림 13 피보나치 되돌림 하락 구간

림까지 함께 고려하며 판단하는 것이 중요하다. 이상적인 매수 타이밍은 이 네 가지 지표 중 3~4개가 겹치는 지점에서 나타난다. 이렇게 되면 상승 이후 조정장에서의 분할매수 시점을 보다 명확하게 설정할 수 있다.

이번에는 고점과 저점을 연결해 하락 추세에서 피보나치 되돌림을 적용해보자. 〈그림 13〉에서는 0.382 구간에서 반등이 일어나는 모습이 확인된다. 하지만 해당 구간은 오히려 강한 저항선으로 작용했고 결국 반등은 실패한 채 다시 하락세가 이어졌다. 이 사례를 통해 알 수 있듯, 피보나치 되돌림은 상승 구간뿐만 아니라 하락 추세에서도 유용하게 활용된다.

핵심 포인트

① 이동평균선은 일정 기간의 평균 가격을 선으로 연결한 것이며, 현재 가격이 이 선보다 위에 있으면 상승 추세, 아래에 있으면 하락 추세로 본다.

② 이동평균선의 배열은 단기선과 장기선의 위치에 따라 정배열과 역배열로 구분된다. 단기선이 상방 돌파하면 골든크로스, 하방 이탈하면 데드크로스로 판단한다.

③ 피보나치 되돌림은 피보나치 수열을 주가 파동에 적용한 지표로, 고점과 저점이 어느 정도 확정된 이후에 높은 정확도를 보인다.

수익을 결정짓는 핵심 지표 분석

지금까지 추세선, 지지선, 저항선, 이동평균선, 피보나치 되돌림 등 다양한 도구를 살펴보았다. 이들은 모두 가격 흐름의 큰 방향, 즉 추세를 읽기 위한 장치들이다. 필자 역시 초기에 이 도구들을 익히며 변곡점과 전환 시점을 분석하는 연습에 집중했다. 그런데 이보다 더 직관적이고 명확하게 매수와 매도 타이밍을 포착할 수 있는 방법이 있다면 어떨까?

바로 '지표 분석'이다. 이번 파트에서는 추세 분석보다 직관적인 도구들, 즉 저평가 구간과 고평가 구간을 알려주는 핵심 보조 지표들을 살펴본다. 더불어 과거에 자주 출현했던 반복 패턴들을 통해 고점과 저점의 흐름을 감지하고 그에 따른 실전 대응 전략까지 함께 알아보려 한다.

지표 분석의 핵심 보조 지표

① RSI

첫 번째로 다룰 지표는 RSI Relative Strength Index, 즉 상대강도지수다.

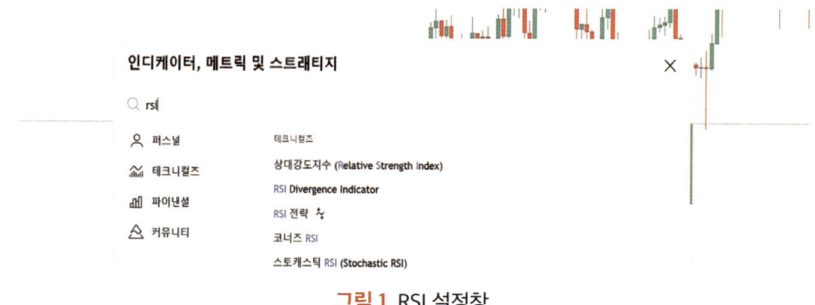

그림 1 RSI 설정창

그림 2 RSI를 적용한 차트 예시

RSI는 현재 자산이 과매수인지, 혹은 과매도 상태인지 판단하는 데 사용된다. 차트 하단에 0~100 사이의 값으로 나타나며, 일반적으로 RSI가 30 이하일 때는 과매도 구간, 70 이상일 때는 과매수 구간으로 해석된다. 30 이하에서는 시장에 공포가 확산되어 매도세가 극심하고 70 이상에서는 탐욕이 극대화된 상태다.

〈그림 1〉처럼 설정 후 차트를 보면 위에는 가격 흐름이, 아래에는 RSI 지표가 함께 표시된다. 〈그림 2〉에서처럼 RSI가 70을 넘어서면 과열 신

호로 매도 타이밍이 될 수 있다. 이때 추가 매수는 위험하며, 분할매도를 통해 차익을 실현하거나 장기 보유 전략으로 전환하는 것이 좋다. 반대로 RSI가 30 이하로 내려갔을 때는 반등 가능성이 높아지는 구간으로, 매수 전략을 고려할 수 있다.

특히 이동평균선과 RSI를 함께 활용하면 더욱 효과적이다. 과매도 구간에서 이동평균선을 상방 돌파하면 상승 전환 가능성이 있고 과매수 구간에서 하방 돌파하면 하락 전환 가능성이 커진다. RSI는 다른 지표들과 함께 활용하되 이 원리만 이해해도 실전 투자에 유용하게 활용할 수 있다.

② MACD

이번에는 MACD Moving Average Convergence Divergence, 이동 평균 수렴 확산 지수를 살펴본다. 이 지표는 가격의 추세를 보다 명확하게 식별하기 위해 만들어졌으며 단기선인 MACD선과 장기선인 시그널선으로 구성되어 있다. 두 선의 교차 여부를 통해 시장 흐름을 파악할 수 있다.

MACD선이 시그널선을 위로 돌파하면 상승 추세로 전환될 가능성이 높으며 매수 신호로 해석한다. 반대로 MACD선이 시그널선 아래로 내려가면 하락 추세 전환 가능성이 커지며 매도 신호로 본다. 이때 함께 표

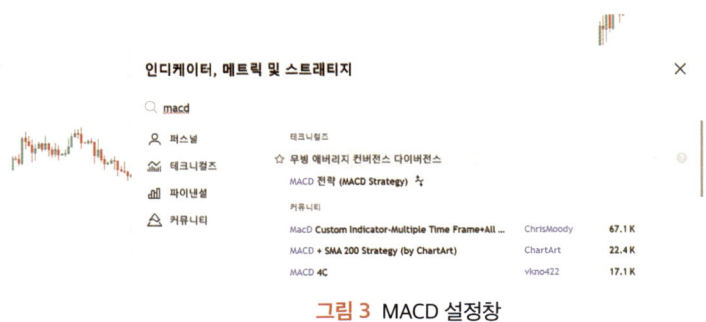

그림 3 MACD 설정창

그림 4 MACD를 적용한 차트 예시

시되는 히스토그램은 기준선인 0을 중심으로 움직이며 위쪽에 있을 경우 상승 추세가 강화되고 아래쪽에 있으면 하락 추세가 강화되는 흐름으로 해석할 수 있다.

〈그림 3〉은 MACD 설정창이다. 〈그림 4〉는 실제 차트에 적용된 예시로, MACD선이 시그널선 아래로 떨어지는 시점에 데드크로스가 나타났고 이후 가격이 급락했다. 반대로 MACD선이 시그널선을 상방 돌파한 순간에는 골든크로스가 발생하며 상승 추세가 이어졌다. 이처럼 MACD는 단순 이동평균선보다 더 빠르게 전환 신호를 포착할 수 있어 매매 타이밍을 잡는 데 유리하다.

결론적으로 MACD선과 시그널선의 교차를 통해 추세 전환 여부를 판단할 수 있으며 골든크로스는 매수 구간 데드크로스는 매도 구간으로 활용된다.

③ 볼린저 밴드

볼린저 밴드는 단기 투자자들이 많이 활용하며 가격의 변동성을 기준으로 매매 타이밍을 판단하는 데 도움을 준다. 볼린저 밴드는 차티스트 존 볼린저가 개발한 도구로 중심선과 상한선, 하한선으로 구성되어 있다. 중심선은 이동평균선이며 그 위아래로 두 개의 표준편차 밴드가 위치한다.

일반적으로 20일 이동평균선과 표준편차 2를 설정해 사용한다. 이 설정을 기준으로 하면 가격은 밴드 안에서 약 95.4%의 확률로 움직인다. 따라서 이 범위를 벗어나는 구간은 통계적으로 이례적인 상황이므로 매수나 매도 전략을 수립할 근거가 된다.

볼린저 밴드는 크게 두 가지 방식으로 분석할 수 있다. 하나는 밴드의 폭을 통해 변동성 자체를 파악하는 것이다. 밴드 폭이 넓어지면 시장의 변동성이 증가하고 반대로 좁아지면 변동성이 줄어든다. 또 하나는 추세 흐름을 분석하는 방식이다. 가격이 상단 밴드를 터치하거나 돌파하면 과매수 구간에 진입한 것으로 보며 이 경우 하락 전환 가능성을 염두에 둔다. 반대로 가격이 하단 밴드를 향해 지속적으로 하락하거나 하방 이탈이 발생하면 과매도 구간으로 인식되며 상승 반전 가능성이 생긴다.

〈그림 5〉에서는 볼린저 밴드 설정값을 확인할 수 있다. 이 지표는 단순한 밴드 구간 외에도 변동 폭width과 %b라는 추가 보조 지표를 함께 활용할 수 있다. 〈그림 6〉은 실제 차트에서 볼린저 밴드의 중심선과 변동 폭을 확인한 모습이다. 밴드 폭이 좁아지는 구간은 대체로 시장이 응축 상태에 들어갔다는 신호다. 응축이 길수록 이후 강한 변동이 나타날 가능성이 크다.

이때 중심선은 지지선이나 저항선으로 기능하며 추세 전환의 기준이

그림 5 볼린저 밴드 설정창

그림 6 실제 차트에서의 볼린저 밴드 변동 폭과 중심선

된다. 가격이 중심선을 상향 돌파하면 상승 전환 가능성이 생기고 하향 돌파하면 하락 전환 가능성이 높아진다.

    이 지표는 밴드 내에서 현재 가격의 상대 위치를 0에서 100 사이 수치로 나타낸다. %b 값이 0보다 작거나 음수일 경우 가격이 하한선 아래로 떨어졌음을 의미하며 이는 저평가 신호로 해석된다. 반면에 %b가 100을 넘어서면 고평가 상태로 간주되며 차익 실현을 고려할 수 있는 구

그림 7 실제 차트에서의 볼린저 밴드의 %b

간이 된다.

요약하자면 볼린저 밴드는 가격의 위치와 변동 폭을 함께 고려할 수 있는 도구다. 특히 다른 지표와 중복 신호가 나오는 경우 정확도를 높일 수 있어 실전 투자에서 유용하게 활용된다.

패턴 분석의 특징과 활용법
① 추세 반전 패턴

이번에는 패턴 분석에 대해 살펴보자. 대표적인 추세 반전 패턴으로 쐐기형 패턴과 헤드앤숄더 패턴이 있다.

〈그림 8〉의 상승 쐐기형 패턴은 상승 흐름 중 나타나며 점점 고점과 저점이 좁혀지다가 하방으로 이탈하는 특징이 있다. 이는 하락 추세로 전환될 가능성이 높다는 신호다. 반대로 〈그림 9〉의 하락 쐐기형 패턴은 하락 흐름 중 나타나며 이후 상방 돌파로 전환되는 경우가 많다. 상승 전환 가능성이 높다는 뜻이다.

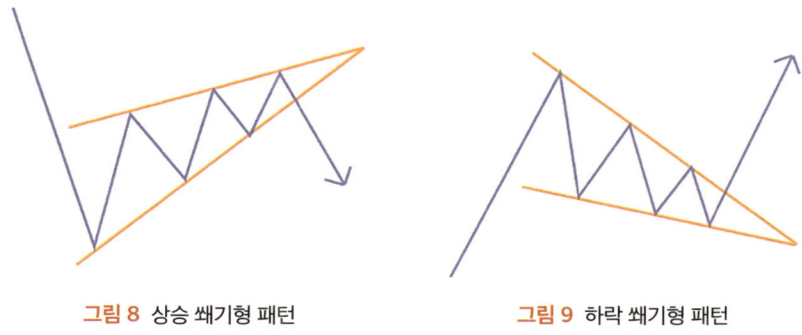

그림 8 상승 쐐기형 패턴   그림 9 하락 쐐기형 패턴

다만 어떤 패턴도 100% 확률을 보장하지는 않는다. 그래서 패턴이 나타났을 때는 그에 맞는 시나리오를 미리 설정해두고 다양한 경우의 수에 대응할 준비가 필요하다. 쐐기형 패턴이 형성된다는 것은 방향 전환의 에너지가 응축되고 있다는 의미이기 때문이다.

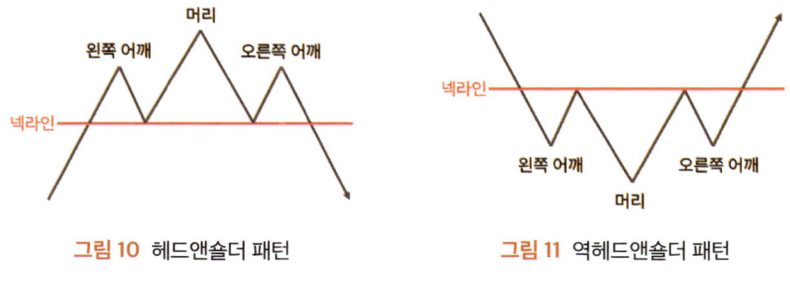

그림 10 헤드앤숄더 패턴   그림 11 역헤드앤숄더 패턴

〈그림 10〉은 가장 유명한 반전 패턴 중 하나인 헤드앤숄더 패턴이다. 왼쪽 어깨, 머리, 오른쪽 어깨가 형성되며 넥라인을 기준으로 하락 전환이 발생한다. 상승 추세가 끝나고 하락 추세가 시작되는 구조. 반대로 〈그림 11〉의 역헤드앤숄더는 하락 추세에서 상승 추세로 전환될 때 나타난다.

그림 12 상승 쐐기형 패턴을 적용한 차트 예시

〈그림 12〉는 상승 쐐기형 패턴을 실제 차트에 적용한 예시다. 카르다노는 일정한 반등 흐름을 보이며 기대감이 생겼지만 상승 쐐기형 구조가 완성되며 하방 이탈이 발생했고, 결국 하락 추세로 전환되었다.

〈그림 13〉은 이더리움에서 포착된 헤드앤숄더 패턴이다. 왼쪽 어깨와 머리, 오른쪽 어깨가 완성된 후 넥라인 지지 여부가 관건이었다. 만약 가

그림 13 헤드앤숄더 패턴을 적용한 차트 예시

격이 넥라인을 지지했다면 반등 시도가 이어졌겠지만 결국 무너지며 하락 전환이 본격화되었다.

② 추세 지속 패턴

이제 추세 지속 패턴을 살펴보자. 상승 추세에서 나타나는 상승 삼각형 패턴은 고점은 일정하게 유지되면서 저점이 점점 높아지는 구조다. 이는 매수세가 점차 강해지는 구조로 끝부분에서 상방 돌파가 발생할 확률이 높다.

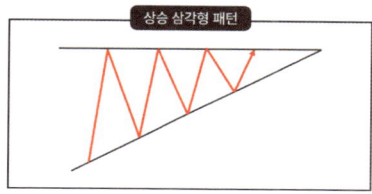 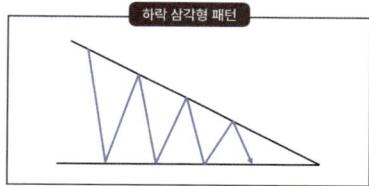

그림 14 상승 삼각형 패턴과 하락 삼각형 패턴

반대로 하락 삼각형 패턴은 저점이 일정하게 유지되지만 고점이 점차 낮아진다. 매도세가 서서히 강해지는 구조이며 결국 하방 돌파가 일어나는 경우가 많다. 〈그림 14〉는 두 삼각형 패턴의 기본 구조를 보여준다.

또한 대칭 삼각형 패턴은 고점과 저점이 점차 수렴하며 변동성이 줄어드는 형태다. 이 경우 상방과 하방의 가능성이 모두 존재하므로 시장 분위기와 함께 해석해야 한다. 삼각형의 끝부분에서는 큰 방향 전환이 자주 발생하므로 돌파가 어느 방향으로 발생하는지가 중요하다.

〈그림 15〉는 하락 삼각형 패턴이 실제 차트에서 어떻게 나타났는지를 보여준다. XRP 차트의 경우 저점은 일정하게 유지되었지만 고점은 점차

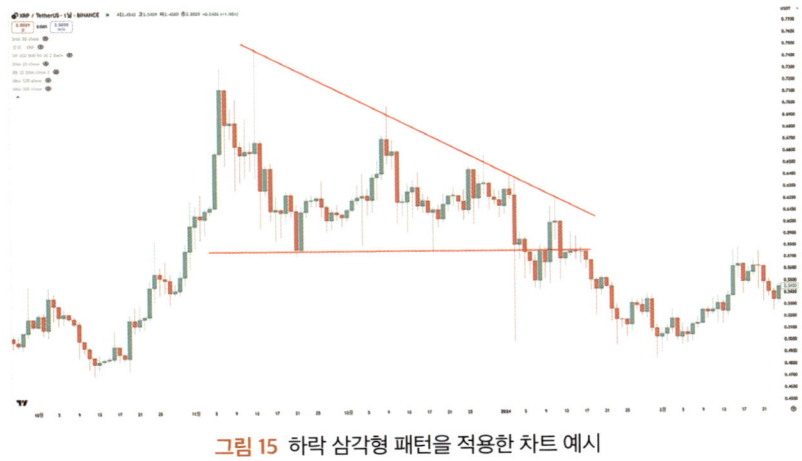

그림 15 하락 삼각형 패턴을 적용한 차트 예시

낮아졌고 결국 하방 돌파가 발생하며 하락세가 본격화되었다. 이처럼 추세 지속 패턴은 에너지의 방향성이 응축된 결과로 나타나기 때문에 차트상에서 시점을 놓치지 않고 판단하는 것이 중요하다.

기술적 분석의 유의 사항

차트 분석은 투자 판단에 큰 도움이 되는 도구지만 그 자체가 해답이 될 수는 없다. 특히 시장에 예기치 못한 호재나 악재가 발생하면 기술적 분석은 일시적으로 무력화될 수 있다. 예를 들어 갑작스러운 정책 발표나 대형 해킹 사건이 터지면 20일선이나 50일선은 순식간에 붕괴될 수 있다.

하지만 평소에는 이동평균선과 지지선, 저항선이 의미 있는 신호를 제공한다. 시장이 조용할 때일수록 기술적 분석의 정확도는 높아진다. 따라서 시장 흐름과 외부 변수를 함께 고려하며 기술적 분석을 유연하게 활용해야 한다.

무엇보다 중요한 것은 최소 3개 이상의 보조 지표를 함께 살펴보며 신호를 교차 검증하는 것이다. 이와 함께 리스크 대응 전략도 미리 설정해 두어야 한다. 손절 기준이나 익절 기준을 투자 원칙에 따라 명확하게 정해두어야 한다.

마지막으로 확실하다고 판단되는 구간에서만 진입하는 태도가 중요하다. 바이더딥 구간처럼 보이더라도 지표들이 동시에 같은 방향을 가리키지 않으면 무리한 매수는 피해야 한다. 반대로 고점에서 뒤늦게 진입하면 조정 시 미실현 손실을 견디기 어렵고 공포에 의해 손절하는 실수를 반복할 수 있다. 고점과 저점을 완벽히 예측할 수는 없지만 그 근처에서 매매하는 기술은 훈련으로 충분히 익힐 수 있다.

 핵심 포인트

❶ RSI, MACD, 볼린저 밴드는 실전 투자에서 반드시 활용해야 할 핵심 보조 지표다.

❷ 패턴 분석에서는 추세 반전형과 추세 지속형을 구분하여 적용해야 하며, 특히 쐐기형과 삼각형 패턴은 실전에서 자주 나타난다.

❸ 기술적 분석은 단일 지표보다 다수의 지표를 교차 분석하며 사용하는 것이 바람직하며 리스크 대응 전략과 손절 기준도 반드시 사전에 설정해두어야 한다.

매매 타이밍을 잡는
가장 쉬운 온체인 분석법

중단기 흐름을 포착하는
온체인 지표 활용법

이번 챕터에서는 온체인 지표를 통해 유의미한 매수 타이밍을 포착하는 방법을 살펴본다. 특히 중단기적 변화 흐름에 민감한 지표를 중심으로 분석하며 실전 투자에 적용할 수 있는 구체적인 사례까지 함께 정리해보자.

온체인 지표는 왜 중요할까?

온체인 지표란 블록체인 위에서 발생한 거래 내역을 기반으로 구성된 데이터를 의미한다. 송신 주소, 수신 주소, 이체된 자금, 거래 수수료까지 블록체인에서 발생한 모든 정보가 저장되어 있으며 탈중앙성과 투명성에 기반해 누구나 자유롭게 확인할 수 있다는 특징이 있다.

이러한 데이터는 인위적으로 조작할 수 없기 때문에 시장 참여자의 실제 거래 내역을 그대로 추적할 수 있다. 거래 규모, 활동 주소 수, 평균 이동 수량, 고래들의 매집 시점 등도 모두 파악할 수 있다. 하지만 원시 데이터는 매우 방대하고 복잡하기 때문에 대부분은 특정 플랫폼에서 가

공된 지표 형태로 활용하게 된다.

많은 사람들은 암호화폐에 내재 가치가 없다고 말한다. 실제로 비트코인은 이자를 발생시키지 않고, 배당도 없으며, 매매 이외의 현금 흐름이 없다. 그러나 이더리움이나 솔라나 같은 플랫폼형 암호화폐는 애플리케이션 구동을 통해 지속적인 수수료 수익을 창출하며, 이는 네트워크 성장과 함께 장기적 가치를 뒷받침하는 근거가 된다. 다만 암호화폐는 공통적으로 유동성에 민감한 자산이고, 수요와 공급에 의해 단기 가격 방향성이 결정되기 때문에 거래 흐름 자체가 가장 중요한 정보가 된다.

그 거래 흐름에서 필자가 주목하는 포인트는 세 가지다. 언제 사서 언제 팔았는가, 마지막 거래가 얼마였는가, 그리고 어떤 규모의 거래가 발생했는가이다. 여기에 더해 중요한 것은 시장 참여자의 구분이다. 단기 보유자, 장기 보유자, 고래, 트레이더, 기관투자자, 심지어 국가 차원의 움직임까지 모두 온체인 지표를 통해 파악할 수 있다.

주목해야 할 핵심 투자 주체와 온체인 지표

핵심 참여자는 크게 두 기준으로 나눌 수 있다. 하나는 보유 기간 기준이며, 다른 하나는 보유 물량 기준이다. 보유 기간으로는 장기 보유자(155일 이상)와 단기 보유자(155일 미만)로 구분한다. 장기 보유자는 보통 시장이 고점에서 꺾인 이후 하락 구간에서 매집을 시작하며, 일정 수준 이하로 내려간 크립토 윈터 구간에서는 과감하게 물량을 매수한다. 반면 단기 보유자는 주로 가격이 급등한 이후 뒤늦게 진입하며 과열 구간에서 매수를 단행하는 경우가 많다.

이러한 흐름은 장기 보유자에게 매수된 물량이 단기 보유자에게 이전

되는 과정으로 해석할 수 있다. 장기 보유자는 저평가 구간에서 매집하고 고평가 구간에서 매도하며, 단기 보유자는 반대로 고점에서 진입해 조정 구간에서 물량을 떠안게 되는 것이다. 따라서 투자자는 장기 보유자의 전략을 벤치마킹하는 것이 바람직하다.

물량 기준으로는 고래와 개인투자자가 있다. 고래는 장기 보유자와 마찬가지로 저평가 구간에서 매집하며, 조정이 발생하는 구간에서 물량을 추가로 쌓는다. 반대로 개인투자자는 시장이 어느 정도 회복된 이후 뒤늦게 진입했다가 조정장으로 전환하면 패닉셀링을 하며 손실을 확정 짓는 경향이 있다. 결국 시장 흐름을 주도하는 것은 고래와 장기 보유자이며, 이들의 움직임을 추적하는 것이 중요한 투자 전략이 된다.

시장의 단기 흐름을 반영하는 지표

단기 흐름을 파악하는 데는 네 가지 주요 요소가 있다. 단기 보유자, 대형 투자자(고래, 트레이더, 기관), 선물 거래, 그리고 투자 심리다.

먼저 단기 보유자는 매입 후 1시간에서 6개월 이내에 해당하는 투자자를 말한다. 통상적으로는 155일 미만 보유자를 단기 보유자로 구분한다. 이 범주에는 온체인 트레이더나 고래, 헤지펀드 같은 단기적 움직임이 많은 대형 투자자도 포함된다.

이들의 움직임은 단기 가격 흐름에 매우 민감하게 반응하므로, 해당 데이터를 읽는 것은 실전 매매 타이밍 판단에 큰 도움이 된다. 단기 보유자의 움직임을 해석할 때는 선물거래 지표도 함께 확인해야 한다. 특히 펀딩비나 미결제약정과 같은 데이터를 통해 선물 시장의 과열 또는 냉각 상태를 파악할 수 있으며, 이는 현물 시장에도 직결되는 신호가 된다. 여기에 투자 심리를 반영하는 지표까지 함께 활용하면 시장의 단기 흐름을 입체적으로 이해할 수 있다.

온체인 지표 확인 사이트

온체인 데이터를 효율적으로 확인할 수 있는 사이트는 매우 다양하지만, 필자는 네 곳을 주로 활용한다. 크립토퀀트, 글래스노드, 코인글래스, 산티멘트다. 이 중 크립토퀀트를 가장 자주 활용한다. 가독성이 높고 주요 지표들이 잘 정리되어 있으며, 가격 대비 효율도 우수하다.

글래스노드는 크립토퀀트와 비슷한 기능을 갖고 있어 둘 중 하나만 선택해도 충분하다. 산티멘트는 알트코인의 펀더멘털 추적에 유용하고, 코인글래스는 유료임에도 무료로 제공하는 선물 관련 지표가 많아 함께 활용하면 시너지가 크다.

온체인 지표 분석_단기 보유자

이제 앞서 말한 네 가지 요소, 즉 단기 보유자, 대형 투자자, 선물 거래, 심리 지표를 하나씩 자세히 살펴보면서 단기 흐름을 좌우하는 온체인 지표를 알아보자.

단기 보유자의 움직임은 시장의 단기 흐름을 결정짓는 핵심 변수다. 이들의 심리를 읽고 대응하는 것은 곧 매수 타이밍을 포착하는 일과 같다. 그중에서도 가장 중요한 두 가지 지표는 실현 가격과 SOPR이다. 두 지표 모두 단기 보유자가 이익을 실현하고 있는지, 손실을 감내하고 있는지를 수치로 보여주기 때문에 의미가 깊다.

① 실현 가격

먼저 단기 보유자의 관점에서 가장 중요한 것은 '실현 가격'이라는 개념이다. 이를 이해하려면 비트코인의 특성부터 알아야 한다. 비트코인은 유실량이 매우 많은 종목이다. 물량이 2,100만 개로 한정되어 있고 현재 95% 이상이 유통되고 있는데, 이 중 최소 15~20%는 유실되었을 것으로 시장에서는 판단하고 있다.

따라서 유실량을 고려하지 않고 주식처럼 단순히 시가총액을 산출하면 큰 오차가 발생한다. 이러한 문제를 해결하기 위해 실제 거래되는 코인들을 추적하는 방식이 도입되었으며, 덕분에 각 비트코인 보유자들의 실제 구매 가격과 수량을 곱해 총액을 구하면서 시중에 유통되는 비트코인의 전체 구매 금액을 알 수 있게 되었다. 그리고 이 값을 다시 전체 비트코인 물량으로 나누면 평균 단가, 즉 실현 가격이 산출된다.

- 실현 시가총액 = 보유자별 매수가 × 수량
- 실현 가격 = 실현 시가총액 ÷ 전체 비트코인 공급량

따라서 단기 보유자들의 실현 가격은 6개월 미만 보유자들의 평균 매수 단가를 의미한다. 예를 들어 단기 보유자의 실현 가격이 10만 달러($100K)에서 형성되었을 때 비트코인 가격이 이 구간의 하방으로 이탈한다면 어떻게 될까? 단기 보유자들은 공포감에 물량을 던질 것이고, 이에 따라 시장은 약세 국면으로 들어설 것이다.

반면에 해당 구간을 유지하며 반등하거나, 하방에서 이 구간을 상향 돌파할 경우에는 시장이 좋아질 거라고 예측할 수 있다. 즉 단기 보유자

의 실현 가격보다 비트코인 가격이 높으면 강세, 낮으면 약세라고 해석할 수 있다.

이를 〈그림 1〉과 함께 살펴보면, 단기 보유자의 실현 가격은 단기 추세에서 가장 중요한 지지와 저항 역할을 하고 있다. 또한 비트코인 가격(파란색 선)이 실현 가격(빨간색 선)보다 낮은 것으로 보아 해당 시장이 약세장임을 알 수 있다. 이 경우 단기 투자자들의 패닉셀링으로 인해 매도 물량이 계속 나오게 된다.

매도세가 강해지는 이유는 대부분의 단기 보유자들이 시장의 가치를 모르고 진입하기 때문이다. 즉 가격 하락 후 반등장에서 원금만 회복되면 매도하려는 심리가 있는 것이다. 그에 따라 단기 보유자 실현 가격 상향 돌파를 시도할 때 강한 매도세가 발생할 수도 있다.

결국 비트코인의 장기적 가치를 알고 있으면 꿋꿋이 버틸 수 있지만, 그렇지 못한 투자자는 변동성이 높은 암호화폐 시장을 버틸 수 없는 것이다. 정리하자면 단기 보유자의 실현 가격은 비트코인 가격이 그보다

그림 1 단기 보유자 실현 가격 예시(출처: 크립토퀀트)

아래에 있을 때는 중요한 저항 역할을 한다. 반대로 그보다 위에 있을 때는 지지 역할을 하게 된다. 이는 자신의 매수가에 가격이 근접했을 때, 추가 매수를 해서라도 원금을 방어하려는 단기 보유자의 심리가 작용하기 때문이다.

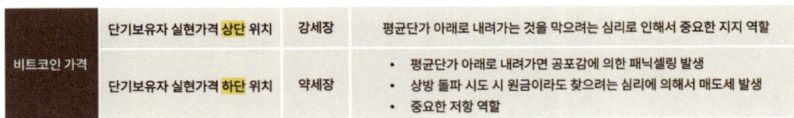

그림 2 단기 보유자 실현 가격에 따른 단기 추세 변화

② SOPR 지표

그런데 투자 관점에서 더 중요한 지표가 있다. 바로 단기 보유자의 SOPR Spent Output Profit Ratio 지표다. 이 지표는 단기 보유자들이 보유한 코인에 대해 이익을 보고 있는지 손실을 보고 있는지를 나타낸다.

〈그림 3〉의 SOPR 지표가 1(점선으로 표시된 기준선)보다 낮은 구간에

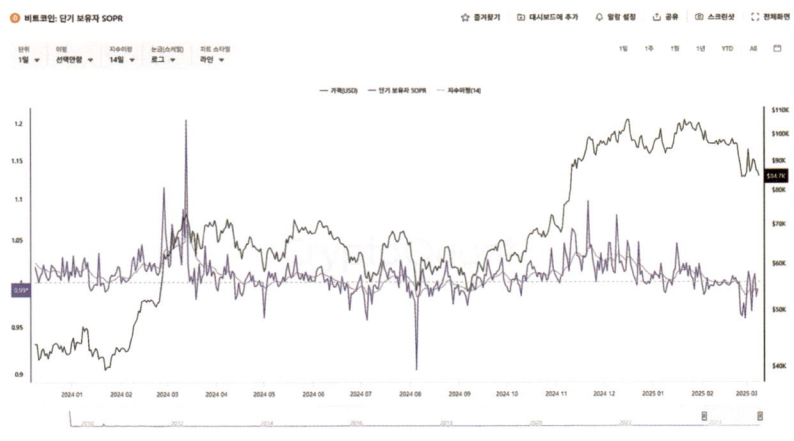

그림 3 단기 보유자 SOPR 예시 (출처: 크립토퀀트)

있을 때는 단기 보유자들이 손실을 보면서 매도하는 것을 의미한다. 단기 보유자들이 손실을 보면서 매도한다는 것은 시장이 공포감에 빠졌다는 것이다. 즉 시장이 패닉 상태에 빠졌다는 의미이므로, 이 구간은 약세 국면으로 바라보아야 한다. 반면에 SOPR이 1보다 높은 구간은 투자자들이 수익을 보고 있음을 의미한다.

보통 대세 상승장이 진행된다는 전제하에 단기 보유자의 SOPR 지표가 1 미만일 때를 매집 구간으로 판단하며, 해당 시점에서 매집 시 대세 상승장 정점에서 큰 수익을 거두며 탈출할 수 있다. 이처럼 SOPR 지표는 매수 타이밍을 포착하는 데 유용한 지표로, 해당 지표를 중심으로 추가적인 보조 지표를 함께 확인한다면 더욱 정확한 매수 구간을 찾아낼 수 있다.

온체인 지표 분석_대형 투자자

앞서 언급한 네 가지 주요 온체인 지표 가운데 이번에는 두 번째, 대형 투자자에 대한 분석이다. 대형 투자자는 통상 '고래whale'로 불리며, 막대한 물량을 보유하고 있다. 이들의 매집과 매도 움직임은 단기뿐만 아니라 중장기 추세에도 깊은 영향을 미친다.

① 대형 투자자들의 매집 추이

〈그림 4〉를 보면 가격(녹색 선)이 급등하는 구간에서 대형 투자자의 물량(빨간색 선)도 크게 늘어난 것을 확인할 수 있다. 이처럼 상승장 초입에서 고래들이 먼저 매집에 나선다는 점은 중요한 관찰 포인트다. 가격 조정 구간에서도 대형 투자자들의 매수세가 이어지고 있다면 중장기적인

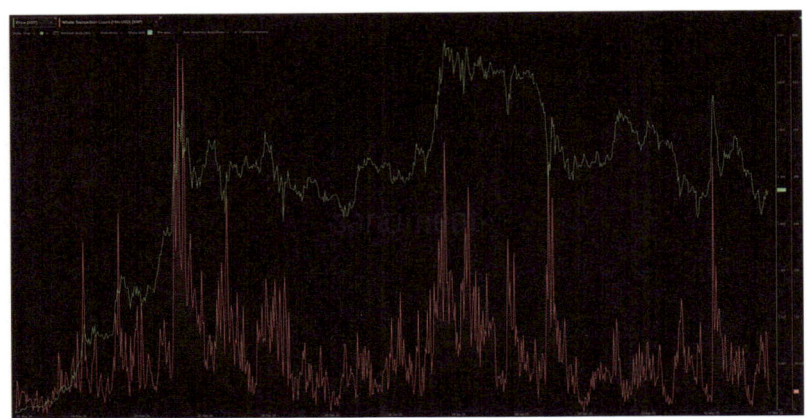

그림 4 대형 투자자들의 매집 추이(출처: 산티멘트)

상승 가능성을 예상할 수 있다. 즉 단기 조정이더라도 고래의 매집세가 이어진다면 중장기 방향은 여전히 우상향으로 가늠할 수 있다.

② 평균 달러 투자 연령

시장에 큰 물량이 이동하면 자연스럽게 유동성이 발생한다. 대형 투자자들이 매수나 매도를 통해 물량을 이동시키는 과정에서 오랫동안 지갑에 머물던 코인들이 움직이기 시작한다. 이때 등장하는 핵심 지표가 바로 '평균 달러 투자 연령MDIA, Mean Dollar Invested Age'이다.

이 지표는 시장의 활력 정도를 보여준다. 대형 투자자들이 본격적으로 매매를 시작하면 시장에 활기가 돌게 되고, 그 결과 평균 달러 투자 연령 지표는 하락세를 나타낸다. 즉 〈그림 5〉에서 빨간색 선이 내려가는 구간은 유동성이 풀리는 시점이며, 그에 따라 가격은 상승하게 된다.

반대로 해당 지표가 일정 구간에서 멈춰 있거나, 상승한다면 가격이 정체되고 거래도 이루어지지 않는다는 뜻이다. 이 경우 유동성이 부족해

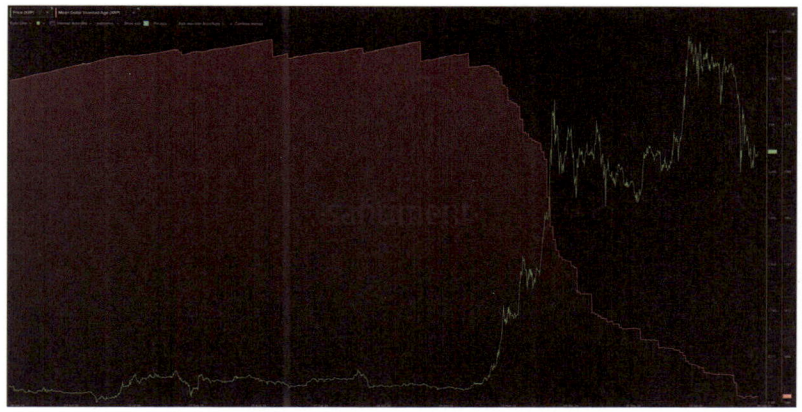

그림 5 평균 달러 투자 연령 지표(출처: 산티멘트)

시장이 일시적인 침체기에 접어든 것으로 해석할 수 있다.

③ CVD 지표

다음으로 살펴볼 지표는 필자가 시황 분석에서 자주 활용하는 CVDCumulative Volume Delta다. 이 지표는 바이낸스 거래소에서 대형 트레이더들의 움직임을 실시간으로 추적한다. CVD는 일정 기간 동안의 매수 거래량에서 매도 거래량을 뺀 값, 즉 누적 거래량의 변화값을 나타낸다.

〈그림 6〉 하단에서 CVD 지표가 상승하고 있다면 이는 매수세가 강하다는 뜻이다. 반대로 하락세가 이어진다면 매도세가 우세한 구간이다.

또한 파이어 차트를 활용하면 매수벽과 매도벽을 시각적으로 확인할 수 있다. 〈그림 6〉 상단에서 가격 하단 구간에 위치한 매물대는 매수벽이며, 이는 매수세의 방어 의지를 나타낸다. 반대로 가격 상단 구간에 밀집된 매물대는 매도벽으로 해석되며 매도 대기 물량이 존재함을 의미한다.

이때 차트 내 색상 구분도 중요하다. 파이어차트의 색은 짙은 회색부

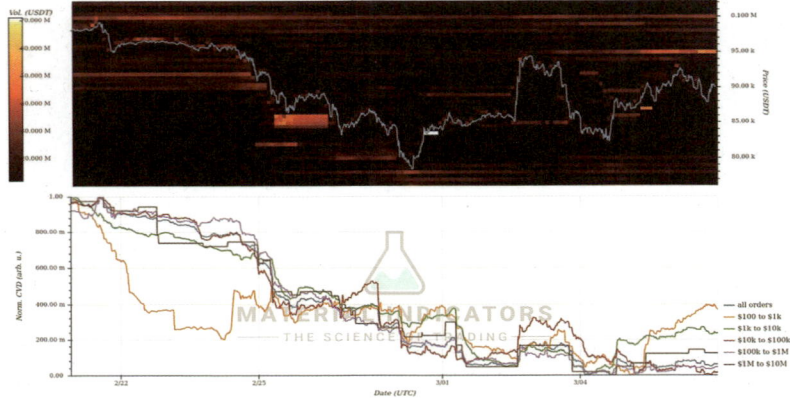

그림 6 CVD 지표 예시(출처: 머티어리얼인디케이터스)

터 노란색, 하얀색까지 있으며 하얀색일수록 두꺼운 매도벽 또는 매수벽이다. 하단 CVD에서는 투자 규모에 따라 색상으로 구분되는데, 같은 투자자라도 갈색(대규모)에서 보라색, 빨간색, 녹색, 주황색(중소 규모)까지 다양하게 표시된다. 이 구분을 통해 소극적인 물량인지, 적극적인 매집 혹은 매도 물량인지 파악할 수 있다.

특히 갈색으로 표시된 대규모 물량이 시장에 유입되는 시점은 가장 주목해야 할 타이밍이다. 이를 통해 추세 전환의 포인트를 미리 감지할 수 있다.

④ 코인베이스 프리미엄 지표

미국 기관투자자들의 자금 흐름도 시장 분석에 중요한 시그널이 된다. 코인베이스 프리미엄 지표는 미국의 대표 거래소인 코인베이스와 글로벌 1위 거래소 바이낸스 간의 가격 차이를 나타낸다. 코인베이스의 가격에서 바이낸스 가격을 뺀 값이 양수라면 미국 투자자들의 매수세가 강하

그림 7 코인베이스 프리미엄 지표(출처: 크립토퀀트)

다는 뜻이다. 만약 코인베이스 프리미엄 지표가 계속 양수와 음수 사이에서 요동친다면, 미국 기관들조차 시장 방향성을 명확히 잡지 못하고 있음을 나타낸다.

〈그림 7〉의 예시를 살펴보면 이 지표가 양수를 띨 때 가격이 크게 상승했다. 이는 글로벌 암호화폐 시장의 투자 중심이 여전히 미국에 있다는 사실을 보여준다. 반대로 이 수치가 음수를 보일 때 미국 내 수요가 감소했음을 의미하며, 이는 가격 하락으로 이어졌다.

코인베이스는 북미 최대 암호화폐 거래소지만, 많은 미국 개인투자자들이 로빈후드 같은 플랫폼을 선호하기 때문에 이 지표는 일반 개인보다 미국 기관의 수요 흐름을 더 명확하게 파악하는 데 유용하다.

⑤ 김치 프리미엄 지표

마지막으로 국내 시장을 중심으로 분석할 수 있는 '김치 프리미엄' 지표다. 이 지표는 국내 거래소와 해외 거래소 간의 가격 차이를 통해 한국 투자자들의 매수 심리를 파악할 수 있다. 필자는 주로 크립토퀀트 또는

'김프가'라는 사이트에서 코인별 김치 프리미엄 수치를 확인한다.

〈그림 9〉를 보면 일부 구간에서 양수가 나타나고 있는데, 이는 국내 거래소의 가격이 해외보다 높다는 뜻이며, 그만큼 한국 투자자들의 매수 심리가 강하다는 신호다. 한국 투자자는 글로벌 암호화폐 시장의 주요 참여자 중 하나이며, 이들이 대거 유입되면 시장이 과열되기 쉽다. 그런데 한국 투자자의 수요가 돌아오지 않아도 김치 프리미엄이 상승할 수 있는데, 이는 글로벌 거래소에서 상대적으로 가격이 더 하락했을 때다.

알트코인 상승장에서는 김치 프리미엄이 큰 폭으로 상승하는 경우가

그림 8 김치 프리미엄 지표(출처: 크립토퀀트)

이름	현재가	김프	전일대비	고가대비(전일)	저가대비(전일)	거래액(일)
엑스알피 XRP	3,327 3,239	+2.71% 87.81	-4.97% -174.0	-5.54% 3,522	+0.67% 3,305	1,951억 4,089억
테더 USDT	1,488 1,447	+2.82% 40.84	-0.20% -3.000	-0.33% 1,493	+0.27% 1,484	1,066억
비트코인 BTC	125,792,000 122,461,534	+2.72% 3,330,466	-2.25% -2,894,000	-2.59% 129,137,000	+0.39% 125,299,000	726억 1조 4,907억
아발론 AVL	890.0		-9.00% -88.00	-15.16% 1,049	+1.02% 881.0	496억
이더리움 ETH	3,189,000 3,103,735	+2.75% 85,265	-1.79% -58,000	-4.26% 3,331,000	+0.85% 3,162,000	296억 1조 475억
에이다 ADA	1,155 1,125	+2.66% 29.97	-5.02% -61.00	-5.94% 1,228	+0.96% 1,144	267억 2,388억
도지코인 DOGE	275.0 267.0	+3.00% 8.013	-5.50% -16.00	-5.82% 292.0	+1.10% 272.0	215억 1,975억

그림 9 코인별 김치 프리미엄 현황(출처: 김프가)

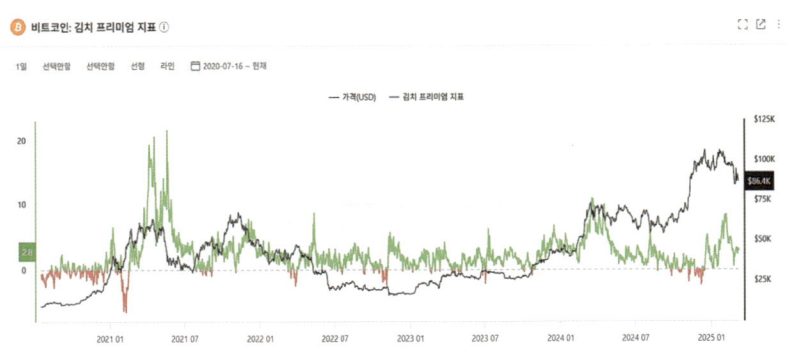

많다. 2017년 대세 상승장 당시 특정 알트코인의 김치 프리미엄이 50%까지 상승했던 사례도 있다. 국내에서 과도한 알트코인 투자가 몰리면서 가격이 천정부지로 오른 것이다.

이처럼 김치 프리미엄이 과열 양상을 보일 때는 매수보다는 매도를 준비해야 한다. 프리미엄 지표는 시장 과열의 신호이자 조정의 예고일 수 있기 때문이다.

온체인 지표 분석_선물 거래

세 번째로 선물 거래 지표를 살펴보자. 이 지표는 단기적인 시장 흐름을 읽는 데 유용하게 쓰이며, 과열이나 냉각 상태를 파악할 수 있는 핵심 자료로 활용된다. 시장이 과열되면 선물 거래는 도박판처럼 변해 레버리지가 급격히 올라간다. 이때는 오히려 매수가 아니라 매도를 고려해야 한다.

① 미결제약정과 펀딩레이트

기본적으로 암호화폐 거래는 현물 거래와 선물 거래로 나뉜다. 현물 거래는 실제 비트코인을 구매하는 방식이며, 중앙화 거래소에서는 구매 증서를 통해 해당 코인에 대한 소유권을 인증해준다. 반면 선물 거래는 미래 시점의 가격을 약속하고 이를 사고파는 개념이다. 현재보다 가격이 오를 것으로 예상해 계약을 체결하면 '롱 포지션', 반대로 떨어질 것으로 보고 계약하면 '숏 포지션'이라고 한다.

이때 미결제약정은 롱 포지션과 숏 포지션을 포함해 아직 청산되지 않은 계약들의 총합을 뜻한다. 미결제약정 규모가 커졌다는 것은 거래가 활발하게 이루어지고 있음을 의미하며, 관심이 높아졌다는 신호다. 〈그림 10〉 상단을 보면 미결제약정이 높아질 때 가격도 상승했고, 반대로 미결제약정이 감소할 때는 조정이 나타났다. 하지만 이 수치만으로 시장 흐름을 판단하기는 어렵기 때문에 롱과 숏 포지션의 비율을 함께 확인해야 한다.

이를 판단하는 지표가 펀딩레이트다. 펀딩레이트는 선물 시장에서 매수와 매도의 쏠림을 조절하는 기능을 한다. 쏠림이 심해지면 가격 왜곡이 일어나 현물 가격과 괴리가 커지기 때문에, 이를 방지하기 위한 수단으로 작동한다. 예를 들어 롱 포지션이 많아지면 그 보유자들이 숏 포지션 보유자에게 수수료를 지불하게 된다.

따라서 펀딩레이트가 0보다 크면 롱 포지션이 우세하다는 뜻이고, 0보다 작으면 숏 포지션이 우세하다는 의미다. 시장이 상승 흐름을 보일 때는

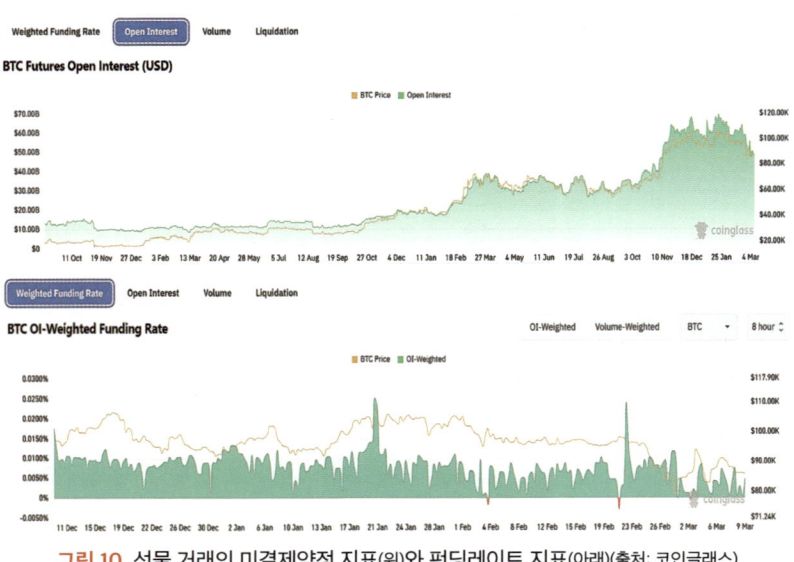

그림 10 선물 거래의 미결제약정 지표(위)와 펀딩레이트 지표(아래)(출처: 코인글래스)

미결제약정이 증가하고 펀딩레이트가 양수를 나타내는 경우가 많다. 반대로 이 두 지표가 동시에 하락하거나 음수로 돌아서면 저평가 구간으로 볼 수 있으며, 투자 심리가 위축되어 시장이 공포에 빠졌음을 나타낸다.

② 청산

롱 포지션과 숏 포지션은 청산 지표에서 더욱 중요한 역할을 한다. 청산은 투자자가 자발적으로 포지션을 정리하는 임의 청산도 있지만, 대부분은 강제 청산으로 진행된다. 이는 보유한 증거금보다 가격이 떨어져 더 이상 계약을 유지할 수 없어 자동으로 청산되는 경우로, 증거금 전액을 잃게 되는 상황이다. 그렇기 때문에 선물 거래는 항상 신중한 전략이 필요하다.

〈그림 11〉에서는 청산 차트상에서 롱 포지션은 녹색, 숏 포지션은 빨간색으로 표시되어 있다. 대형 투자자들은 롱과 숏 포지션을 번갈아 청

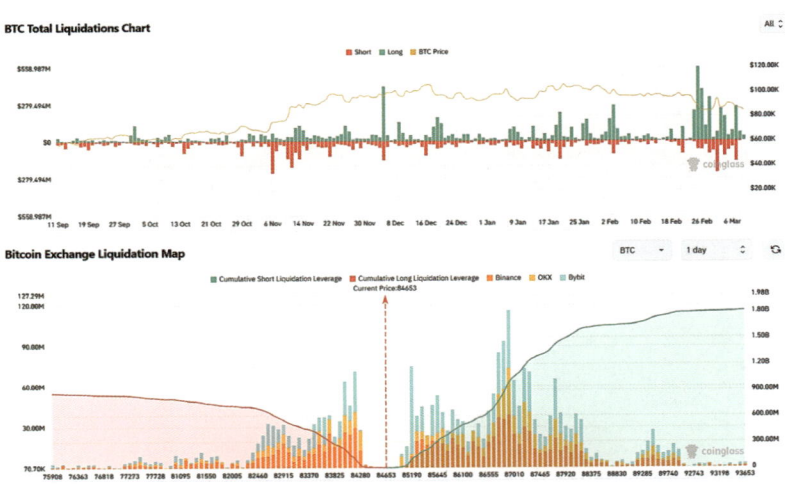

그림 11 비트코인 청산 차트(상단)와 청산맵(하단)(출처: 코인글래스)

산하면서 가격에 변동성을 유도한다. 하단의 청산맵은 포지션의 분포를 보여주는 자료로, 현재 차트에서는 가격 상단 구간에 숏 포지션이 많고 하단에는 롱 포지션 물량이 적은 모습을 확인할 수 있다.

이러한 맥락에서 청산 히트맵은 핵심 지표로 평가된다. 〈그림 12〉의 청산 히트맵은 각 가격대에 포지션이 얼마나 몰려 있는지를 시각적으로 보여주는 도구다. 기본적으로 가격의 하단에는 롱 포지션, 상단에는 숏 포지션이 위치한다. 대형 투자자들은 포지션이 몰린 구간을 청산해 유동성을 확보하고 이익을 실현하는 방식으로 움직이기 때문에, 포지션 밀집 구간은 청산 구간이 될 가능성이 높다.

시장에 공포감이 퍼졌을 때 숏 포지션을 잡으면 대형 투자자들이 이를 청산해버리고, 반대로 시장이 과열되었을 때 롱 포지션을 잡아도 같은 방식으로 청산당할 수 있다. 결국 이 두 방향을 모두 염두에 두고 대응해야 한다.

선물 거래는 청산당하면 투자금을 모두 잃지만, 현물은 팔지 않는 이

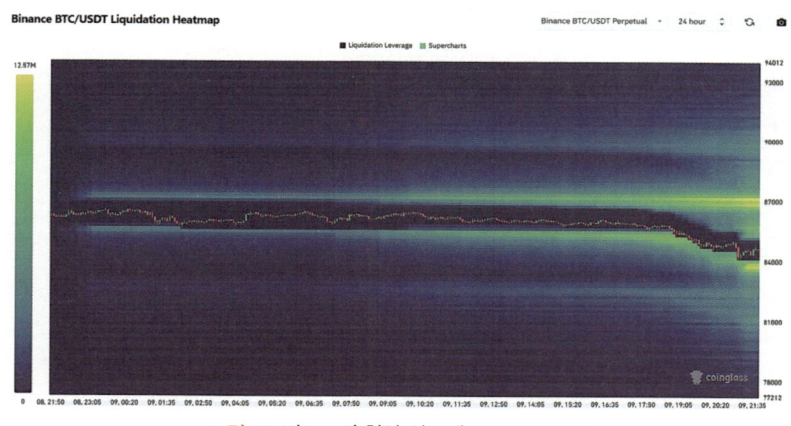

그림 12 비트코인 청산 히트맵(출처: 코인글래스)

상 손실이 실현되지 않는다. 특히 암호화폐는 특정 구간에서 청산이 연속적으로 발생하며 급격한 가격 변동을 보이기 때문에 이를 활용해 좋은 시점에 현물 물량을 확보해두는 것이 대부분의 투자자에게는 더 성과가 좋다. 장기 투자 관점에서는 효과적인 전략이 될 수 있다.

한편 가격이 상승하는 구간에서는 롱 포지션이 강하게 누적되면서 대형 투자자의 청산 가능성이 높아지므로, 이때는 신규 진입을 자제하는 것이 바람직하다.

심리 분석
① 공포 및 탐욕 지수

심리 지표 중에서 가장 대표적인 것은 '공포 및 탐욕 지수Fear&Greed Index'다. 이 지수는 시장 심리의 극단을 수치로 보여주며, 투자 타이밍을 판단하는 데 유용하게 활용된다. 〈그림 13〉을 보면 수치가 1~25일 때는 '극단적 공포 국면'으로 시장이 바닥에 근접해 있으며, 저평가 구간으로 해석할 수 있다. 이 구간은 가장 유리한 매집 시점이 된다.

수치가 26~45이면 '공포 국면'으로 시장이 아직 과열되지 않은, 여전히 매집을 이어가기 괜찮은 시점이다. 46~55는 '중립 국면'으로 이때부터는 추가 매집을 자제해야 하며, 56~75는 '탐욕 국면'으로 신규 매수를 피하는 것이 좋다. 마지막으로 76~100은 '극단적 탐욕 국면'으로 매도를 고려해야 한다.

이처럼 단순한 공포 및 탐욕 지수만으로도 투자 판단의 기준을 세울 수 있다. 실제로 〈그림 13〉을 보면 극단적 탐욕 구간 이후에는 가격이 하락하고, 반대로 극단적 공포 구간에서는 상승 전환이 이루어지는 것을

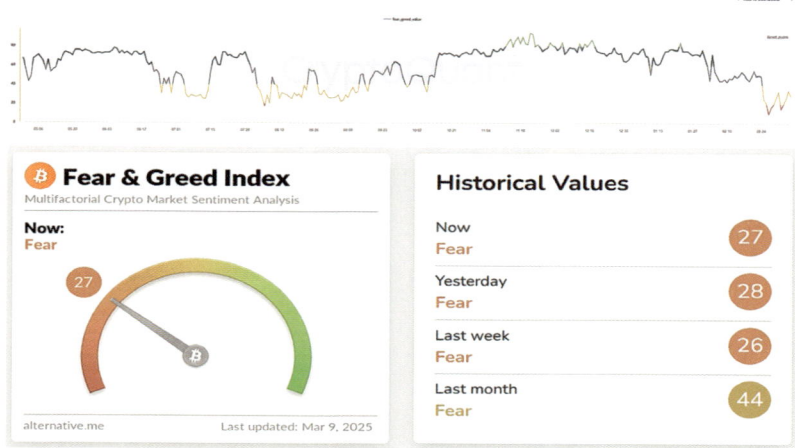

그림 13 공포 및 탐욕 지수(출처: 크립토퀀트)

확인할 수 있다. 암호화폐는 수요와 공급의 영향을 크게 받기 때문에 시장 심리가 가격에 중요한 영향을 미친다는 점을 명확히 이해해야 한다.

② 거래소 앱 다운로드 비율

또 다른 심리 지표로는 거래소 앱 다운로드 비율을 들 수 있다. 이 지표는 대중의 관심 수준을 직관적으로 파악할 수 있는 자료다. 시장이 과열되면 구글플레이나 애플 앱스토어의 금융 분야에서 로빈후드, 코인베이스, 크라켄 같은 앱들이 1위나 2위를 차지한다. 반면 시장이 침체되면 이 앱들은 10위권 밖으로 밀려나며 투자 심리가 급격히 식었음을 보여준다.

이처럼 앱 다운로드 순위만 살펴보아도 개별 투자자들의 관심도가 얼마나 올라갔는지, 혹은 얼마나 식었는지를 알 수 있다. 단순하지만 강력한 심리 지표로 활용할 수 있다.

그림 14 앱스토어 금융 분야의 주요 앱들(출처: 애플 앱스토어)

핵심 포인트

① 온체인 지표에서 주목해야 할 요소는 매수·매도 시기, 마지막 거래 당시의 가격, 주요 거래의 규모, 그리고 다양한 시장 참여자다.

② 시장의 중단기 흐름을 좌우하는 온체인 지표는 단기 보유자, 대형 투자자, 선물 거래, 심리로 구성된다.

③ 단기 보유자는 실현 가격과 SOPR 지표를, 대형 투자자는 고래 매집 추이, 평균 달러 투자 연령, CVD, 코인베이스 프리미엄을 참고해야 한다. 또한 선물 거래는 미결제약정, 펀딩레이트, 청산 지표를 살펴보고, 심리는 공포 및 탐욕 지수와 거래소 앱 다운로드 비율을 확인해야 한다.

대세 상승장 사이클을 파악하는 장기 지표 활용법

온체인 지표의 핵심 목적은 시장의 장기 흐름을 이해하고, 궁극적으로는 대세 상승장의 정점을 포착해 현금화 시점을 결정하는 데 있다. 단기 지표가 타이밍을 위한 보조 도구라면, 장기 지표는 시장 전체의 큰 그림을 그리기 위한 나침반 역할을 한다. 이를 위해 이번에는 거시적 관점, 채굴 관점, 채택 관점, 유동성 관점으로 나누어 장기 온체인 지표를 살펴보도록 하겠다.

거시적 관점

① 실현 가격

거시적 관점에서 가장 먼저 확인해야 할 지표는 실현 가격이다. 이는 투자자들이 실제로 매입한 가격을 기반으로 산출되기 때문에 시장의 평균 체감가를 알려주는 지표다. 앞서 단기 보유자의 실현 가격을 다루었다면, 이번에는 전체 투자자(단기 및 장기)의 실현 가격을 기준으로 분석한다.

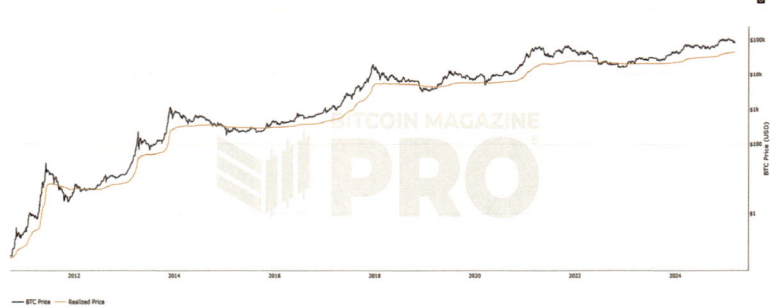

그림 1 비트코인의 실현 가격 추이(출처: 룩인투비트코인)

〈그림 1〉은 '룩인투비트코인Look Into Bitcoin'에서 확인한 실현 가격 추이다. 주황색 선으로 표시된 실현 가격보다 현재 비트코인 가격이 상단에 위치해 있다는 점에서 시장은 여전히 강세 국면에 있다는 해석이 가능하다. 특히 2021년 대세 상승장 당시에는 실현 가격 상단에 머물렀던 가격이 크립토 윈터 기간에 하락하며 아래로 이탈했다.

지금까지 대세 상승장 구간에서는 전체 투자자의 실현 가격을 비트코인 가격이 하방 이탈한 사례가 거의 없었다. 예외적으로 팬데믹 당시에는 일시적으로 가격이 실현 가격 아래로 떨어졌지만, 시장은 이를 저평가 구간으로 인식하며 강한 반등을 만들어냈다. 결과적으로 실현 가격을 하회하는 구간은 장기적으로 매우 유효한 매집 타이밍이 된다.

② MVRV 비율

실현 가격은 유용하지만 투자에 바로 적용하기에는 거시적이고, 해석의 여지도 크다. 그래서 마켓 밸류와 리얼라이즈드 밸류의 비율을 활용한 MVRV Market Value to Realized Value 지표가 널리 활용된다. 이는 전체 시장 시가총액을 실현 시가총액으로 나눈 값으로, 현재 시장 가격이 저평가인지 고평가인지 판단하는 데 도움이 된다.

마켓 밸류MV는 현재 가격에 유통량을 곱한 일반적인 시가총액을 의미한다. 예컨대 비트코인 10개가 유통되고, 1개당 100달러라고 가정하면, 시장 시가총액은 1,000달러다. 반면 리얼라이즈드 밸류RV는 각각의 코인이 실제 거래된 가격으로 계산한 시가총액이다. 예를 들어 평균 실현 가격이 80달러라면 RV는 800달러가 되고, 앞서 MV가 1,000달러였기 때문에 MVRV는 1.25로 계산된다. 이는 전체적으로 +25% 수익 상태에 있다는 뜻이다.

MVRV가 1보다 크면 대부분의 투자자들이 수익을 보고 있는 상태로 해석되며, 저평가 구간은 지났다고 판단한다. 반대로 MVRV가 1보다 낮을 경우 손실 상태에 있는 투자자가 많다는 뜻이므로 저평가 구간으로 본다. 〈그림 2〉에서 연두색 영역에 해당한다. 반면 3.7 이상인 경우는 과열 상태로 매도 타이밍에 해당하며, 분홍색으로 표시된 구간이다.

그림 2 비트코인의 MVRV 비율(출처: 크립토퀀트)

요약하자면, MVRV가 1보다 낮으면 장기 매집 구간, 3.7 이상이면 고점으로 판단한다. 장기 투자자라면 이 지표가 3 이상으로 올라가는 시점부터 점진적인 엑시트를 고려하는 것이 바람직하다.

③ MVRV Z-스코어

MVRV Z-스코어는 MVRV 비율에 표준편차를 적용한 지표다. 표준편차를 도입하면 평균에서 벗어난 극단값들을 조정할 수 있어 보다 정교한 시세 판단이 가능해진다. Z-스코어는 일반적인 수익 상태뿐만 아니라 과매도 또는 과매수 상태를 정량적으로 구분하는 데 도움을 준다.

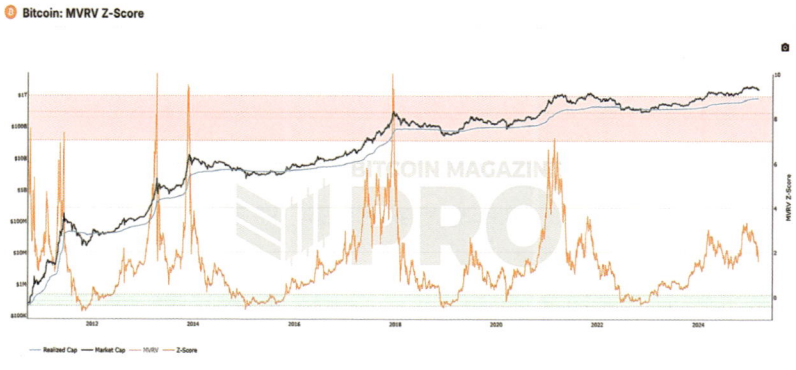

그림 3 비트코인의 MVRV Z-스코어(출처: 룩인투비트코인)

MVRV 지표가 1과 3.7을 기준으로 한다면, Z-스코어는 0과 7을 기준으로 구간을 나눈다. 0 이하 구간은 강력한 저평가 구간으로 매집 타이밍이 되며, 7 이상은 고평가로 해석해 매도 신호로 활용할 수 있다. 다만 최근 시장은 과거보다 고점이 낮아지는 경향이 있어 보수적인 접근이 요구된다.

채굴 관점

① 채굴과 반감기의 상관성

채굴 관점에서는 반감기를 중심으로 시장 사이클을 이해할 수 있다. 비트코인 시장에는 약 4년 주기의 대세 상승장이 존재하며, 그 중심에는 항상 반감기가 있다. 반감기는 블록당 채굴 보상이 절반으로 줄어드는 시점으로, 공급 측면에서 가장 큰 구조적 변화를 만든다.

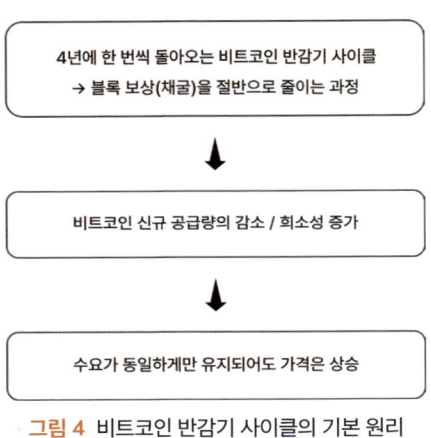

그림 4 비트코인 반감기 사이클의 기본 원리

반감기가 발생하면 공급량이 줄어들고, 이로 인해 비트코인의 희소성이 증가한다. 수요가 일정하게 유지되기만 해도 가격 상승 요인이 되는 것이다. 실제로 지금까지 비트코인 가격은 반감기 이후 일정 기간을 거쳐 상승하는 흐름을 반복해왔다.

현재까지 전체 비트코인의 95%가량이 채굴된 상태이며, 일부에서는 채굴의 중요성이 점차 약화될 것이라는 전망도 나온다. 그럼에도 불구하고 반감기를 기준으로 형성된 사이클은 다양한 투자 주체들의 이해관계가 고착화되면서 여전히 강한 영향력을 유지하고 있다.

> **채굴자의 동향을 파악하는 지표**
>
> 1. 채굴에 필요한 연산 능력이 잘 유지되고 있는가? → 해시레이트, 채굴 난이도
> 2. 채굴자가 계속 보유하고 있는가? → 채굴자 보유량
> 3. 채굴자의 채산성이 잘 유지되고 있는가? → 퓨엘 멀티플

한편 반감기를 중심으로 한 사이클의 핵심에는 채굴자의 동향이 있다. 이들은 온체인 지표에서도 가장 중요한 축을 담당한다. 첫 번째로는 채굴에 필요한 연산 능력이 잘 유지되고 있는지를 확인해야 한다. 채굴 해시레이트와 채굴 난이도가 대표적인 지표로 활용된다. 둘째는 채굴자가 계속해서 비트코인을 보유하고 있는지 여부다. 이는 시장의 단기 하방 압박과 직접적으로 연결된다.

마지막으로 사이클 관점에서는 채굴자의 채산성이 가장 중요한 요소다. 즉 채굴 과정에서 비용 대비 수익이 잘 나오는지를 봐야 한다. 만약 채굴자들이 채굴기를 계속 가동하고 있는데 채산성이 떨어진다면, 결국 이 움직임은 매도로 이어지고 시장을 흔들 수 있다.

② 해시레이트와 채굴 난이도

채굴 연산 능력을 파악하는 지표로는 해시레이트와 채굴 난이도가 있다. 룩인투비트코인 사이트에서 이 두 지표를 무료로 확인할 수 있으며, 〈그림 5〉와 〈그림 6〉은 각각 해시레이트와 채굴 난이도의 최근 흐름을 보여준다. 이 두 지표는 원리는 다르지만 매우 유사한 방향으로 움직이는 경향이 있다.

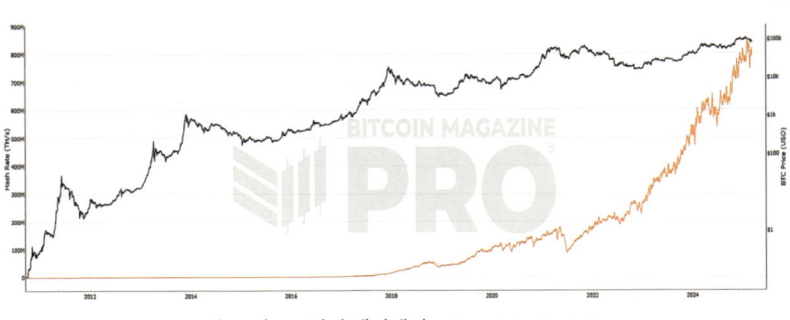

그림 5 비트코인의 해시레이트 (출처: 룩인투비트코인)

그림 6 비트코인의 채굴 난이도 (출처: 룩인투비트코인)

먼저 해시레이트는 채굴자들이 고성능 컴퓨터를 동원해 해시 함수를 계산하는 과정에서 발생하는 총 연산 능력을 의미한다. 즉 네트워크에 참여하는 전체 컴퓨팅 파워의 총합이다. 〈그림 5〉를 보면 해시레이트는 전반적으로 상승세를 보이지만 중간중간 불안정한 구간도 나타난다.

예컨대 2021년 중국이 채굴을 전면 금지했을 때 해시레이트는 급감했고, 이로 인해 비트코인 가격도 크게 조정받았다. 이는 시장이 채굴자의 연산 능력 변화에 민감하게 반응한다는 것을 의미한다. 해시레이트 하락은 네트워크 참여율 감소로 해석되며 시장은 이를 위기 신호로 받아들일 수 있다.

그렇다면 채굴 난이도는 무엇일까. 해시레이트가 높아지면 채굴에 참여하는 컴퓨팅 파워가 많다는 뜻이므로 블록 생성이 빨라질 수 있다. 이를 방지하기 위해 일정한 시간 간격, 즉 약 10분마다 하나의 블록이 생성되도록 조정하는 장치가 바로 채굴 난이도. 이 난이도는 2주마다 1회씩 조정되며 네트워크 안정성을 유지하는 핵심 장치로 작용한다.

결과적으로 해시레이트와 채굴 난이도가 함께 증가할 때, 네트워크가 안정적으로 작동하고 있다는 해석이 가능하다. 이 두 지표가 모두 우상향한다면 비트코인 생태계는 구조적으로 건강한 상태에 있다고 판단할 수 있다.

③ 채굴자 보유량

채굴자들의 비트코인 보유량도 중요한 지표다. 이들은 반감기 이전 일정 시점에서 보유한 물량을 시장에 급격히 내놓는 경향이 있다. 이후 어느 정도 매도를 마치고 나면 가격이 바닥에 근접했을 때 다시 물량을 모아가는 전략을 취한다. 이 같은 패턴은 일반적인 장기 보유자와도 유사하다.

〈그림 7〉을 보면 과거 채굴자들은 가격 상승 구간에서 물량을 매도했고, 가격이 하락하면 보유량을 다시 늘리는 흐름을 보였다. 이는 상승장 중간에 채굴자의 매도 물량이 단기적으로 시장을 흔들 수 있음을 시사한다. 특히 반감기와 상승장이 겹치는 구간에서는 채굴자들의 보유 추이를 더욱 주의 깊게 살펴야 한다.

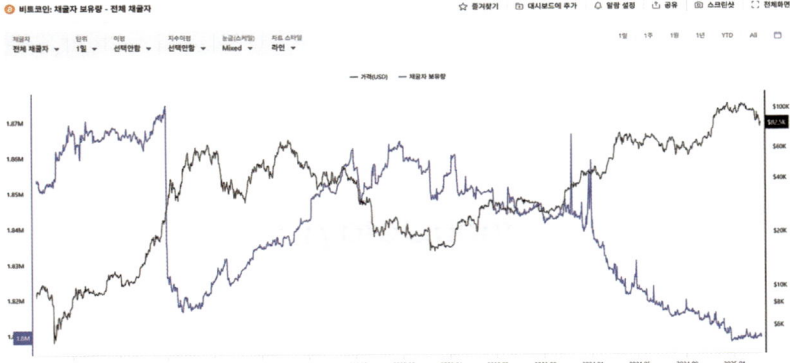

그림 7 비트코인의 채굴자 보유량(출처: 크립토퀀트)

채굴자 보유량은 비트코인의 장기적 가치와 시장의 매도 압력을 판단하는 데 있어 중요한 단서가 된다. 보유량이 증가하면 매도 압력이 줄고, 반대로 감소할 경우 가격 조정 가능성이 높아질 수 있다.

④ 퓨엘 멀티플

채굴자의 채산성을 구체적으로 파악할 수 있는 대표적인 지표는 '퓨엘 멀티플Puell Multiple'이다. 이 지표는 아크인베스트ARK Invest의 애널리스트 데이비드 퓨엘David Puell이 고안했다. 하루 동안 채굴자가 얻은 수익이 연평균 수익보다 높은지 낮은지를 통해 현재 채산성을 평가할 수 있도록 설계되었다.

기준값은 1이며, 이 값보다 높으면 채굴 수익이 연평균보다 많다는 뜻이고, 1보다 낮으면 채굴자들이 손해를 보고 있다는 의미다. 하지만 단순히 1을 기준으로만 해석하기보다는 더 정밀한 해석이 필요하다.

〈그림 8〉에서 보듯, 퓨엘 멀티플이 0.5 미만일 때는 중요한 매집 구간

그림 8 비트코인의 퓨엘 멀티플(출처: 룩인투비트코인)

으로 간주할 수 있다. 반대로 3.5를 초과하면 과열 국면이므로 매도를 고려할 필요가 있다. 다만 지난 대세 상승장에서 퓨엘 멀티플은 3.5를 속시원하게 돌파하지 못하고 근방에서 횡보하며 등락을 반복했다. 따라서 현재 시장에서는 이 지표를 과거보다 보수적으로 해석할 필요가 있다.

그럼에도 불구하고 퓨엘 멀티플이 다시 3.5를 초과할 가능성은 여전히 존재한다. 따라서 MVRV 지표와 함께 퓨엘 멀티플을 병행해 확인함으로써 사이클의 고점 여부를 보다 명확히 파악해야 한다.

채택 관점

이제 채택 관점을 살펴보자. 채택의 핵심은 비트코인을 국가와 기관 단위에서 매집하는지, 얼마나 매집하는지 여부에 있다. 앞서 코인베이스 프리미엄 지표를 단기 관점에서 해석했지만, 사실 이와 같은 지표는 장기적인 채택 흐름 속에서 봐야 한다. 특히 미국이 전략적으로 물량을 모아가고 있다는 점이 중요하다.

이와 관련해 가장 핵심적인 지표 중 하나가 바로 비트코인과 이더리

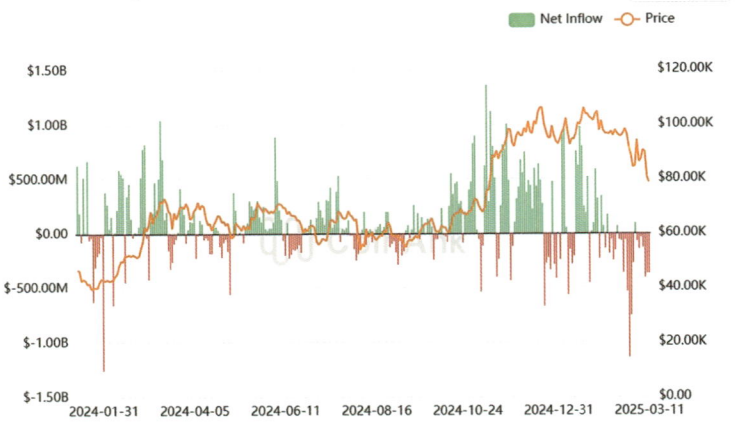

그림 9 비트코인 현물 ETF 순유입량 추이

움 현물 ETF의 순유입 및 순유출 규모다. 현물 ETF는 기관 자금이 직접 시장에 들어왔는지를 보여주는 지표이기 때문에 채택 관점에서 매우 중요하다. 실제로 가격 상승이 이어지기 위해서는 실질적인 수요가 존재해야 하며, 그 수요는 ETF 유입에서 가장 명확하게 나타난다.

〈그림 9〉를 보면 2024년부터 비트코인 현물 ETF의 순유입이 뚜렷하게 증가했고, 그에 따라 비트코인 가격도 함께 상승했다. 이는 단기적인 매매가 아닌 구조적인 수요 증가가 가격 상승의 핵심 동력임을 보여준다. 다시 말해, ETF 유입세가 없이는 시장의 상승도 지속되기 어렵다는 뜻이다.

앞으로도 ETF에 대한 유입이 이어질 것인지를 판단하려면 비트코인의 지위 변화에 주목해야 한다. 현재 비트코인은 '디지털 금'이라는 정체성을 확고히 하면서, 점점 더 국가 전략 자산으로 자리매김하고 있다. 전통 금융기관과 상장 기업 역시 암호화폐 시장에 본격적으로 참여하고 있으며, 이는 채택의 확산이라는 관점에서 매우 긍정적인 신호다.

특히 미국 통화감독청OCC이나 미국 증권거래위원회SEC와 같은 기관들의 입장도 점차 완화되고 있다. 이 같은 규제 환경의 변화는 다양한 알트코인 현물 ETF 출시로 이어지고, 결국 ETF 수요가 증가할 수 있는 기반을 제공한다. 따라서 투자자는 ETF의 순유입과 순유출 흐름이 전환되는 시점을 민감하게 관찰해야 한다.

유동성 관점

① 스테이블코인 시가총액

마지막으로 유동성 관점은 온체인상의 유동성과 거시경제적 흐름으로 나눠서 살펴보자. 먼저 온체인 유동성 관점에서 스테이블코인의 시가총액을 확인해야 한다. 이 지표는 여러 플랫폼에서 확인할 수 있다.

가장 주목해야 할 점은 스테이블코인 시가총액이 꾸준히 늘어나고 있다는 것이다. 스테이블코인의 총액이 증가한다는 것은 시장 유동성이 확대되고 있다는 의미다. 이처럼 늘어난 유동성은 반등이나 상승 시기에 거래소

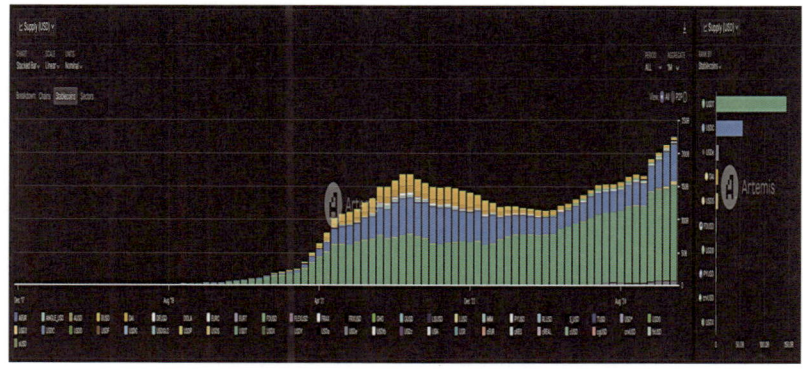

그림 10 스테이블코인 시가총액 추이(출처: 아르테미스터미널)

유동성으로 전환되어 비트코인과 알트코인 매입에 활용될 수 있다.

따라서 스테이블코인의 시가총액 추이를 지속적으로 살펴야 한다. 〈그림 10〉을 보면 최근 테더USDT의 증가세가 뚜렷하며 USDC의 점유율도 함께 높아지고 있다. 이는 시장의 회복 기대감이 커지고 있다는 신호일 수 있다.

② 거래소 암호화폐 보유량과 평균 입금량

비트코인을 비롯한 암호화폐의 거래소 보유량 변화를 보면 투자자들의 장기 보유 의도나 단기 매도 압력을 추정할 수 있다. 〈그림 11〉에서 현재 전체 거래소의 비트코인 보유량은 꾸준히 줄어들고 있는 모습이다.

이는 비트코인을 거래소에서 콜드월렛cold wallet, 온라인에 연결되지 않은 오프라인 지갑. 반대로 온라인 지갑은 '핫월렛(hot wallet)'이라 부름 등 외부 저장소로 이동하고 있다는 뜻이다. 장기 보유를 선호하는 투자자들이 늘어나는 것으로 해석되며, 펀더멘털 측면에서는 긍정적인 신호다.

거래소 입출금량 또한 중요한 참고 지표다. 일반적으로 입금량이 많

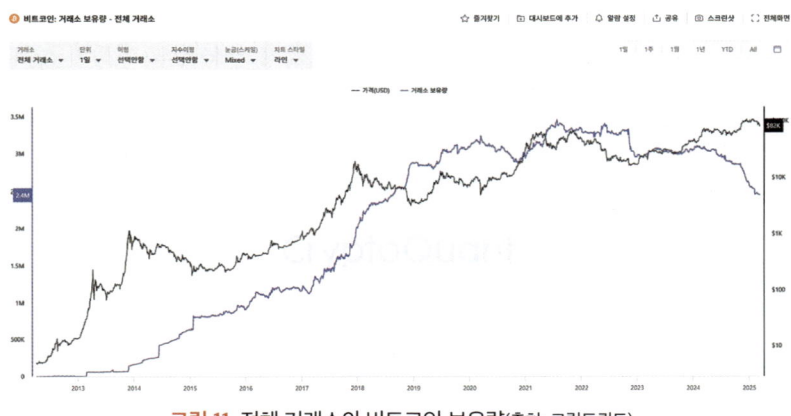

그림 11 전체 거래소의 비트코인 보유량(출처: 크립토퀀트)

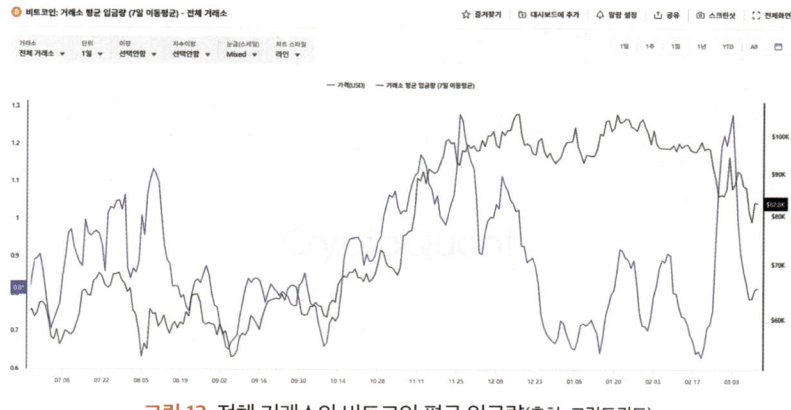

그림 12 전체 거래소의 비트코인 평균 입금량(출처: 크립토퀀트)

아지면 매도 압력이 증가할 가능성이 있으며 가격 하락의 신호로 해석할 수 있다. 〈그림 12〉에서 7일 이동평균 기준으로 단기 입금량이 줄고 있는 모습은 시장 안정화 조짐으로 볼 수 있다.

비트코인 및 알트코인 거래소 입금량 증가는 주로 악재로 판단하는 반면 스테이블코인의 거래소 유입은 매수 여력을 의미하기 때문에 호재로 구분된다. 이런 차이를 정확히 이해하고 해석하는 것이 중요하다.

③ 글로벌 M2 공급량

이제는 유동성을 거시경제적 관점에서 확인해보자. 투자 자산에 실질적으로 투입 가능한 유동성을 M2 통화, 즉 광의통화라고 부른다. M2 통화가 증가하면 암호화폐 시장에 유동성이 확대될 가능성이 크다.

〈그림 13〉에서 빨간색 선은 M2 통화 공급량을 나타내며, 집필 시점 기준으로 한 차례 감소한 후 다시 증가세로 전환된 상황이다. 반면 비트코인 가격은 아직 하락세를 보이고 있다. M2 증가가 비트코인 매입으로

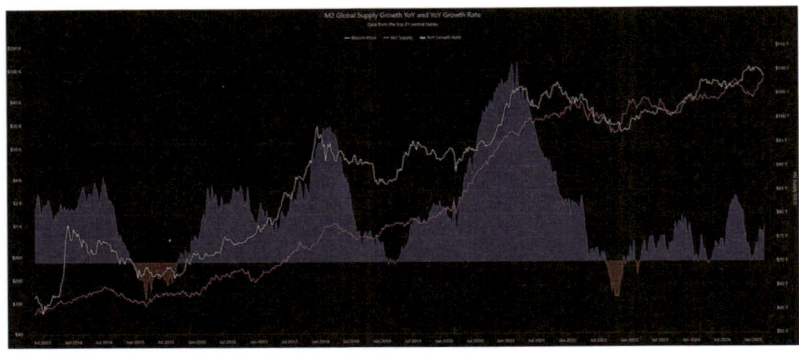

그림 13 글로벌 M2 공급량 추이(출처: Bitcoin CounterFlow)

이어지기까지는 시차가 있기 때문이다.

통상적으로 M2 공급량이 먼저 상승한 뒤 약 12주 정도 시차를 두고 암호화폐 가격이 반등하는 경향이 있다. 따라서 글로벌 M2의 흐름은 단기보다는 중장기적 유동성 판단에 중요한 기준이 된다.

Ⓐ 금리인하와 유동성

앞서 파트1에서 언급했듯 유동성 공급의 핵심은 금리인하다. 유동성

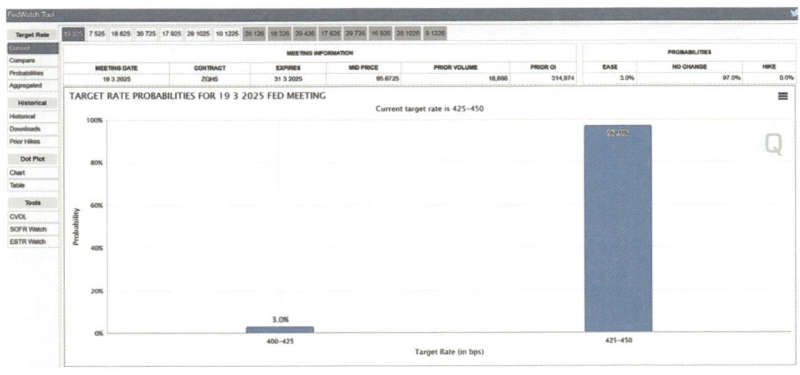

CME FEDWATCH TOOL - CONDITIONAL MEETING PROBABILITIES										
MEETING DATE	200-225	225-250	250-275	275-300	300-325	325-350	350-375	375-400	400-425	425-450
2025-03-19					0.0%	0.0%	0.0%	0.0%	3.0%	97.0%
2025-05-07	0.0%	0.0%	0.0%	0.0%	0.0%	0.0%	0.0%	1.1%	37.4%	61.5%
2025-06-18	0.0%	0.0%	0.0%	0.0%	0.0%	0.0%	0.8%	28.7%	55.7%	14.8%
2025-07-30	0.0%	0.0%	0.0%	0.0%	0.0%	0.4%	13.5%	41.0%	37.1%	8.1%
2025-09-17	0.0%	0.0%	0.0%	0.0%	0.2%	9.0%	31.5%	38.4%	18.1%	2.8%
2025-10-29	0.0%	0.0%	0.0%	0.1%	3.5%	17.4%	34.1%	30.8%	12.3%	1.7%
2025-12-10	0.0%	0.0%	0.0%	1.6%	9.4%	24.5%	32.7%	22.9%	7.8%	1.0%

그림 14 CME 페드워치 툴의 probability 항목(출처: CME Group)

공급 수단에는 금리인하, 양적긴축 중단, 연준의 채권 매입을 통한 양적 완화 등 세 가지 방식이 있다. 이 중 시장이 가장 주목하는 것은 금리인하의 시기와 횟수다.

〈그림 14〉에서 보듯 CME 페드워치 툴을 활용하면 연방공개시장위원회FOMC 미팅 일정과 금리에 대한 시장의 기대를 확인할 수 있다.

Ⓑ 연준이 주목하는 경제 지표

궁극적으로 연준의 기준금리 결정에는 경제 지표의 결과가 직접적인 영향을 준다. 미국의 주요 경제 지표는 정해진 날짜에 발표되는데, 매월 첫 주와 마지막 주 금요일이 특히 중요하다.

첫 주 금요일에는 실업률과 비농업고용지수NFP가 발표되고 마지막 주 금요일에는 개인소비지출물가지수PCE가 공개된다. 이 지표들의 결과를 참고해서 기준금리를 결정하고 시장 유동성의 방향도 함께 결정된다. 투자자라면 이러한 지표들의 발표 일정을 반드시 점검하고 있어야 한다. 특히 트럼프 대통령 당선 이후 관세 이슈를 비롯한 거시경제 관련 이벤트가 복잡하게 이어지며 거시경제 지표 결과는 더욱 중요하게 작용하고 있다.

 핵심 포인트

❶ 장기 흐름을 점검할 때는 거시적 관점, 채굴 관점, 채택 관점, 유동성 관점으로 구분해서 지표를 확인해야 한다.

❷ 거시적 관점에서는 실현 가격, MVRV 비율, MVRV Z-스코어를 체크하고 채굴 관점에서는 해시레이트, 채굴 난이도, 채굴자 보유량, 퓨엘 멀티플, 반감기 흐름을 살펴야 한다.

❸ 채택 관점에서는 현물 ETF 유입량과 국가·기관의 매집 여부를 확인하고 유동성 관점에서는 스테이블코인 시가총액, 거래소 비트코인 보유량 및 입금량, 글로벌 M2 통화 공급량, 금리인하 여부, 그리고 실업률·NFP·PCE 같은 연준이 주목하는 경제 지표를 분석해야 한다.

시장 상황에 따른 맞춤 매수 전략

 이번 챕터에서는 앞서 살펴본 매매 타이밍 전략을 실제 투자에 어떻게 적용할 수 있을지 다루어본다. 효과적인 매수 타이밍을 포착하기 위해서는 온체인 지표, 기술적 분석, 다양한 보조 지표들을 유기적으로 활용해야 한다. 각 방법에는 분명한 장단점이 존재하기 때문에, 자신만의 투자 원칙과 성향에 맞는 전략을 세우는 것이 중요하다.

암호화폐 매매의 세 가지 전략

 암호화폐 매매에는 크게 세 가지 전략이 있다. 첫째는 저가 매수_{바이더 딥, buy the dip} 전략이다. 장기 투자에서는 가장 중요한 전략이라고 할 수 있다. 둘째로는 추세 추종 투자 관점에서 돌파 매수 전략이 있으며, 셋째로는 DCA_{Dollar Cost Averaging}라고 하는 정액분할매수 전략이 있다. 그러면 세 가지 전략의 차이점과 장단점을 살펴보고, 전략별로 중요 포인트와 접근 방법을 함께 짚어보겠다.

첫 번째로 저가 매수 전략은 하락장의 저평가 구간에서 꾸준히 물량을 모아가다가 지역 고점이나 대세 상승장 정점에서 매도하는 전략이다. 바이더딥 전략은 높은 수익률을 장점으로 하는 만큼, 장기 투자의 핵심 전략으로 손꼽힌다. 투자 관점에서 가장 중요한 '싸게 사서 비싸게 판다'는 원칙에 부합하는 투자 방식이 바로 저가 매수 전략이기 때문이다.

두 번째로 돌파 매수 전략, 즉 추세 추종 투자다. 저가 매수와는 반대 방향성을 갖는 전략으로, 하락장의 불확실성이 해소되고 상승 가능성이 뚜렷해졌을 때 물량을 매수하고 하락 추세로 전환 시에 매도하는 방법이다. 다시 말해 바이더딥 전략이 하락장에서 매집해서 가격 상승을 기다리는 전략이라면, 돌파 매수 전략은 하락장에서 반등 여부를 확인하고 투자하는 전략이라고 정리할 수 있다. 따라서 돌파 매수 전략의 장단점은 명확하다. 상승장 전환 시점에서 매수하고 하락장 전환 시점에서 매도하기 때문에 미실현 손실이 최소화되어 스트레스를 적게 받는다는 장점이 있지만, 상승 돌파 시점에 진입해 미실현 손실이 적은 만큼 바이더딥 전략 대비 수익률이 낮다는 한계점이 있다.

마지막 세 번째로 DCA정액분할매수 전략이다. 저가 매수나 돌파 매수 전략을 시도하는 것이 고민되는 투자자라면, 특정 주기로 꾸준히 매수하는 DCA 전략을 활용할 수 있다. 규칙적으로 매수하며 지역 고점이나 대세 상승장 최고점에서 매도하는 전략으로, 앞의 두 전략에 비해 고려해야 할 점이 가장 적다. 따라서 DCA 전략은 2~3년 이상의 장기 투자 시에 고점과 관계없이 매수를 이어가는 방식으로 활용할 수 있다. 참고로 DCA 전략은 비트코인, 이더리움처럼 우량하고 검증된 코인에만 활용할 수 있는 방식이다. 장기 우상향을 전제로 하기 때문이다.

저가 매수(바이더딥) 전략

'매수는 기술이고, 매도는 예술이다'라는 말이 있다. 이 말은 두 가지 의미를 담고 있다. 첫째로는 매수가 매도보다 상대적으로 시점을 잡기에 용이하다는 것이며, 둘째로 특정 지표로 시점을 포착할 수 있는 매수와 달리 매도는 지표 분석만으로 시기를 판단하기 어렵다는 의미다.

매수가 기술이라는 점에 중점을 두고 설명하자면, 매수 구간은 다양한 지표를 통해 비교적 정확하게 짚어낼 수 있다. 기술이기 때문에 방법만 잘 배워두면 누구나 활용할 수 있다. 하지만 여기서 중요한 점은 기술을 아는 것과 이를 실제 투자에 활용하는 것은 별개라는 것이다. 결국 나만의 투자 원칙이 있어야 투자에 성공할 수 있다.

바이더딥의 전제 조건

1. 대세 상승장에서 사용해야 유효함
2. 대세 상승장 중에 하락 추세로 전환해서 큰 폭의 단기 조정이 발생했을 때 활용해야 함
3. 대세 하락장에서는 효율성이 부족한 물타기 전략이 될 수 있음
4. 돌발 변수에 의한 조정은 지표나 데이터만으로 판단하기 어려움
5. 오차 범위에서 추가 조정은 언제든 나올 수 있다는 점을 명심해야 함
6. 의미 있는 수준의 바이더딥은 자주 오지 않기 때문에, 기회가 왔을 때는 유의미한 물량을 매수하는 것이 중요함
7. 한 번에 대량 매수하지 않고 분할 매수로 접근해야 함

장기 투자의 꽃이라고 할 수 있는 바이더딥 전략 역시 중요한 전제 조건이 있다. 잘못된 시기에 바이더딥을 하면 큰 손실을 초래할 수 있기 때

문이다. 가장 중요한 첫 번째 조건은 대세 상승장에서만 바이더딥 전략을 사용해야 한다는 것이다. 대세 상승장 진행 중 하락 추세로 전환되어서 큰 폭의 단기 조정이 발생했을 때 활용하는 것이다.

반면 대세 하락장에서의 바이더딥 전략은 미실현 손실이 급격하게 커질 수 있기 때문에, 효율성이 부족한 물타기 전략을 하지 않도록 주의해야 한다. 또한 돌발 변수에 따른 조정은 지표나 데이터만으로 절대 판단할 수 없음을 기억해야 한다. 이른바 '블랙스완'이라 불리는 악재가 시장에 갑작스레 등장할 때, 가격은 예상보다 크게 하락할 가능성이 있다.

오차 범위 내에서 언제든 추가 조정이 나올 수 있는 만큼, 단기적인 하락에 좌절하기보다는 하락 구간을 바이더딥 전략을 통한 주요 매수 포인트로 고려해볼 수 있을 것이다. 다만 가격에 따라 구간을 설정하여 물량을 단계적으로 매수하는 '분할 매수'의 방법으로 접근해야 한다.

최적의 저가 매수 구간 찾는 법
① 대세 상승장

이제 본격적으로 매수 구간을 잡는 전략을 두 가지 관점에서 살펴보자. 대세 상승장 중에 조정이 일어났을 때의 매수 시점과 대세 하락장에서 바닥 구간을 찾는 방법이다.

첫 번째로 대세 상승장 중 조정이 발생할 때의 매수 구간은 특정 지표들로 비교적 정확하게 파악할 수 있다. 먼저 온체인 지표로 1차 점검을 해야 한다. 앞서 설명한 단기 보유자들의 SOPR 지표가 1을 하회하는 구간을 기본 매수 구간으로 보면 된다. 1에서 더 깊이 하회할수록 더 좋은 매집 구간이 된다.

그림 1 비트코인 단기 보유자 SOPR(출처: 크립토퀀트)

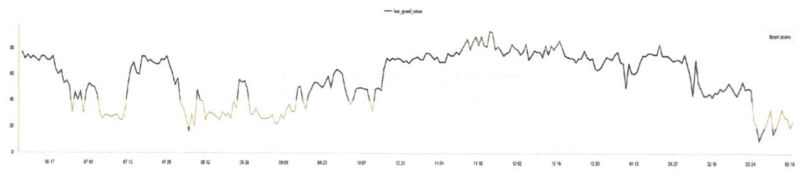

그림 2 공포 및 탐욕 지수(출처: 크립토퀀트)

 그다음 심리 지표인 공포 및 탐욕 지수로 2차 점검을 한다. 극도의 공포 단계에 들어설 때 매수를 고려해야 하며, SOPR 지표와 중복되는 구간은 더 좋은 매수 포인트로 볼 수 있다. 일반적으로 두 가지 지표가 중복으로 나타나는 하락 구간에서는 추가 하락을 막으려는 시장 참여자들의 노력이 나타나는 만큼, 추가 조정이 발생하더라도 어느 정도의 방어선이 생길 가능성이 높다.

 이어서 기술적 분석으로 3차 점검을 한다. 가장 많이 활용되는 지표는 RSI(Relative Strength Index)로, 이를 통해 최적의 매집 타이밍인 과매도 구간 여부를 확인해볼 수 있다. 또한 골든크로스나 데드크로스의 여부를 함께

그림 3 비트코인의 RSI 추이

관찰하면서 전체 추이를 파악하면 좋다.

정리하자면 단기 보유자 SOPR 지표 1 하회, 공포 및 탐욕 지수의 극도의 공포 단계, RSI의 과매도 상태를 복합적으로 확인하여 1차 분할 매수 구간, 즉 저평가 구간을 확인할 수 있다. 다만 가장 바닥 구간을 정확히 찾는 것은 어떤 지표로도 불가능하다. 따라서 분할 매수 구간을 세분화하고, 추가 지표를 활용하여 분석 가능한 수준의 저점 구간에서 물량을 매수할 수 있도록 해야 한다.

추가 지표를 살펴보면, 하락장에서 상승 전환 시점에는 피보나치 되돌림 지표를 참고한다. 〈그림 4〉의 상승 추세 및 조정 후 반등 구간을 보면 0.382, 0.5, 0.618 구간을 중요하게 볼 수 있으며 0.5 하회 시 1차 바이더딥을, 0.618 도달 시 추가 매수를 고려할 수 있다.

다만 이는 대세 상승장이 이어진다는 전제하에서만 유효하다. 대세 하락장에서는 0.618보다 하락할 수 있지만, 현 시점이 대세 상승장 진행 중 조정장이라면 0.618 이하로 하락하는 경우는 드물다. 따라서 보유한

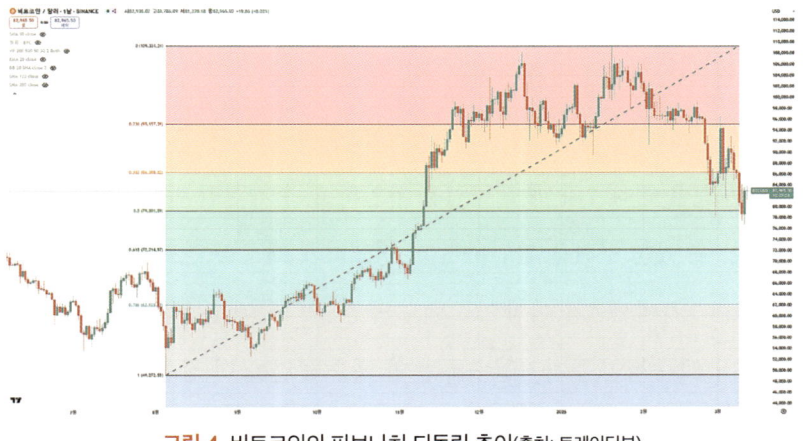

그림 4 비트코인의 피보나치 되돌림 추이 (출처: 트레이딩뷰)

코인 물량이 많지 않은 투자자는 0.5 구간에서 바이디딥 전략으로 매수를 이어나갈 수 있으며, 보수적인 투자자는 0.618에 도달 여부를 살피며 전반적인 가이드라인을 설정하는 것이 좋다.

지표를 확인했다면 추세선과 지지선, 저항선을 꾸준히 그려보며 추가 하락 구간을 예측한다. 〈그림 5〉를 보면 하락 구간들은 과거의 접전지로

그림 5 지지선과 저항선을 통한 비트코인 추이 점검

귀결되는 것을 알 수 있는데, 치열한 매수·매도로 매물대가 쌓인 구간들을 지지선으로 이어 매집 구간을 판단하면 된다.

결론적으로 앞서 설명한 온체인 지표, 심리 지표, 기술적 지표의 기본적인 부분을 통해 1차 매수 구간을 확인하고, 추가적인 바이더딥 전략을 활용할 수 있는 구간을 판단하며 더 정교하게 매수 포인트를 찾을 수 있다. 또한 1차에서 3차 이상으로 매수 구간을 나누어 분할 매수로 접근해야 하며, 보수적인 투자자일수록 분할 매수 구간을 더 잘게 나누고, 더욱 낮은 가격 구간에서 매집하는 것이 좋다.

② 알트코인 대세 상승장

이번에는 알트코인 대세 상승장에서의 매수 포인트를 찾아보자. 우량 알트코인의 경우 앞서 설명한 비트코인처럼 저점 매수를 통해 미실현 손실을 최소화할 수 있다. 다만, 비트코인보다 변동성이 높은 투자 종목인 만큼 한 단계 더 보수적으로 접근하는 것이 좋다.

그렇다면 알트코인은 어느 구간에서 투자해야 할까. 이는 비트코인 도미넌스와 비트코인 가격, 알트코인 가격의 관계를 통해 알 수 있다. 비트코인 도미넌스란 비트코인이 암호화폐 시장 전체에서 차지하는 시가총액 점유율을 말한다.

전체 시가총액을 100이라 가정했을 때 비트코인 도미넌스가 60%라면, 비트코인이 시가총액의 60%를 차지한다는 뜻이 된다. 다시 말해 전체 시가총액이 100억 원이고 도미넌스가 60%라면, 비트코인이 60억 원을 차지한다는 것이다. 이를 적용해 〈그림 6〉에서 비트코인 도미넌스와 비트코인 가격 관계를 살펴보면, 대세 상승장에서는 비트코인 점유율이

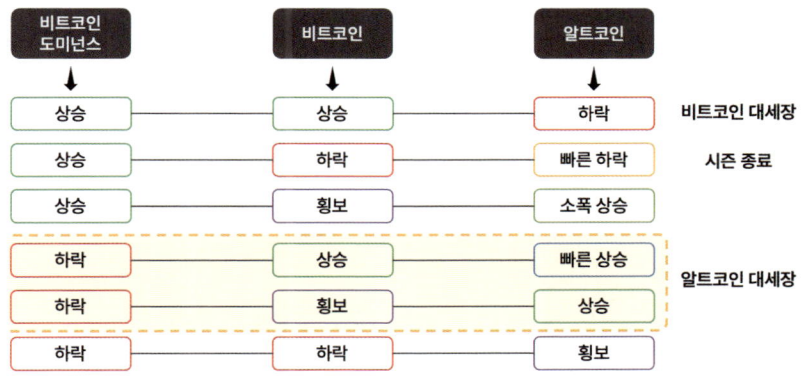

그림 6 비트코인 도미넌스와 비트코인 가격, 알트코인 가격의 관계

낮아져야만 알트코인이 강세장에 진입했다고 볼 수 있다.

이때 비트코인 가격은 상승해야 한다. 비트코인 가격이 하락할 경우 시장은 대세 상승장이 점차 마무리된 것으로 판단하게 된다. 반대로 비트코인 도미넌스가 하락해 비트코인의 점유율이 낮아지는 상황에서 비트코인의 가격이 상승하게 되면, 알트코인의 점유율과 가격은 더 가파르게 상승하게 된다.

이후 비트코인 가격이 횡보하더라도 비트코인 도미넌스가 하락하는 구간에서 알트코인은 꾸준히 상승세를 이어가게 된다. 이처럼 비트코인의 영향력이 감소하고 알트코인의 상승 추세가 계속되는 구간을 알트코인 대세 상승장이라 부른다.

따라서 우리는 알트코인 대세 상승장이 오기 전에 투자해야 한다. 그렇게 해야만 알트코인이 급등할 때 지금까지의 투자에 대한 보상을 충분히 받을 수 있기 때문이다. 다만 이러한 저평가 구간에서는 우량한 알트코인을 위주로 담아야 한다. 이른바 핵심자산으로 분류할 수 있는 이

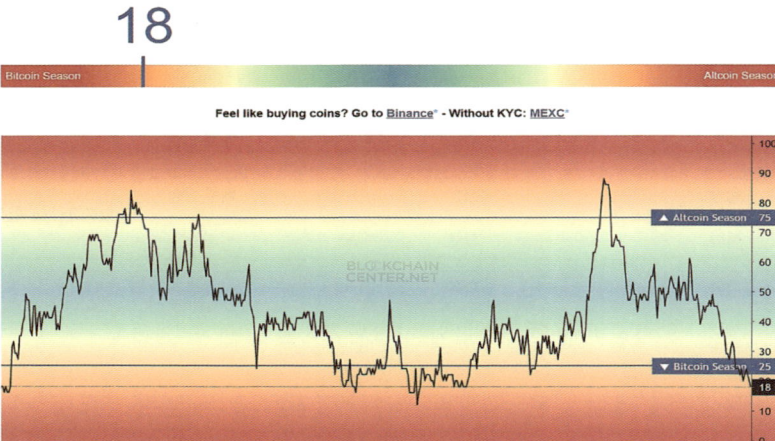

그림 7 알트코인 시즌 인덱스(출처: blockchaincenter.net)

더리움, 솔라나, XRP와 같은 검증된 코인이다. 위성자산에 해당되는 수익성 알트코인은 알트코인 대세 상승장이 임박한 신호를 포착한 이후, 혹은 진입 여부를 확인하고 들어가도 늦지 않다. 극심한 변동성 때문에 미리 투자하게 되면, 큰 미실현 손실이 발생할 수도 있기 때문이다. 결론적으로 알트코인도 저평가 구간에 투자해야 하므로, 〈그림 7〉에서처럼 알트코인 시즌 인덱스가 비트코인 시즌으로 접어든 구간에 투자해야 한다. 알트코인 시즌 인덱스Altcoin Season Index, 알트코인의 시장 심리를 수치로 나타낸 지수를 기준으로 알트코인 시즌알트코인의 강세장을 지칭하는 용어로 '알트시즌(Altseason)'이라고도 부른다은 75를 기점으로 시작하게 된다.

〈그림 7〉에서 알트코인 시즌 인덱스는 18을 기록하고 있다. 25를 하회하고 있는 만큼 비트코인 시즌으로 볼 수 있는 것이다. 알트코인이 비트코인 대비 상대적으로 저평가된 만큼 우량한 알트코인을 담아가기에

적합한 시점으로 본다. 실제로 2024년 중순을 살펴보면 인덱스가 25를 하회했고, 이후 알트코인 상승세를 보이며 11월을 기점으로 75를 기록했다. 알트코인에 월등하게 자본이 실리며 가격이 상승한 것이다. 따라서 인내심을 갖고 잘 견뎌낼 수 있는 투자자라면, 해당 시점을 효과적인 매집 타이밍으로 활용할 수 있다.

다만 이는 대세 상승장이 진행 중일 때만 적용되므로, 투자 전 대세 상승장의 진행 여부를 미리 파악해두어야 한다.

③ 대세 상승장이 끝난 시점

지금까지 대세 상승장에서의 비트코인과 알트코인의 매집 타이밍을 살펴보았다. 그렇다면 대세 상승장이 완전히 끝난 시점에는 투자 전략을 어떻게 세워야 할까. 이 경우 투자 원칙에 따라 일정량이나 전량의 알트코인을 매도하거나 반등 구간을 기다려야 할 수 있다.

재진입 시점은 앞서 설명했듯이 〈그림 8〉에서 MVRV 비율이 1을 하회

그림 8 비트코인의 MVRV 비율(출처: 크립토퀀트)

그림 9 비트코인의 이전 대세 상승장 정점 하회 여부 분석

한 구간으로 판단해 볼 수 있다. 만약 이전 대세 상승장 정점을 하회하는 순간이 온다면, 최적의 매집 구간을 찾아볼 수 있다.

〈그림 9〉를 보면 2021년 대세 상승장 정점 이후 조정을 받으며 크립토 윈터 구간을 겪었고, 이후 2017년 대세 상승장 정점 가격을 일시적으로 하방 이탈했다. MVRV 지표가 1을 하회하고, 이전 대세 상승장 정점까지 하회했다는 것은 상당한 수준의 저평가 구간, 즉 사실상 바닥 구간에 가깝다는 것을 의미한다. 따라서 이때부터 비트코인을 유의미하게 매집하면서 우량 알트코인을 모아나가면, 이후 매우 높은 수익률을 얻을 수 있다.

돌파 매수(추세 추종) 전략

이번에는 돌파 매수 전략을 살펴보겠다. 앞서 설명했듯이 바이더딥 전략은 중요 구간이 하방 이탈된 후 가장 낮은 구간에 진입하여 반등을 노리는 전략이다. 반면에 돌파 매수는 하방 이탈 시 매도하는 전략이다. 따라서 중장기 이동평균선, 추세선, 단기 보유자의 실현 가격 등이 중요한 판단 기준이 된다.

돌파 매수 전략에서는 주요 저항 구간을 상방 돌파한 후 지지를 받아 상승하는 시점을 노린다. 높은 거래량을 동반한 강한 지지가 포착되어 추세 전환 시그널이 나타날 때 매수하는 것이다. 이 전략은 바이더딥 전략보다 더 많은 판단이 필요하다. 특히 바이더딥 전략의 매수 구간과 돌파 매수 전략의 매수 구간이 서로 다르다는 점에 주목해야 한다.

〈그림 10〉을 보면 바이더딥 전략에서는 주요 이동평균선 하방 이탈 후 핵심 저평가 시그널을 중복적으로 확인하고 매수에 들어간다. 반면에 돌파 매수 전략은 거래량이 유의미하게 증가하고 주요 이동평균선을 상단 돌파한 후 지지를 받는지 확인하고 매수한다. 또한 바이더딥 전략에서는 크게 하락하는 구간이 매수 구간이 되지만, 돌파 매수 전략에서는 반등 후 지지를 받는 구간에서 거래량이 크게 증가할 때 매수하는 것이

그림 10 비트코인 가격 추이

핵심이다.

이후 추세를 유지하다가 다시 주요 이동평균선을 하방 이탈할 때 매도를 하는 전략이다. 따라서 장기적으로 누적 매수하는 바이더딥 전략에 비해, 돌파 매수 전략은 더 많은 트레이딩 관점을 필요로 한다.

DCA(정액분할매수) 전략

마지막으로 DCA 전략을 살펴보자. DCA 전략은 일정 금액을 꾸준히 매집하는 전략이다. 매일, 매주, 또는 매월을 주기로 투자해도 되며, 주기별로 큰 차이를 갖지 않는다.

그림 11 일시 매수와 분할 매수 시 이익률 차이

코인 가격이 10만 원이었던 1월에 1,200만 원을 한 번에 투자했다고 가정해보자. 만약 12월에 12만 원까지 상승했다면, 연말 기준 20%의 수익률, 즉 240만 원의 수익을 올릴 수 있다. 반면에 같은 금액을 12개월에 걸쳐 매월 100만 원씩 매입한 경우는 어떻게 될까. 비싸게 매수하는 구간도 있지만 매우 저렴하게 매수하는 구간도 있어 가격 변동성이 분산된다.

실제로 이런 방식으로 투자했을 때, 대세 상승장 기준으로 평균 단가가 내려가는 경우가 많다. 가령 앞 차트처럼 가격이 움직였다면 평균 단가는 7만5,800원이 되어, 연말 기준 58.3%의 수익률을 올릴 수 있었다. 또한 이 전략을 비트코인에 적용해 보니 어느 구간에서 매수하더라도 몇 개월 내에 수익 전환이 가능했고, 1~2년 사이에 높은 수익률을 거둘 수 있었다.

즉, DCA 전략은 여러 고민 없이 안정적으로 투자하고자 할 때 적합한 전략이다. 일정한 주기로 꾸준히 매집하기 때문에 평균 매수 단가를 낮출 수 있고, 감정에 따른 투자 결정을 방지할 수 있기 때문이다. 다만 계속 매집하면서 평균 단가를 낮춰가는 개념이기 때문에, 꾸준히 매집하지 않으면 아무런 의미가 없다.

그런데 한편으로는 DCA 전략만 활용하는 것이 손해인 것 같은 생각이 들 수 있다. 이 경우에는 DCA 전략과 바이더딥 전략을 함께 진행하면 가장 좋은 성과를 낼 수 있다. 매번 똑같은 물량을 매집하는 것이 아니라, 가격 하락 구간에서는 물량을 더 많이 매집하는 것이다. 그러면 DCA 전략을 통해 규칙성을 만들면서, 바이더딥 전략으로 저평가 구간에서 더 많은 물량을 담을 수 있다.

그래서 시장에서는 기본적으로 이 두 가지 전략을 병행하면 더 효율적이고 안전한 투자 전략이 된다는 믿음이 있다. 따라서 반드시 기계적인 원칙만 따를 필요는 없다. 시장 상황에 따라서 유연하게 대응하되, 그 전에 이에 대한 투자 원칙을 분명하게 정해두는 것이 중요하다.

지표는 가장 객관적이고 신뢰성 있는 증거이지만, 갑작스러운 악재나 호재가 등장하면 온체인 분석과 기술적 분석이 완전히 무효화될 수 있다. 온체인 지표와 차트는 논리적 구조와 흐름을 잘 보여주지만 후행 지표인 만큼 새로운 변수들을 미리 반영할 수 없다. 따라서 이러한 지표와 더불어 시장 상황들을 정성적으로도 분석하면서 흐름을 파악해나가야 한다.

 핵심 포인트

① 암호화폐 매수는 저가 매수(바이더딥), 돌파 매수(추세 추종), DCA(정액분할매수) 세 가지 전략이 있다.

② 저가 매수 전략은 저평가 구간에서 매수하고 고점에서 매도하여 수익률이 가장 높다. 돌파 매수 전략은 상승장 전환 시 매수하고 하락장 전환 시 매도하는 전략으로 미실현 손실을 최소화한다. DCA 전략은 일정 금액을 규칙적으로 매수하는 전략으로 투자 판단이 가장 적게 들어간다..

③ 비트코인은 대세 상승장에서 온체인 지표(SOPR), 심리 지표(공포 및 탐욕 지수), 기술적 분석(RSI) 등을 통해 1차 매수 구간을 판단한다. 알트코인은 비트코인의 점유율이 낮아지고 가격은 오르는 '알트코인 대세 상승장' 이전에 매수하는 것이 좋다.

즉시 활용할 수 있는
포트폴리오 전략

네 가지 지표로 매도 타이밍 판단하는 법

매도 시 가장 중요하게 봐야 하는 네 가지 지표의 실전 활용 방법에 대해 알아보자. 앞서 '매수는 기술이지만 매도는 예술이다'라고 말한 것처럼, 매도는 기본적으로 매수보다 명확한 포인트를 찾기 어렵다. 지표를 통해 타이밍을 파악할 수 있던 매수와는 달리 매도를 보다 감각적인 영역의 '예술'로 비유한 것도 이 같은 이유 때문이다. 그러나 매도 역시 여러 지표를 다양하게 분석하고 활용하는 것을 통해 상당한 고평가 구간을 충분히 찾아낼 수 있다.

매도가 어려운 가장 대표적인 이유로는 심리적 요인이 있다. 예를 들어 특정 알트코인에 투자한 뒤 가격이 -50%까지 하락했다고 가정해보자. 굉장히 괴로운 상황이지만 이 -50%를 팔지 않고 보유하고 있으면 미실현 손실에 해당한다. 하지만 이를 매도하면 투자금의 50%가 사라지기 때문에 실현 손실이 된다. 손절할 때를 생각하면 미실현 손실이 영구적인 실현 손실이 되어 실질적인 경제적 타격이 된다.

반면에 익절했을 때는 영구적인 이익이 되니 좋은 상황에 해당한다. 그런데 여기에도 문제가 있다. 매도 후 해당 종목이 하루 만에 급등한다면 지금까지 얻은 수익은 잊고 오히려 손해를 봤다고 생각하게 된다. 손절도 마찬가지다. 많은 고민 끝에 더는 희망이 없다고 판단해 손절했는데 다음 날 반등한다면 정말 괴롭다. 즉 매도는 익절이든 손절이든 모두 심리적 타격을 주게 된다.

매도 포인트 파악에 필요한 네 가지 지표

그러나 '매도는 예술이다'라는 말이 나왔다고 해서 감각적으로만 대해서는 안 된다. 매도 역시 앞서 살펴본 매수처럼 여러 지표와 시그널을 통해 기계적인 방법으로 상당 부분 대응할 수 있다. 매도 포인트는 다음의 네 가지 지표를 활용한 기술적인 방법으로 찾아볼 수 있다.

첫 번째는 온체인 지표다. 온체인 지표상 시장이 과열 구간에 진입하는지를 먼저 살펴야 한다. 두 번째는 심리 지표다. 시장을 지배하는 심리는 매도 결정에도 매우 중요하게 작용한다. 세 번째는 기술적 지표(차트 관점)다. 개인적으로 가장 중요하다고 생각하는 지표로, 매도 포인트를 잡을 때 효과적으로 활용된다. 마지막 네 번째는 선물 거래 지표다. 대세 상승장 마지막 구간에서 탈출할 때 중요하게 살펴야 하는 지표다. 모든 지표가 중요하지만 굳이 비중을 두자면, 기술적 지표와 선물 거래 지표에 조금 더 주목해야 디테일한 구간을 포착하는 데 실질적인 도움이 되기 때문이다.

본격적인 설명에 앞서 전제 조건을 말하자면, 완벽한 고점과 저점을 정확하게 잡을 수 있는 지표는 없다. 투자는 심리적·추세적 싸움이기 때문에 격전지에서 발생하는 균열을 잡아내는 것이 중요하다. 즉 대형 투자자와 트레이더 등이 벌이는 전투를 지켜보면서 전세가 기울어질 때 고평가 구간을 찾아내는 것이 지표 분석이다.

온체인 지표를 활용한 매도 포인트 찾기
① 단기 보유자 SOPR 지표

첫 번째로 온체인 지표를 통해 매도 포인트를 찾아보겠다. 앞서 단기 보유자의 SOPR 지표가 1을 하회할 때를 매수 포인트로 보았는데, 매도는 이와 반대로 생각할 수 있다. 즉, 1보다 높을 때 매도를 고려하면 된다. 다만 매도의 경우 적절한 구간이 매우 높은 구간에서 나타날 수 있다. 하락 구간에서는 지지를 받는 구간이 많이 나타나지만, 가격이 크게 상승할 때는 더 거침없이 올라가는 비트코인의 특성 때문이다.

여기서 중요하게 봐야 할 두 가지 포인트가 있다. 첫 번째 포인트는 이동평균선의 상방 또는 하방 돌파 여부다. 〈그림 1〉에서 점선으로 표시된 이동평균선을 상방 돌파했다는 것은 추세가 강해졌다는 의미로, 추가적인 상승 가능성이 있다고 해석한다. 반면 단기 보유자 SOPR이 1을 하회하는 구간에서 이동평균선까지 하방 돌파하면 추세가 꺾이고 있다고 판단하고 매도를 고려할 수 있다.

넓은 관점에서는 상승 시작 구간에서부터 매수를 삼가며 매도를 준비하는 것이 좋다. 두 번째 포인트는 하락 다이버전스divergence, 주가나 자산 가격이 기술 지표와 반대로 움직이는 상황 여부다. 상승 추세에서 지표도 상승세를 유지하는 동안은 추세가 유지된다고 볼 수 있다. 하지만 갑자기 추세가 꺾이면서 지표의 고점과 고점을 연결했을 때 하락 다이버전스가 나타나면,

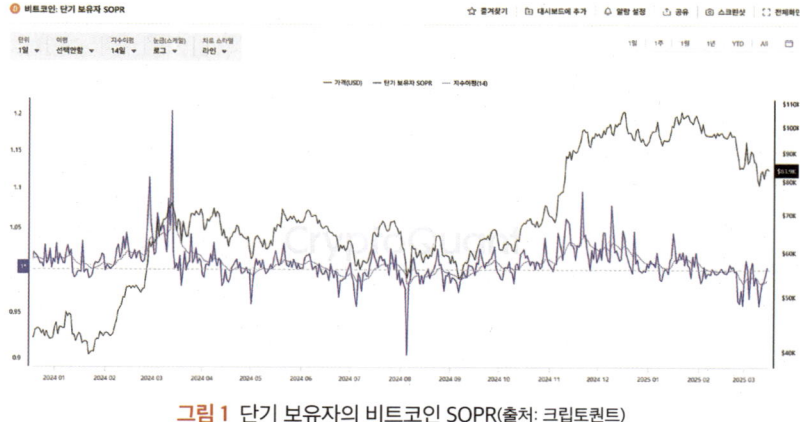

그림 1 단기 보유자의 비트코인 SOPR(출처: 크립토퀀트)

조정 구간이 다가올 것이라고 볼 수 있다.

② MVRV 지표의 하락 다이버전스

하락 다이버전스는 MVRV를 통해서도 살펴볼 수 있다. MVRV 비율을 30일 기준으로 짧게 봤을 때, 〈그림 2〉의 예시를 살펴보면 노란색 선으로 표시된 구간에서 상승 다이버전스가 하락 다이버전스로 전환된 후 가격이 하락했다.

하락 다이버전스가 중요한 이유는 시장이 추세에 의한 싸움이기 때문이다. 상승의 추세가 약화되면 대부분의 단기 투자자들은 고점이라 판단하고 매도에 나서게 된다. 결국 하락 다이버전스는 추세 전환 시점을 파악하는 데 가장 효과적으로 활용될 수 있는 도구 중 하나다.

이렇게 온체인 지표로 두 가지를 알아보았다. 단기 보유자의 SOPR 지표를 주로 보고, MVRV 지표는 30일 기준으로 짧게 보면 단기 변동성을 포착하는 데 많은 도움이 될 것이다.

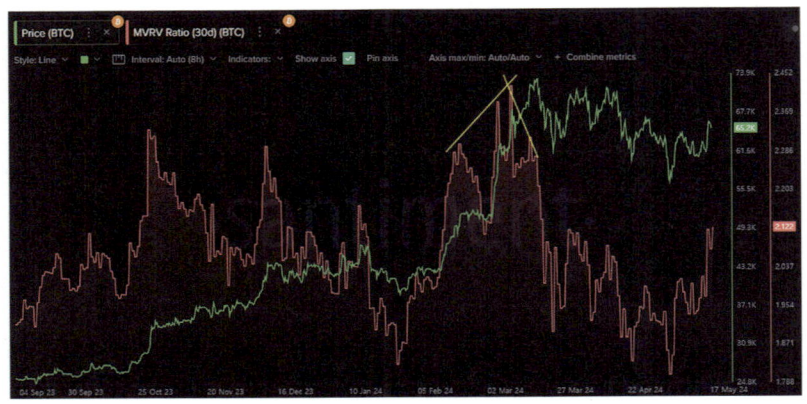

그림 2 비트코인의 30일 MVRV 비율(출처: 산티멘트)

심리 지표를 활용해 매도 포인트 찾기

① 공포 및 탐욕 지수

모든 심리 지표 중에서 가장 중요한 것은 공포 및 탐욕 지수다. 이 지수는 시장의 트렌드, 여론, 소셜 볼륨social volume, 소셜 네트워크에서 집계된 지난 24시간 내 특정 주제에 대한 언급량 등 약 다섯 가지 지표를 종합한 것으로, 시장의 과열이나 침체 상태를 파악할 수 있는 모든 요소를 합산해 측정한다. 즉, 이 지수만으로도 시장의 과열 구간과 침체 구간을 어느 정도 확인할 수 있다.

그렇다면 어떤 구간을 주목해야 할까? 시장이 계속 상승하면서 극도의 탐욕 단계로 들어서면 매도 구간이 다가오고 있다고 보면 된다. 〈그림 3〉을 보면 녹색으로 표시된 구간이 극도의 탐욕 단계인데, 진입하고 일정 기간을 보낸 후 가격이 크게 하락했다. 반면에 빨간색으로 표시된 극도의 공포 단계 이후로는 가격이 다시 상승했다.

따라서 기본적으로 공포와 극도의 공포 단계에서 물량을 매집해야 한다. 또한 중립 단계에서는 신규 매수는 자제하고, 탐욕 단계에서는 장기

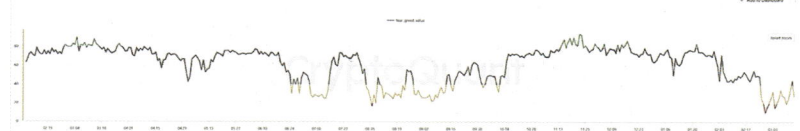

그림 3 공포 및 탐욕 지수(출처: 크립토퀀트)

투자자라면 신규 매집을 하면 안 된다. 마지막으로 극도의 탐욕 단계로 진입하면 단계적 매도를 준비해야 한다.

극도의 탐욕 단계는 몇 주에서 한 달 이상까지 이어질 수 있는데, 위기의식이 무뎌진 시장이 추가 상승에 대한 기대감으로 차오르기 때문에 이때를 가장 조심해야 한다. 그리고 대세 상승장에서는 극도의 탐욕 단계가 더 오래 이어질 수 있으므로, 추가 보조 지표를 함께 활용하여 매도 포인트를 더 정확히 찾아야 한다.

② 대중 심리 지표

심리 지표 중에서도 몇 가지 추가 보조 지표를 함께 활용할 수 있다. 먼저 대중 심리 지표가 있다. 이는 '공포에 사고 환희에 팔아라'라는 매매 타이밍에 대한 조언과 밀접한 관련이 있는데, 대중 심리를 분석하며 해당 조언처럼만 투자를 이어나가도 높은 수익률을 거둘 수 있다.

〈그림 4〉를 보면 실제로 소셜 볼륨에서 '가격이 천정부지로 오를 것'이라는 의견이 많이 나오는 빨간색 구간에서 가격이 어김없이 하락했다. 반면에 '시장이 끝났다', '대세 하락장이다', '대세 상승장이 끝났다'는 의견이 많이 나오는 〈그림 4〉 속 하늘색 구간에서는 가격이 반등했다. 즉 대중 심리와 반대로 움직이면 투자에 성공할 수 있다.

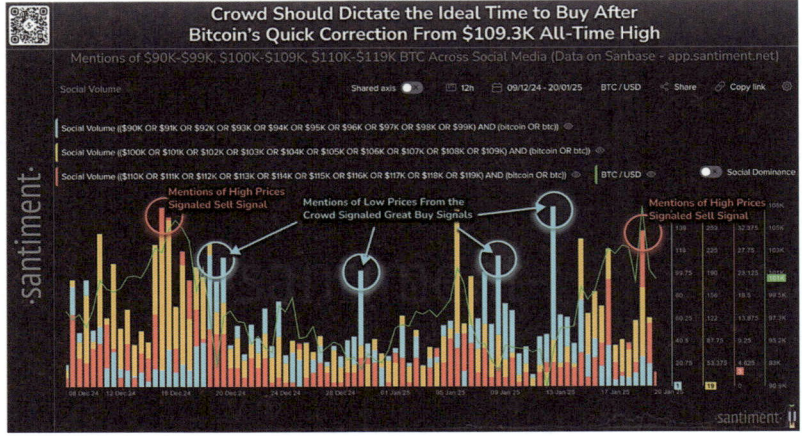

그림 4 대중 심리 지표(출처: 산티멘트)

또한 개인 투자자들이 시장에 대거 유입되는 구간에 도달하면, 시장은 붕괴를 앞두고 있다고 보면 된다. 〈그림 5〉에서 녹색으로 표시된 구간이 개인투자자들이 많이 유입되는 구간인데, 2024년 5월과 12월 이후 정점을 찍고 하락하는 것을 알 수 있다.

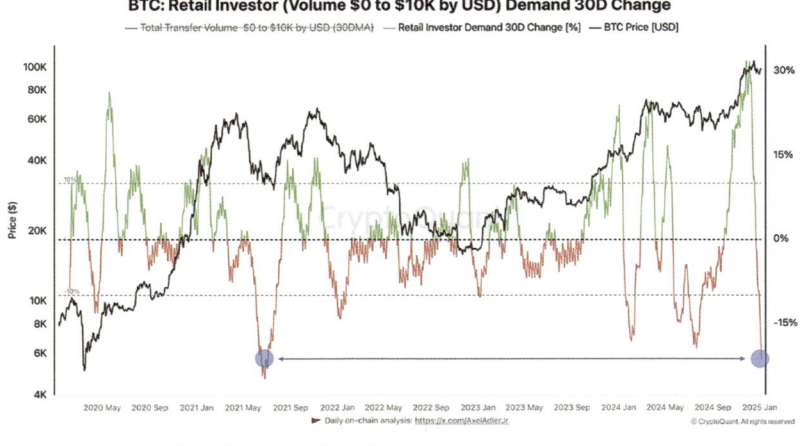

그림 5 비트코인 소매 투자자 30일 수요 추이(출처: 크립토퀀트)

차트 관점으로 매도 포인트 찾기

세 번째로 기술적 지표, 즉 차트 관점으로 살펴보자. 앞서 설명했듯이 온체인 지표를 통해 과열 구간을 찾아낼 수 있고, 심리 지표를 함께 보면 더욱 정확한 분석이 가능하다. 하지만 더 구체적인 시점을 판단할 때는 기술적 분석이 유효하다. 즉 온체인 지표는 장기적 관점에서, 기술적 지표는 단기적 관점에서 해석하면 도움이 된다.

① RSI와 MACD

기술적 분석에서 매도 포인트를 찾을 때 중요하게 봐야 할 핵심 포인트를 짚어보겠다. 첫 번째로 RSI가 과매수 구간으로 진입했는지, 즉 사람들이 많이 매수하는지 확인해야 한다. 두 번째는 MACD상에서 데드크로스나 골든크로스가 나타나는지 살펴봐야 한다.

RSI를 중심으로 자세히 살펴보면, 세 가지를 알 수 있다. 첫째는 RSI

그림 6 비트코인의 RSI와 MACD 추이

의 과매수 구간 진입 여부다. 〈그림 6〉 차트에서 세 가지 영역이 표시되어 있다. 차트, RSI, MACD다. 중간 RSI 영역을 보면 2024년 11월 이후 RSI가 녹색 구간인 것을 통해 과매수 구간에 진입했음을 확인할 수 있다. 둘째는 RSI의 이동평균선 하회 여부다. 과매수 구간으로 진입한 이후 RSI가 노란색 선으로 표시된 이동평균선을 하방 이탈하는 것을 알 수 있다.

마지막은 하락 다이버전스 발생 여부로, 해당 요소들을 함께 확인하여 단기적 매도 구간 파악의 정확도를 높일 수 있다. 그렇다면 〈그림 6〉과 같이 과매수 구간에 진입하고 RSI가 이동평균선을 하회할 때 분할 매도를 하는 것이 좋을까? 각자 투자 성향에 달렸지만, 기본적으로는 일부 매도가 좋을 수 있다.

우량 코인, 특히 비트코인 중심으로 투자하면서 매매를 자주 하지 않는 성향이라면 분할 매도를 한층 더 세밀하게 나누어 실행해야 한다. 정리하자면 RSI가 과매수 구간으로 진입했는지, 이후 상방을 찍은 RSI가 이동평균선을 하회했는지, 그리고 하락 다이버전스가 나타나는지를 확인해야 한다. 세 가지 시그널이 포착되었다면 강력했던 추세가 약해지고 있으며, 점차 추세 전환이 일어나고 있음을 의미한다. MACD상으로도 하락 다이버전스가 나타난다면 추세가 확실히 꺾이는 것으로 분할 매도를 고려해야 한다. 다만 자신의 투자 원칙에 따라 적정 물량으로 분할 매매를 진행해야 한다. 마지막으로 대세 상승장이 이어진다는 관점에서는 시가총액이 낮은 알트코인부터 매도를 해야 하고, 대세 하락장으로 접어들었다고 판단되면 시가총액이 높은 알트코인도 매도의 대상이 된다.

② RSI 히트맵

또한 코인글래스와 코인앵크라는 사이트에서는 RSI 히트맵 기능을 통해 〈그림 7〉과 같이 알트코인들의 과매수와 과매도 구간을 한눈에 볼 수 있다. 과매도 구간의 코인은 매수 시점에 가깝고, 과매수 구간은 매도 시점에 가깝다.

이렇게 차트 관점에서 중요한 점들을 설명했는데, 필자의 경험상 하나의 지표를 맹신하기보다는 여러 지표를 복합적으로 살펴보면서 과열 구간에 대비하는 것이 좋다. 만약 정확한 매도 타이밍을 잡기 어려울 것 같다면, 중요 포인트 구간에서 매도 전략을 미리 준비하는 것도 좋은 방법이 된다.

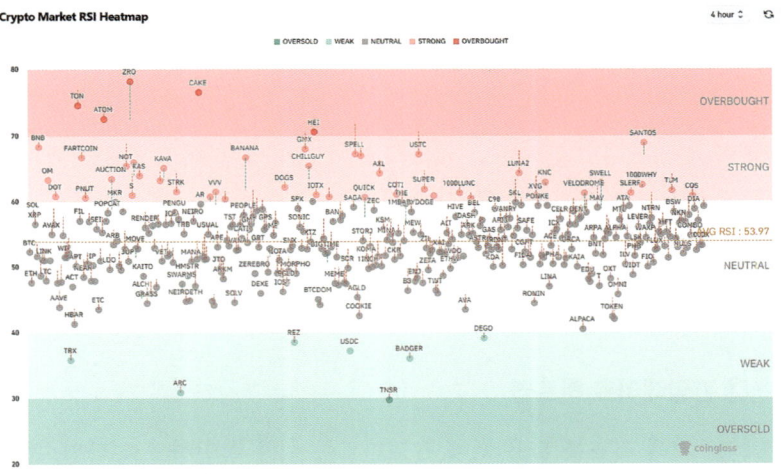

그림 7 RSI 히트맵(출처: 코인글래스)

선물 거래 지표를 활용해 매도 포인트 찾기

① 미결제약정과 펀딩레이트

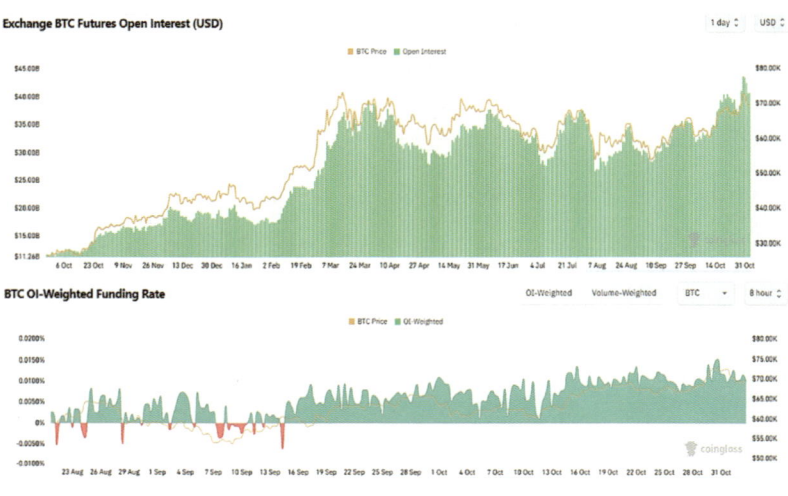

그림 8 비트코인의 미결제약정(위)과 펀딩레이트(아래)(출처: 코인글래스)

이 외에도 미결제약정과 펀딩레이트가 계속 상승할 때는 시장이 과열 구간에 진입했다고 해석하고 매도를 준비해야 한다. 반면에 미결제약정이 감소하거나 펀딩레이트가 음수 영역에 머물 때는 중요한 매수 포인트로 활용해야 한다.

② 펀딩레이트 히트맵

선물 거래 지표를 활용해 매도 포인트를 쉽게 확인하고 싶다면, 펀딩레이트 히트맵을 활용할 수 있다. 〈그림 9〉를 보면 노란색으로 표시된 구간은 과도한 레버리지를 사용하고 있는 것으로, 과열 구간으로 판단한다. 반면에 파란색으로 표시된 구간은 마이너스 영역으로 숏 포지션이 많아 시장이 비관적인 상태다.

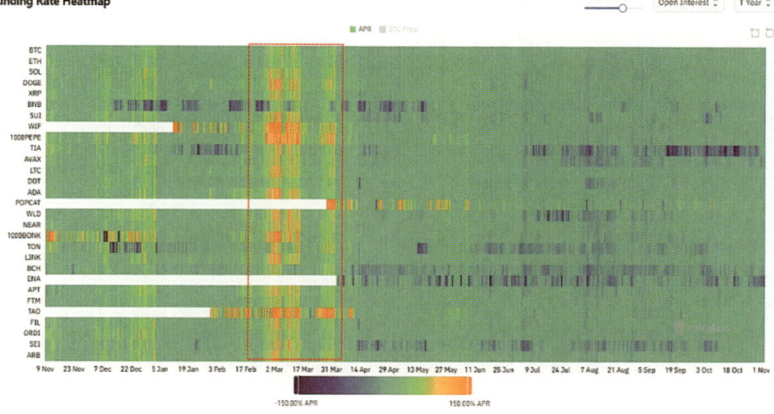

그림 9 펀딩레이트 히트맵(출처: 코인글래스)

따라서 과도한 롱 포지션으로 레버리지를 많이 쓰는 노란색 구간이 나타나면 신규 매집은 피하고 탈출 시점을 고민해야 한다. 만약 이러한 상태가 일주일 정도 지속된다면, 서서히 물량을 줄여나가는 것이 좋다.

여기서 한 가지 강조하자면, 매도는 매수보다 더욱 신중하게 결정해야 한다. 매도는 미실현 수익을 실현 수익으로 전환하는 것이다. 매수는 시점을 잘못 잡더라도 시간이 지나며 회복할 수 있지만, 매도는 한 번의 선택으로 상황이 완전히 끝나버리게 된다.

따라서 우량 코인의 잦은 매매를 피하고, 더 정확한 근거와 포인트를 찾은 후에 대세 상승장 전체를 고려하며 매도 전략을 세워야 한다. 또한 앞서 강조한 대로 우량 알트코인은 각자의 투자 원칙에 따라 단기 매도 물량을 조절해야 하며, 매도가 어려운 투자자는 오히려 대세 상승장까지 물량을 보유하는 방법이 수익률을 증가시킬 수 있을 것이다. 그리고 마지막으로 매도 시에는 반드시 '분할 매도'로 접근해야 한다.

엑시트 전략을 위한 네 가지 기준

그렇다면 대세 상승장 마지막 구간은 어떻게 탈출해야 할까. 투자의 궁극적인 목적은 수익을 실현하는 것이다. 비트코인은 장기 보유가 좋은 전략일 수 있지만, 알트코인은 다음 대세 상승장까지 가는 동안 -80~-90%까지 하락할 수 있기 때문에 중요한 구간에서 반드시 엑시트를 해야 한다.

엑시트 전략을 위한 네 가지 기준은 다음과 같다. 첫째는 온체인 지표다. 온체인 지표에는 심리 지표, 기술적 분석, 선물 거래 지표가 모두 포함되며, 그중에서 MVRV 비율이 가장 중요하다. 과거에는 퓨엘 멀티플이나 RHODL 비율 같은 지표를 많이 활용했지만, 지난 대세 상승장부터 정확도가 다소 떨어지기 시작한 만큼 현 시점에는 신뢰도가 가장 높은 MVRV 비율을 중점적으로 확인하는 것이 좋다.

둘째는 반감기 이후의 지속 시간이다. 절대적인 기준은 아니지만, 시장에서 형성된 사이클은 주요 투자 주체들의 공감대를 반영한다. 지금까지 대세 상승장은 반감기 이후 1년에서 1년 6개월 내로 지속됐기 때문에, 2025년 말까지 흐름이 이어질 것이라 전망해볼 수 있다. 다만 시장에는 대세 상승장이 더 일찍 끝날 것이라는 전망과 2026년까지 이어질 것이라는 전망이 공존하고 있으므로, 이를 참고하여 탈출 전략을 수립해야 한다.

셋째는 목표 수익률이다. 목표 수익률은 투자 시작 시점에 따라 천차만별이며, 각자의 투자 원칙에 따라 설정해야 한다.

마지막 넷째는 스톱로스Stop Loss, 주가나 자산 가격이 하락할 때 손해를 보더라도 매도하여 추가 하락에 따른 손실을 피하는 방법다. 대세 상승장 정점에서 매도하지 못했더라도 스톱로스를 통해 최고점 도달 이후 10~15% 하락 시 추가 탈출 전략을 세워야 각자가 정한 중요한 기준선을 하회하는 경우 유의미하게 매도를 하는 것이다.

엑시트 전략에 가장 유용한 지표
① MVRV 비율

이번에는 온체인 지표를 통해 시장의 최고점과 대세 상승장의 엑시트 시그널을 어떻게 포착했는지 살펴보겠다. 〈그림 10〉을 보면 MVRV 비율이 3.7을 넘어섰던 구간들에서 일반적으로 정점을 찍었다. 다만 이번 시점에는 3.7을 넘지 못할 것이라는 전망도 많이 나오고 있는 만큼, 지수가 3 정도를 넘어가면 분할 매도를 준비하면서 시장 과열 여부를 확인하는 것이 좋다.

다만 한 가지 주의해야 할 점은 온체인 지표를 맹신해서는 안 된다는 것이다. 2021년 대세 상승장의 최고점을 확인하는 데 실패한 전적이 있기 때문이다. 〈그림 11〉에서 2021년 대세 상승장을 보면, 2021년 1월에

그림 10 비트코인의 MVRV 비율(출처: 크립토퀀트)

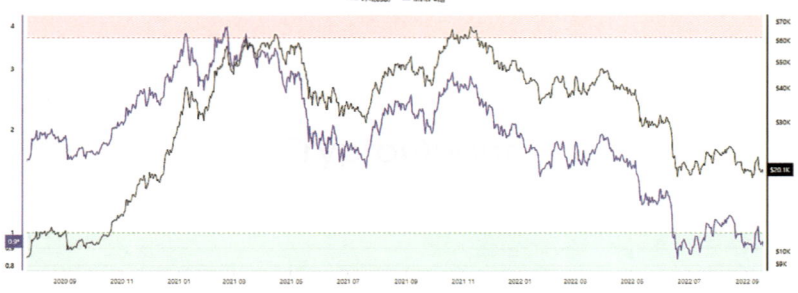

그림 11 2021년 대세 상승장의 비트코인 MVRV 비율(출처: 크립토퀀트)

온체인 지표는 이미 3.7을 상회했다.

하지만 과거 사이클과 비교했을 때 대세 상승장 정점에 도달하기 위해서는 시간이 필요했다. 따라서 보수적인 투자자라면 구간에서는 전체 물량이 아닌 일정 부분만 분할 매도를 하고, 이후 2021년 3월경 조정을 받고 다시 반등했을 때 2차로 분할 매도를 했어야 한다. 단순히 하나의 지표가 아닌 기간에 대한 변수를 고려해야 하는 것이다. 그리고 같은 해 3월경에 또 한 번 3.7에 도달하며 다른 지표에서도 정점 시그널이 나왔을 때 매도 물량을 좀 더 비중 있게 가져갔더라면 수익률을 높일 수 있었을 것이다. 이후 비트코인 MVRV 지표는 꾸준히 하락세를 보였고, 중국의 채굴 금지 이후 급락세를 보였다. 비트코인 가격 역시 큰 폭의 조정을 겪었다. 이후 비트코인은 다시 최고점을 찍었지만, MVRV 지표는 3.7에 도달하지 못했다. 다양한 지표를 중복적으로 활용해야 하는 이유가 여기에 있다.

다만 2021년이 이례적으로 두 번의 큰 고점을 형성했고, 2025년의 경우는 패턴 양상이 다르다.

② MVRV Z-스코어

2021년의 첫 번째 고점에서 정점 시그널을 찍었던 지표가 바로 MVRV Z-스코어다. 〈그림 12〉에서 주황색 선인 Z-스코어가 7을 넘은 구간은 대체적으로 대세 상승장 정점과 일치하는 모습을 보였다. 이처럼 MVRV 비율과 MVRV Z-스코어를 함께 확인하면 매매 타이밍의 정확도를 올릴 수 있다.

2021년 3월 이후에는 일정 물량을 매도한 후 신규 진입이 제한적이었다. 그런데도 2021년 7월경까지 바닥으로 지표가 떨어지지 않았기 때문에, 반등 가능성에 대한 희망을 가질 수 있었다. 다만 상승장 마감 이후 반등 구간에서는 많은 물량을 매집하기보다 신중한 접근이 필요하다. 많은 투자자들이 엑시트에 실패하는 이유는 매도한 물량을 가지고, 다시 시장에 진입하기 때문이다. 매도 이후 가격이 반등하면 참지 못하고 다시 투자를 이어가는 것이다. 하지만 그런 전략은 장기적으로는 손실로 이어질 가능성이 크다. 엑시트 구간에서는 분할 매도를 통해서 점진적으

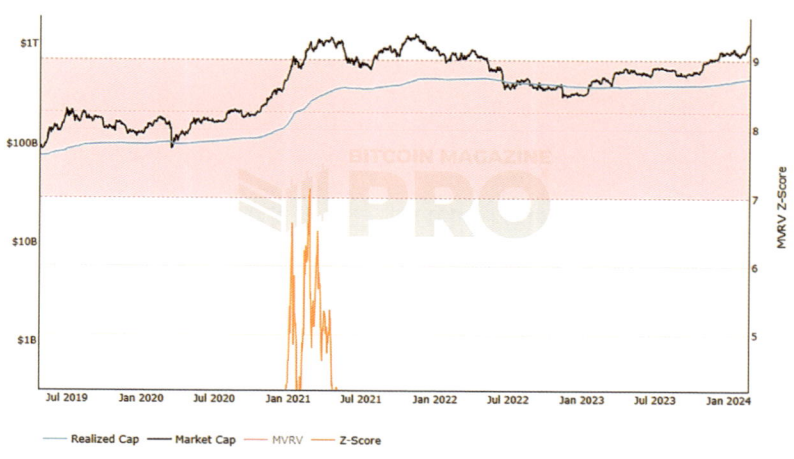

그림 12 비트코인 MVRV Z-스코어 지표(출처: 룩인투비트코인)

그림 13 비트코인 가격 예측 툴(출처: 룩인투비트코인)

로 빠져나와야 하고, 엑시트한 현금은 보유하고 있거나, 스테이블코인을 매수해야 한다.

결과적으로 MVRV 지표는 2021년 대세 상승장의 정점을 실제 가격 최고점이었던 11월이 아닌 4월로 가리켰다. 이번 시즌은 2021년의 사이클보다는 2017년처럼 일관성 있게 상승할 가능성이 더 높은 상황이다. 하지만 시장을 예측하기보다는 각 상황에 맞는 대응 전략을 세워 나가는 것이 중요하다.

마지막으로 고점과 저점을 예측하는 추가 보조 지표를 살펴보겠다. 〈그림 13〉을 보면 고점과 저점을 포착하는 주요 보조 지표로는 CVDD, 톱캡Top Cap, 델타캡Delta Cap, 밸런스드 프라이스Balanced Price, 터미널 프라이스Terminal Price가 있다. 무료로 사용할 수 있는 지표 중에서는 저점 포착에는 녹색으로 표시된 CVDD가, 고점 포착에는 빨간색으로 표시된 터미널 프라이스가 비교적 정확했다.

또한 비트코인 사이클 마스터Bitcoin Cycle Master와 같은 유료 지표들을 함께 활용하면 투자 판단을 내리는 데 많은 도움을 얻을 수 있을 것이다.

핵심 포인트

1. 매도 포인트 파악에는 온체인 지표, 심리 지표, 기술적 지표(차트 관점), 선물 거래 지표라는 네 가지 분류의 지표가 필요하다.

2. 온체인 지표에서는 단기 보유자 SOPR과 MVRV 지표의 하락 다이버전스를, 심리 지표에서는 공포 및 탐욕 지수, 대중 심리 지표를 확인해야 한다. 기술적 지표(차트 관점)에서는 RSI, MACD, RSI 히트맵을, 선물 거래 지표에서는 미결제약정, 펀딩레이트, 펀딩레이트 히트맵 등을 주목해야 한다.

3. 엑시트 전략에는 온체인 지표, 반감기 이후 지속 시간, 목표 수익률, 스톱로스라는 네 가지 기준이 있다. 특히 MVRV 비율과 MVRV Z-스코어 지표를 참고하면 좋다.

성공하는 포트폴리오 전략

이번 챕터에서는 포트폴리오 전략의 관점에서 가장 핵심적이고 기본적인 내용을 살펴보겠다. 투자에서 가장 중요한 세 가지는 종목 선정, 매매 타이밍, 그리고 자산배분이다. 이 중에서도 경험이 쌓일수록 투자자는 자산배분에 더 많은 관심을 기울이게 된다.

초보 투자자들은 대개 '어떤 종목을 사야 하나요?'라는 질문을 던진다. 반면, 노련한 투자자는 '이 코인을 언제 사고 팔아야 할까요?'라고 묻고, 더 나아가 '이 코인에 어느 정도의 시드를 넣는 게 적당할까요?'라고 고민한다. 시드 규모를 고민한다는 것은 이미 일정 수준 이상의 자본을 보유하고 있다는 뜻이다. 경제적으로 여유 있는 투자자일수록 자산배분 전략에 더욱 주목하게 되는 것이다.

특히 암호화폐처럼 변동성이 극단적으로 큰 자산에서는 포트폴리오 전략이 더욱 중요하다. 자산 간의 움직임 차이를 염두에 두고 구성한다면, 리스크를 분산하면서 수익률을 효율적으로 확보할 수 있다. 예를 들어, 한 코인이 하락하는 시점에 다른 코인이 상승한다면 손실을 상쇄할 수 있고, 서로 다른 방향성을 가진 자산을 리밸런싱하면 전체 수익률도 개선할 수 있다.

다만 정해진 답이 있는 것은 아니다. 자신의 투자 성향과 시장 상황에 맞춘 유동적인 설계가 필요하다. 일반적인 모델을 참고하되, 변수를 고려해 자신만의 포트폴리오 전략을 세워야 한다.

포트폴리오 전략의 다섯 가지 기본 원칙

포트폴리오 전략에는 다섯 가지 기본 원칙이 있다. 첫 번째는 분산 투자, 두 번째는 집중 투자다. 서로 상반된 개념처럼 보이지만, 암호화폐 시장에서는 이 둘을 병행할 수 있다. 상관관계를 고려해 다양한 자산에 분산 투자를 하되, 비중 조절을 통해 일부 자산에 집중 투자의 효과도 얻을 수 있는 포트폴리오를 구성해야 한다.

세 번째는 자산과 현금의 비중이다. 시장이 과열 국면으로 접어드는 순간 보유한 현금을 전부 투자하는 경우가 많은데 이는 전형적으로 잘못된 전략이다. 현금은 시장 침체기, 특히 블랙스완 상황에서 저가 매수 기회를 만드는 중요한 자원이다. 따라서 항상 일정 비율의 현금을 보유한 상태를 유지해야 하며, 투자할 수 있는 여력을 미리 확보하는 것이 중요하다.

네 번째는 투자 성향에 맞는 포트폴리오 구성이다. 안정형, 중립형, 수익형 등으로 구분하여, 종목 비중을 조절해 구성할 수 있다.

다섯 번째는 리밸런싱이다. 정기적으로 혹은 수시로 포트폴리오를 조정함으로써 위험과 수익의 균형을 맞춰야 한다. 포트폴리오 전략은 수립

만큼 유지 관리도 중요하다.

분산 투자는 왜 중요한가?

분산 투자는 자산 간 상관관계에서 비롯된 전략이다. 노벨 경제학상 수상자 제임스 토빈은 "달걀을 한 바구니에 담지 말라"라는 말로 분산 투자의 중요성을 강조했고, 워런 버핏은 공부가 부족한 사람이 분산 투자를 한다며 집중투자를 강조했다. 그러나 암호화폐는 워낙 변동성이 크기 때문에 비트코인 집중 투자가 아니라면 대부분의 투자자에게 분산 투자가 필수다.

예컨대 미국 주식이나 비트코인은 수익률을 높이기 위한 자산이고, 금이나 미국 국채는 인플레이션 헤지 자산으로 분류된다. 이처럼 수익성과 안정성을 갖춘 자산들을 함께 편입하면 전체적인 리스크를 줄일 수 있다. 비트코인은 '디지털 금'이라는 정체성을 지니고 있지만, 상관계수는 낮게 형성되는 경우가 많다. 상승의 시차가 존재하기 때문이다. 〈그림 1〉의 자산 간 상관관계 히트맵을 참고하면 이러한 특징을 명확히 확인할 수 있다.

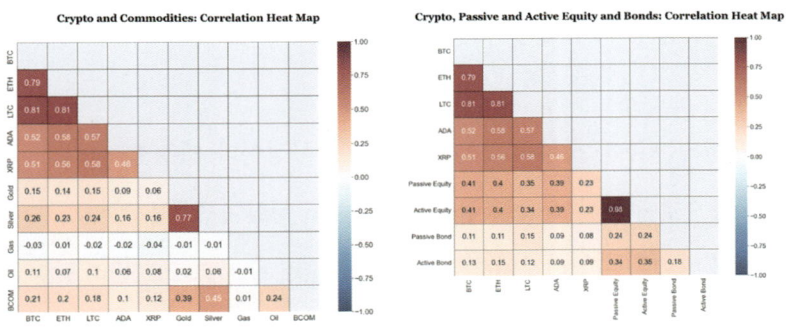

그림 1 자산 간 상관관계 히트맵

서로 다른 자산은 서로 반대 방향의 가격 흐름을 보이는 경우가 많다. 예를 들어 금과 비트코인을 함께 보유하면, 수익성과 안정성이라는 서로 다른 속성 덕분에 포트폴리오 전체의 위험을 낮출 수 있다. 〈그림 1〉을 보면 비트코인은 금이나 은 같은 원자재와는 상관관계가 높지 않게 나오지만 패시브펀드나 액티브펀드와는 상관관계가 비교적 높게 나타난다. 여기서 유의할 부분은 비트코인의 다면성이다. 비트코인은 '디지털 금'으로 불리지만, 위험 자산의 속성도 갖고 있다. 따라서 나스닥과 같은 미 증시와 커플링이 되기도 하지만, 시간차를 두고 금의 상승세를 이어서 상승 흐름을 가지고 간다.

이러한 상관관계를 활용해 다양한 자산을 포트폴리오에 담고 손실을 줄이는 방식이 바로 '올웨더All-Weather 투자법'이다. 암호화폐, 주식, 채권, 원자재를 모두 포함하면 어느 하나의 자산이 하락하더라도 다른 자산의 상승으로 손실을 일부 상쇄할 수 있다. 다만 이 전략은 안정성을 추구하는 만큼 수익률이 낮아질 수밖에 없으며, 일부 수익을 포기해야 하는 구조다. 수익률을 더 높이고 싶다면 변동성이 크고 단기 미실현 손실을 감수하는 방향의 투자가 필요하다.

결국 어떤 전략을 택할지는 각자의 투자 환경에 따라 달라진다. 투자 자본이 크거나 안정적인 현금 흐름이 필요한 투자자라면 보다 보수적인 분산 투자 전략이 적합하다. 하지만 미국 주식과 비트코인처럼 상관관계가 높은 자산을 동시에 보유하는 것은 리스크 분산에 큰 도움이 되지 않는다.

이 경우에는 오히려 비트코인에 집중 투자하는 방식이 수익률을 높이는 데 더 유리하다. 다만 앞으로 비트코인이 대체 자산으로서의 입지를 더욱 강화해 갈 것이라는 점을 감안할 필요가 있다.

자산 규모가 큰 투자자들 역시 암호화폐를 전통자산과 함께 보유하는 경우가 많다. 암호화폐는 15년 남짓한 짧은 역사 속에서 국가적 단위의 채택이 광범위하게 이루어지지 않았으며, 그만큼 변동성과 불확실성이 큰 자산군이다. 실제로 비트코인으로 큰 수익을 낸 투자자들 중에는 일부 수익을 부동산 등 다른 자산에 분산하는 전략을 취하는 사례도 많다. 따라서 우리도 코인마다의 성향과 특성을 비교하고, 리스크를 헤지하면서 수익률을 높일 수 있는 전략을 고민해야 한다.

암호화폐 내 상관계수 분석: 코인 중심 포트폴리오 전략

반대로 시드가 적은 투자자라면 암호화폐 중심의 집중 투자가 유리할 수 있다. 암호화폐는 금융의 패러다임을 바꾸는 혁신적인 자산인 만큼 장기적으로 상승 가능성이 매우 높다고 본다. 이 경우 포트폴리오 내 코인 간의 상관계수를 반드시 고려해야 한다. 〈그림 2〉에서 보듯 그동안 비트코인과 이더리움의 상관계수는 0.26으로 매우 낮은 수치를 기록했다. 이는 이더리움이 비트코인의 흐름을 따라갈 가능성이 26%밖에 되지 않는다는 의미다. 하지만 이더리움이 기관과 기업의 재무 전략 관점의 매수로 인해서 중장기적 상승 구조가 형성되고 있다.

XRP는 비트코인과의 상관계수가 0.92로 거의 동일한 흐름을 보인다. 〈그림 2〉를 이더리움 기준으로 보면, 이더리움은 아발란체나 니어프로토콜과 높은 상관계수를 보이고 있다. 이런 구조를 보면 비트코인과 이더리움을 함께 담는 조합은 리스크 분산에 효과적이지만, 이더리움과 그 생태계 내 다른 코인들만 묶는 것은 오히려 위험할 수 있다.

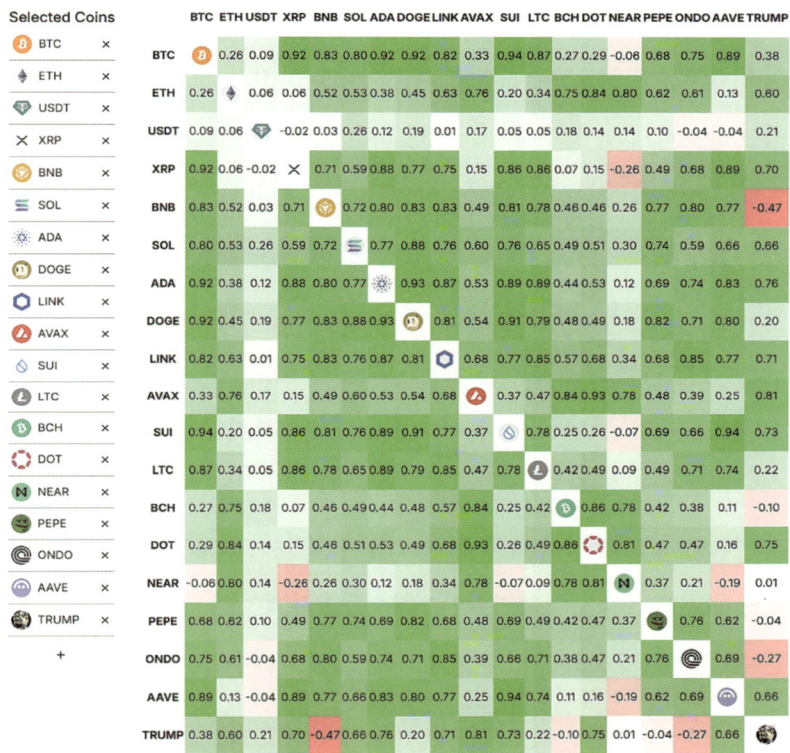

그림 2 주요 암호화폐 간의 상관계수(출처: 디파이라마)

    같은 생태계에 속한 코인들은 기술적·정책적으로 서로 연결되어 있는 경우가 많아, 하락장이 오면 동반 하락할 가능성이 높기 때문이다. 따라서 포트폴리오를 구성할 때는 비트코인을 중심으로, 상관관계가 낮은 알트코인을 함께 담는 구성이 이상적이다.

    이런 다양한 상관관계를 종합적으로 고려해 포트폴리오를 설계한다면, 투자 성과의 안정성과 효율성을 동시에 잡을 수 있을 것이다.

집중 투자와 현금 보유의 실전 전략

이제 집중 투자 전략과 현금 보유의 중요성에 대해 이야기해보자. 앞서 언급했듯이 알트코인 투자는 분산이 유리하지만, 암호화폐 전체 시장에서 유일하게 집중 투자가 가능한 자산도 있다. 바로 비트코인이다. 비트코인은 장기 성장성과 안정성이 뚜렷하고, 시장 내에서 확고한 신뢰를 받고 있는 종목이다.

물론 이더리움, 솔라나 같은 알트코인도 펀더멘털이 높다고 평가받지만, 이들에 대한 집중 투자는 더 큰 리스크를 수반한다. 수익성을 우선시한다면 알트코인의 비중을 높이는 전략도 가능하지만, 그만큼 손실을 감수할 각오도 필요하다.

여기서 중요한 것이 바로 현금 보유 전략이다. 예상치 못한 블랙스완 상황에서 가격이 급락하면, 현금만이 유일하게 대응할 수 있는 수단이 된다. 현금을 보유하고 있다면 저가 구간에서 매수하여 평균 단가를 낮추고, 훗날 더 나은 수익률을 기대할 수 있다.

가끔 '필요 없는 돈으로만 투자하라'는 말을 듣기도 하지만, 이 개념은 애초에 현실성이 부족하다. '필요 없는 돈'이라는 것은 애매한 표현이며, 그런 식으로는 물량 확보가 어렵기 때문이다. 오히려 본인이 감당 가능한 범위 내에서 자금을 최대한 확보하고, 무리한 레버리지는 피해야 한다.

특히 단기적으로 사용해야 할 자금을 투자하는 일은 매우 위험하다. 현금화가 급하게 필요한 시점에 손실이 크다면 제대로 대응하지 못하고 결국 영구적 손해를 볼 가능성이 높다. 따라서 기본적으로는 근로소득이나 사업소득으로 현금 흐름을 유지하면서, 그 여유 자금으로 투자에 접근하는 것이 가장 현명한 방식이다.

전략별 포트폴리오 구성 방법

이제 포트폴리오 전략을 실전에 맞게 어떻게 구성할 수 있을지 구체적으로 살펴보자. 가장 먼저 이해해야 할 개념은 '핵심자산'과 '위성자산'이다. 핵심자산은 비교적 안정적으로 보유하며 장기적으로 수익을 기대하는 자산이고, 위성자산은 보다 적극적으로 운용하며 수익률을 극대화하는 자산이다. 핵심자산은 대세 상승장이더라도 빈번하게 매매하지 않고 꾸준히 보유하며, 마지막 엑시트 시점에 매도하는 전략으로 접근한다.

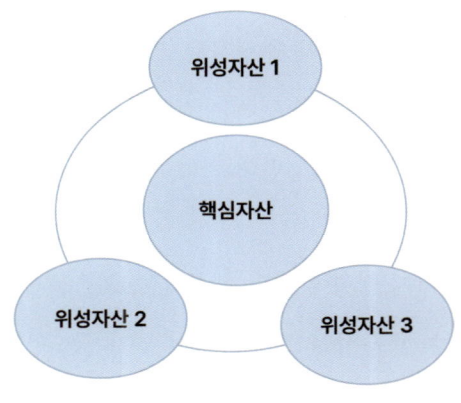

그림 3 포트폴리오 기본 구조

포트폴리오 전략은 자신만의 핵심자산 범위를 정하는 것에서 출발한다. 예를 들어 어떤 투자자는 이더리움과 솔라나만을 핵심자산으로 설정할 수 있고, 또 다른 투자자는 리플을 포함한 더 많은 종목을 핵심자산으로 구분할 수 있다. 이처럼 어떤 코인을 중심축으로 잡느냐에 따라 안정형, 중립형, 공격형으로 포트폴리오 유형이 나뉘게 된다. 〈그림 3〉은 이러한 기본 구조를 시각적으로 보여준다.

위성자산은 시장 상황에 따라 비교적 자주 매매가 이루어지며, 특정 섹터나 테마를 중심으로 구성된다. 수익을 극대화하는 목적을 가진 만큼, 위성자산은 전체 포트폴리오의 보완적 역할을 수행한다. 단기적인 시장 흐름에 대응하며 수익률을 끌어올리는 것이 주요 전략이다.

핵심자산과 위성자산의 비중은 투자자의 성향에 따라 유연하게 조정할 수 있다. 다만 포트폴리오를 구성할 때 모든 자산이 동일한 방향으로만 움직이게 되면, 리스크 분산 효과는 떨어지게 된다. 따라서 앞서 설명한 자산 간 상관계수를 충분히 고려하여 비중을 나누어야 한다.

또한 특정 알트코인에 지나치게 높은 비중을 부여하는 것도 지양해야 한다. 포트폴리오는 균형 있게 구성하되, 자신이 직접 관리하고 추적할 수 있는 범위 안에서 종목 수를 정하는 것이 중요하다. 종목 수가 지나치게 많으면 집중력이 떨어지고, 반대로 너무 적으면 위험에 쉽게 노출될 수 있다.

포트폴리오는 투자 성향에 따라 보수적으로도, 공격적으로도 설계할 수 있다. 예를 들어 보수적인 성향을 가진 투자자는 안정형 포트폴리오가 적합하며, 여기에 소폭의 공격 성향을 추가하면 중립형 포트폴리오가 된다. 단기 수익을 추구하는 경우에는 수익형 또는 투기형 포트폴리오도 고려할 수 있지만, 대다수의 투자자에게는 중립형 이내의 구성이 보다 안전한 접근이고, 실제로 성과가 가장 좋다.

암호화폐와 전통자산을 함께 보유하는 전략도 고려할 수 있다. 이렇게 하면 리스크를 보다 넓게 분산시킬 수 있으며, 특히 연령대와 현금 흐름 상황에 따라 조정하면 더욱 효과적이다. 예를 들어 은퇴를 앞둔 투자자나 소득이 불안정한 투자자라면, 안정형 포트폴리오로 구성하고 비트코인을 핵심자산으로 60~70% 이상 비중을 둘 필요가 있다.

반면 현금 흐름이 원활하거나 시드가 부족해 자산을 적극적으로 축적해야 하는 젊은 투자자라면, 중립형 또는 공격형 포트폴리오로 위성자산 비중을 높이는 것이 더 유리할 수 있다. 핵심자산은 장기적 성과를, 위성자산은 단기적 수익률을 추구하는 구조를 만들어야 한다. 이처럼 자신의 삶의 조건과 투자 경험, 리스크 감내 능력에 따라 포트폴리오 전략은 유연하게 조정되어야 한다.

① 안정형 포트폴리오

안정형 포트폴리오는 높은 변동성 속에서도 리스크를 효과적으로 관리하는 데 중점을 둔 전략이다. 가장 안정적인 구성은 비트코인 100% 포트폴리오이며, 비트코인 비중이 높을수록 전반적으로 리스크가 낮은 포트폴리오로 분류된다. 하지만 이처럼 단일 자산으로만 구성할 경우, 암호화폐 투자 본연의 수익성과 기회를 놓칠 수 있다. 암호화폐에 투자한다는 것은 본질적으로 일정 수준 이상의 변동성을 감수하겠다는 의지이기 때문이다.

예를 들어 가장 기초적인 안정형 구성은 비트코인 100% 포트폴리오이며, 다음으로는 시가총액 기준에 따라 비트코인 60%, 이더리움·XRP·솔라나 등 핵심자산 30%, 나머지 위성자산 10%로 편성할 수 있다. 또는 대장 종목 중심으로 구성하여, 비트코인 50%, 핵심자산 30%, 섹터별 대장 알트코인 2~3개를 위성자산으로 포함해 20%로 비중을 나누는 전략도 있다. 이 방식은 비트코인의 안정성을 유지하면서도 알트코인을 활용해 수익을 도모할 수 있다는 점에서 현실적인 선택이 된다.

특히 위성자산은 레이어1이나 디파이 섹터 등으로 나누어 구성할 수 있다. 섹터별 대표 코인 중심으로 2~3개 정도만 선택하는 것이 좋으며, 초보 투자자는 종목 수를 과도하게 늘리지 말아야 한다. 너무 많은 코인을 담을 경우 관리가 어려워지고, 실수로 인해 수익을 놓치는 일이 발생할 수 있기 때문이다.

대부분의 개인투자자에게는 이처럼 보수적이면서도 탄탄한 안정형 포트폴리오가 가장 적합하다. 단기 급등하는 알트코인에 흔들려 조급하게 매수에 나서기보다는, 자신이 정한 기준에 따라 꾸준히 포트폴리오를 관리하고 정기적으로 리밸런싱하는 것이 오히려 더 좋은 전략이 된다.

② 중립형·수익형 포트폴리오

중립형 포트폴리오는 안정성과 수익성을 균형 있게 고려하는 전략이다. 보통 비트코인 비중을 40~50% 수준으로 낮추고, 핵심자산과 위성자산의 비중을 늘려 전체 수익률을 높이는 방향으로 설계된다. 안정성을 일정 부분 확보하면서도 다양한 알트코인의 상승 가능성에 참여할 수 있

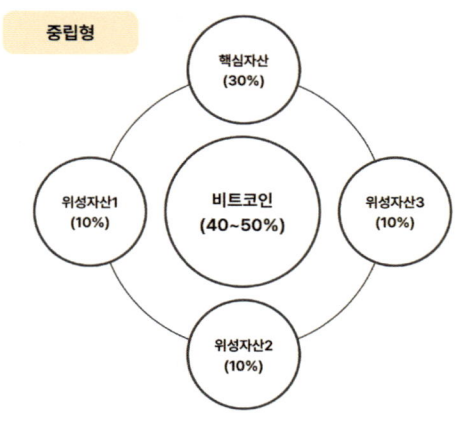

그림 4 중립형 포트폴리오

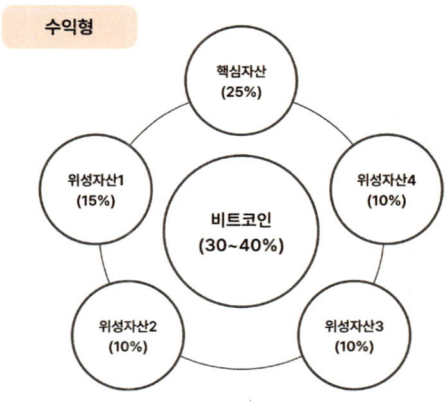

그림 5 수익형 포트폴리오

도록 구성하는 것이 핵심이다.

    수익형 포트폴리오는 이보다 더 공격적인 전략이다. 비트코인 비중을 30~40% 수준으로 낮추고, 핵심자산과 위성자산에 대한 비중을 크게 늘려 수익률을 극대화한다. 위성자산은 섹터별, 내러티브별로 다양하게 분류할 수 있으며, 레이어1, 레이어2, 디파이 AI, RWA, 미국 코인, 중국 코인 등 트렌드에 따라 다양하게 선택할 수 있다.

포트폴리오 리밸런싱은 보너스다!

    포트폴리오 리밸런싱이란, 시간이 지나며 흐트러진 자산 비율을 다시 원래대로 조정하는 전략을 말한다. 예를 들어, 처음에 6:4로 구성했던 두 종목이 시간이 흐르며 7:3으로 변했다면, A 자산을 일부 매도하고 B 자산을 매수해 다시 6:4 비율로 되돌리는 것이다. 이렇게 비율을 맞추는 작업은 단순하지만 효과적이며, 투자의 안정성과 수익성을 모두 끌어올릴 수 있는 전략이다.

리밸런싱의 본질은 상대적으로 고평가된 자산을 매도하고, 덜 오른 자산을 매수하는 데 있다. 이를 통해 수익을 일부 실현하면서도 아직 상승하지 않은 저평가 자산의 수익 구간을 선점할 수 있다. 또한 어느 자산도 영원히 오르기만 하는 법은 없기 때문에, 일정 시점마다 수익을 분산하고 리스크를 조절하는 구조를 만들어주는 것이 중요하다.

일부 투자자는 '왜 잘 오르는 코인을 팔고, 부진한 코인을 더 사야 하나?'라는 의문을 갖는다. 이 말도 일리는 있다. 암호화폐는 전통자산과 다르게 오르는 코인이 계속해서 오르는 특성이 있다. 특히 2025년 장세에서는 이러한 움직임이 더욱 도드라지는 것이 사실이다. 펀더멘털과 내러티브가 받쳐주는 코인이 집중적으로 오르고, 과거와 같은 순환매 장세가 제한적이다. 이럴 때는 원래 정한 비율 자체를 변경해야 한다. 상승의 이유가 뚜렷한 코인에 힘을 실어주는 것이다. 다만 원래 정한 비율을 갑자기 크게 바꾸기보다는 점진적으로 조정하는 방식을 활용해야 한다. 리밸런싱의 목적은 포트폴리오 전체의 건강한 균형을 유지하는 것이지, 당장의 수익만을 쫓는 것이 아님을 기억해야 한다.

따라서 목표 비율 조정은 일반적으로 세 가지 상황에서 고려해야 한다. 첫째는 투자 논거의 타당성이 떨어졌을 때다. 단지 가격이 오르지 않는다는 이유로 매도하는 것은 바람직하지 않다. 이는 결국 저평가된 자산을 버리고, 고평가된 자산을 사들이는 전략이 되기 쉽다. 이런 방식은 시간이 지나며 투자금 자체를 갉아먹게 된다. 따라서 포트폴리오 비중을 줄여야 할 경우에는 반드시 그 이유를 명확하게 파악해야 한다.

둘째는 더 높은 수익 가능성을 가진 새로운 투자 대상이 등장했을 때다. 기존에 보유 중인 코인의 투자 가치가 하락했다기보다는, 그보다 수익 잠재력이 큰 코인을 새롭게 발견한 경우를 뜻한다. 새로운 코인을 발견한 경우도 있지만, 기존에 보유한 코인 중에서 가치를 재발견한 경우도 해당한다. 이런 상황에서는 비율 조정을 통해 새로운 기회를 잡는 것이 필요하다.

셋째는 충분한 수익을 달성했다고 판단되는 경우다. 특정 코인이 목표 수익을 달성했거나 과도하게 상승했다면, 그 비중을 줄이고 향후 성장 가능성이 높은 자산으로 무게를 옮기는 것이 좋다.

예를 들어보자면 비트코인, 이더리움, XRP의 비율을 6:3:1로 설정했는데 이더리움보다 XRP가 더 오를 것 같다고 판단되어, 비트코인 6, 이더리움 2, XRP 2로 비율을 조정하려면 반드시 타당한 근거가 있어야 한다. 단순히 '이더리움은 조정 구간이고, XRP는 요즘 강세니까'라는 이유만으로 이더리움을 팔아 XRP를 늘리는 것은 잘못된 리밸런싱이다. 포트폴리오 관점에서 보았을 때도 이 같은 조정은 구조적 위험을 초래할 수 있다.

또한 포트폴리오 리밸런싱에는 두 가지 방식이 있다. 하나는 정기 리밸런싱이고, 다른 하나는 수시 리밸런싱이다. 암호화폐 시장에서는 보통 한 달 또는 분기 단위로 정기 리밸런싱을 실시하는 것이 효과적이다.

반면 수시 리밸런싱은 시장에 큰 변동성이 생겼을 때, 예컨대 특정 코인의 급등락이 발생한 경우에 진행한다. 이때는 정기 리밸런싱처럼 모든 자산을 조정하지 않고, 특정 종목 중심으로 한 국지적인 리밸런싱이 이루어진다. 즉 전체 포트폴리오 구조를 바꾸기보다는, 부분적으로 조정하는 것이 특징이다.

섀넌의 도깨비 전략

마지막으로 '섀넌의 도깨비'라는 리밸런싱 전략을 통해 포트폴리오 조정의 본질을 정리해보겠다. 섀넌의 도깨비란 자산과 현금을 5:5 비율로 맞춰 운용하는 아주 단순한 전략이다. 자산 가격이 오르면 비율이 6:4나 7:3으로 바뀌게 되는데, 이때 자산을 일부 팔아 현금으로 전환하여 다시 5:5로 비율을 맞추는 것이다.

반대로 자산 가격이 하락해 비중이 4:6이 되었다면, 현금을 활용해 저가의 자산을 매수한다. 이렇게 비율을 조정하면서 리스크를 줄이고, 수익 기회를 늘려가는 전략이 섀넌의 도깨비 전략의 핵심 원리다.

그림 6 섀넌의 도깨비 전략

〈그림 6〉을 보면 단순히 자산을 보유했을 때보다, 자산과 현금의 비율을 일정하게 유지하며 매매한 경우 수익률이 지속적으로 높아졌다는 사실을 확인할 수 있다. 이 이론을 고안한 클로드 섀넌Claude Shannon은 단지 주식과 현금만으로도 이러한 효과를 입증했다.

변동성이 더 큰 암호화폐에 이 전략을 적용한다면, 수익률은 훨씬 더 높아질 수 있다. 단, 이 전략이 더 효율적으로 작동하기 위해서는 서로 다른 흐름을 가진 프로젝트를 함께 포트폴리오에 담아야 한다. 동일한 흐름을 보이는 코인만으로 구성할 경우, 리밸런싱의 효과는 떨어진다. 핵심은 서로 다른 방향으로 움직이는 자산을 적절히 조합하고, 그 교차점에서 수익을 확보하는 데 있다.

리밸런싱은 단순한 보정이 아니라 수익률을 높이는 '보너스 전략'으로 활용할 수 있다. 예를 들어, 비트코인과 함께 상승하는 종목만을 중심으로 구성하지 말고, 아직 상승하지 않은 알트코인을 적절히 배분해두는 것이 효과적이다. 이처럼 구조적인 흐름을 읽고 미리 대비한다면, 시장이 반응할 때 더 큰 성과를 거둘 수 있다.

핵심 포인트

1. 포트폴리오 전략의 기본 원칙은 분산 투자, 집중 투자, 자산/현금 비중, 포트폴리오 구성, 리밸런싱이다.
2. 분산 투자는 자산 간 상관관계를 고려해 서로 다른 방향성을 가진 자산들을 조합하는 것이 바람직하다. 수익성 중심의 투자 시에는 비트코인보다 알트코인의 비중을 높이는 것이 유리하다. 또한 자산과 현금을 적절히 배분해야 한다.
3. 포트폴리오는 비트코인, 핵심자산, 위성자산의 비중에 따라 안정형, 중립형, 수익형으로 구분된다. 정기 또는 수시 리밸런싱을 통해 자산 비율을 원래 목표치로 조정해야 하며, 필요한 경우 목표 비율 자체를 조정하는 방안도 고려할 수 있다.

추가 수익을 얻는 다섯 가지 코인 투자 비법

암호화폐 투자는 전통자산과는 다른 방식으로 부가 수익을 얻을 수 있다는 점에서 특별하다. 이번 챕터에서는 코인을 보유하고만 있어도 수익을 더할 수 있는 다섯 가지 투자 비법과 함께, 이를 실제로 활용하는 방법에 대해 자세히 살펴보겠다.

전통자산과 암호화폐의 가장 큰 차이는 블록체인 기반의 투명성이다. 또한, 암호화폐는 소유권과 활용성 측면에서도 훨씬 더 넓은 가능성을 지니고 있다. 주식이나 채권 같은 전통자산은 대부분 중앙화된 거래소에서만 거래되지만, 암호화폐는 탈중앙화 거래소를 비롯한 다양한 플랫폼에서 자유롭게 거래할 수 있기 때문이다.

중앙화 거래소와 탈중앙화 거래소의 이해

추가 수익을 올릴 수 있는 첫 번째 방법은 거래소의 차이를 이해하고 활용하는 것이다. 많은 사람들이 사용하는 업비트나 빗썸은 '두나무'처

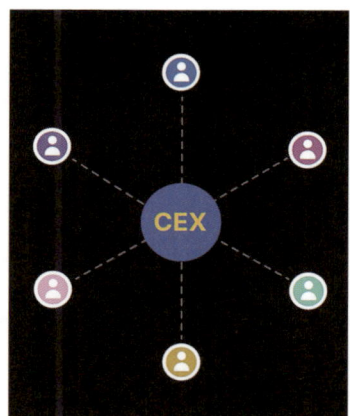

그림 1 중앙화 거래소(CEX)

럼 특정 회사가 운영하는 중앙화 거래소CEX, Centralized Exchange에 해당한다. 바이낸스, 바이비트, OKX 같은 글로벌 거래소들도 모두 중앙화 거래소이며, 이들은 중앙 서버를 통해 거래가 이뤄진다.

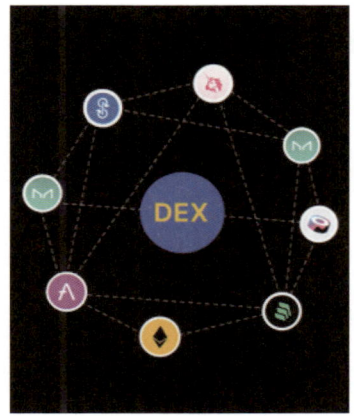

그림 2 탈중앙화 거래소(DEX)

반면, 탈중앙화 거래소DEX, Decentralized Exchange는 특정 운영 주체 없이, 스마트 컨트랙트를 기반으로 자동화된 시스템으로 작동한다. 유니스왑은 이더리움 기반의 대표적인 탈중앙화 거래소이며, 솔라나 생태계에서는 주피터와 레이디움, 바이낸스 스마트체인에서는 팬케이크스왑 등이 대표적인 예다.

중앙화 거래소라고 해서 모두 같지는 않다

중앙화 거래소는 기본적으로 증권거래소와 비슷한 방식으로 운영된다. 사용자가 계정을 만들고 자금을 입금한 후 매수·매도 주문을 넣으면, 거래소의 서버가 자동으로 주문을 매칭해 거래를 성사시킨다. 하지만 이 과정에서 이루어지는 거래는 내 지갑에서 직접 코인이 이동하는 것이 아니다.

실제로는 거래소의 중앙 서버에 모든 자산과 정보가 보관되어 있고, 거래가 발생하면 장부상의 소유자 이름만 바뀌는 방식이다. 그렇기 때문에 거래소 자체나 사용자의 계정이 해킹당할 경우, 내 자금이 위험해질 수 있다. 결국 진정한 소유권은 개인지갑으로 인출했을 때만 발생한다는 점을 기억해야 한다.

중앙화 거래소는 크게 국내 거래소와 해외 거래소로 나뉜다. 국내 거래소에는 업비트, 빗썸, 코인원, 코빗, 고팍스 등이 있고, 해외 거래소는

입출금 가능 가상자산사업자 리스트

업비트에서 지원하는 입출금 가능 가상자산사업자(VASP) 리스트는 다음과 같으며 입출금 시 참고하여 주시기 바랍니다.

[100만 원 이상 입출금을 지원하는 가상자산사업자 리스트 (2025.03.12 기준)]

구분	지원 범위	사업자명
트래블룰 솔루션 연동 VASP	입금 / 출금	비블록, 고팍스, 프라뱅, BTX, 플라이볼트, 포블게이트, 빗썸, 코인원, 코빗, 코어닥스, 한국디지털자산수탁(KDAC), 오아시스거래소, 인덱스(INEX), 돌핀(Dolfin), 크립토닷컴코리아(Crypto.com Korea)
계정주 확인 서비스 연동 VASP	입금 / 출금	Upbit Singapore, Upbit Indonesia, Upbit Thailand, OKX, Bybit, Binance, BitMEX, Bitget, Crypto.com, HTX(구 Huobi Global)
위험평가 통과 해외 VASP	입금	Okcoin, Coinbase, Bitbank.cc, Kraken

그림 3 입출금 가능 가상자산사업자 리스트 (출처: 업비트)

바이낸스, 바이비트, OKX 등이 있다. 해외 거래소를 이용하면 더 많은 기능과 자산에 접근할 수 있지만, 몇 가지 절차적 불편함도 감수해야 한다.

특히 트래블 룰가상자산사업자 간 100만 원 이상의 가상자산을 이전할 때, 송·수신인의 관련 정보를 의무적으로 함께 제공해야 하는 제도이 적용된 이후로는 100만 원 이상 입출금 시 추가적인 확인 절차가 요구된다. 예를 들어, 해외 거래소가 국내 거래소와 상호 입출금이 가능한 화이트리스트에 등록되어 있어야 하며, 계정 정보도 정확히 일치해야 한다. 업비트 기준으로는 바이낸스, 바이비트, OKX, 비트맥스, 비트겟 등이 이에 해당한다.

또한, 최근에는 100만 원 미만 거래도 규제가 강화되어, 입금처 정보가 불명확한 경우 입출금이 제한될 수 있다. 2025년 2월부터는 해당 규정이 더욱 엄격해졌기 때문에, 거래 전에 반드시 거래소 간 지원 여부와 트래블 룰 관련 정책을 확인해야 한다.

국내 거래소 vs 해외 거래소

그렇다면 해외 거래소는 어떤 점에서 유리할까? 우선 초보 투자자라면 국내 거래소를 사용하는 것이 더 편리하다. 한글 인터페이스, 원화 입출금, 국내법 보호 등의 장점이 있기 때문이다. 해킹 위험에도 비교적 강하다는 평가가 있으며, 문제가 발생했을 때 민원이나 법적 대응도 가능하다.

하지만 많은 투자자가 해외 거래소를 병행해서 사용하는 이유는 다음과 같다. 국내에서 문제가 생겼을 때 자산을 해외로 이동시켜 보관할 수 있고, 국내에 상장되지 않은 신규 코인이나 유망 프로젝트에 먼저 투자할 수 있기 때문이다.

알트코인은 대부분 초기 단계에서 내부자 간 토큰 분배로 시작한 후, 작은 거래소를 거쳐 바이낸스 같은 대형 거래소에 상장되는 구조를 따른다. 초기 단계에서 진입하려면 해외 거래소를 활용할 수밖에 없는 셈이다.

무엇보다도 해외 거래소는 선물 거래와 파생상품 거래가 가능하다는 점에서 차별화된다. 국내 거래소는 아직 현물 거래만 제공하지만, 해외 거래소에서는 5배에서 최대 125배까지 레버리지를 사용할 수 있다. 물론 초고배율 레버리지는 순식간에 청산될 수 있기 때문에, 실제 운용 시에는 3~5배 정도의 보수적인 접근이 필요하다.

다음은 탈중앙화 거래소에서의 실전 활용법이다. 앞서 설명했듯, 중앙화 거래소는 계정 생성과 KYC 인증 등 복잡한 절차가 필수다. 하지만 탈중앙화 거래소는 개인지갑만 연결하면 바로 거래가 가능하다. 본인 인증 없이도, 지갑만 있으면 누구나 실시간으로 코인을 교환할 수 있다.

이때 거래 방식은 '스왑 거래'로 이루어진다. 중앙화 거래소처럼 단순히 장부상의 명의가 바뀌는 것이 아니라, 실제로 코인 간 이동이 발생한

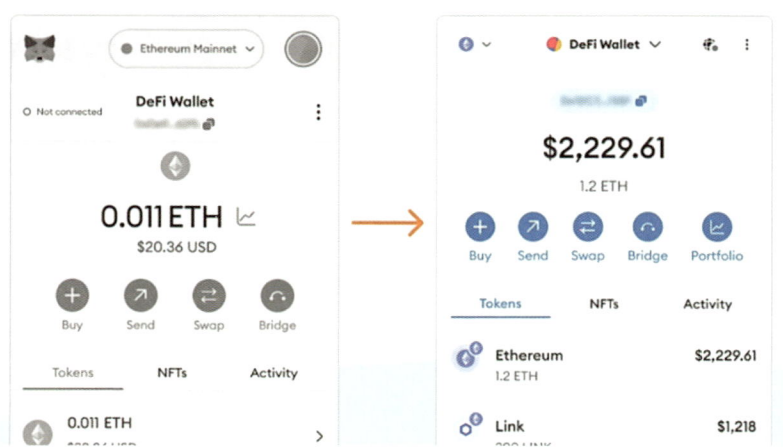

그림 4 탈중앙화 거래소에서의 거래 예시

다. 예를 들어 이더리움을 스왑해서 USDC로 교환하면, 지갑 안에서 이더리움이 빠져나가고 USDC가 들어온다.

중앙화 거래소와 탈중앙화 거래소의 차이점 정리

〈그림 5〉를 보면 중앙화 거래소와 탈중앙화 거래소의 차이를 한눈에 파악할 수 있다. 먼저 사용 난이도 측면에서 보면, 국내 거래소가 가장 쉬우며 그다음이 해외 거래소, 마지막이 탈중앙화 거래소다. 중앙화 거래소는 사용자 친화적인 UI와 간단한 절차 덕분에 초보자에게 적합하다.

반면 탈중앙화 거래소는 UI가 직관적이지 않고, 개인지갑 연동이나 수수료 처리 과정이 어렵게 느껴질 수 있다. 또 다른 차이는 자산의 관리 방식이다. 중앙화 거래소는 문제가 생기면 고객센터를 통해 어느 정도 도움을 받을 수 있지만, 탈중앙화 거래소에서는 모든 자산을 본인이 직접 관리해야 한다.

이 방식을 셀프 커스터디self-custody, 개인이 직접 암호화폐를 관리하고 보관하는 방식라고 부른다. 개인이 지갑의 프라이빗 키를 직접 보관하고 관리해야 하며, 이를 분실하면 누구도 자산을 복구해줄 수 없다. 실제로 전체 비트코

구분	중앙화 거래소 (CEX)	탈중앙화 거래소 (DEX)
사용자 편의성	단순하고 직관적인 인터페이스, 초보자 사용 유리	사용자 친화성 부족, 초보자에게 다소 복잡
제어 및 관리	거래소가 자금 보관 및 관리	셀프 커스터디 개인키 직접 관리
법정화폐 사용	일반적으로 법정화폐 입출금을 지원	제한적이거나 법정화폐 지원 없음
유동성	일반적으로 높은 유동성	낮은 유동성, 상대적으로 느린 거래
수수료	높은 수수료	낮은 수수료
거래 가능한 코인	한정적	매우 많음

그림 5 중앙화 거래소와 탈중앙화 거래소 비교

인 중 15~20%가 이런 이유로 영구 분실되었다는 분석도 있다.

이뿐만 아니다. 중앙화 거래소는 법정화폐 입출금이 가능하지만, 탈중앙화 거래소는 대부분 코인 간 거래만 가능하다. 또한 중앙화 거래소는 사용자 수가 많아 유동성이 높고 거래 속도도 빠르다. 반면, 탈중앙화 거래소는 상대적으로 유동성이 낮아 거래 체결이 느리고, 큰 금액을 한 번에 매도하기 어려운 경우도 있다.

하지만 수수료 측면에서는 탈중앙화 거래소가 더 저렴한 편이다. 거래 가능한 코인의 수에서도 차이가 있다. 중앙화 거래소는 심사를 거쳐 상장된 코인만 거래할 수 있지만, 탈중앙화 거래소는 누구나 손쉽게 토큰을 상장할 수 있기 때문에 거래 가능한 코인 종류가 훨씬 다양하다.

이처럼 탈중앙화 거래소는 새로운 코인을 빠르게 발굴할 수 있는 공간이고, 중앙화 거래소는 검증된 코인을 안정적으로 거래할 수 있는 환경이다. 안정성과 편의성은 중앙화 거래소가 앞서고, 수익률과 성장 가능성은 탈중앙화 거래소가 높지만 그만큼 리스크도 크다는 점을 반드시 고려해야 한다.

결과적으로, 각 거래소는 고유의 장단점을 지니고 있으므로 개인의 투자 성향에 따라 선택하면 된다. 또한 자산을 배분하는 관점에서는 한 곳만 사용하는 것보다 여러 거래소를 병행하는 것이 리스크 관리에 효과적이다.

콜드월렛과 핫월렛

이제 두 번째 주제인 지갑에 대해 살펴보자. 암호화폐에서 '월렛'은 자산을 보관하고, 거래를 승인하는 역할을 하는 도구다. 사용하는 목적과 방식에 따라 월렛은 크게 콜드월렛과 핫월렛으로 나뉜다.

콜드월렛은 USB나 카드 형태로 제공되며, 인터넷에 연결하지 않고 사용하는 물리적인 장치다. 그만큼 보안성이 매우 뛰어나며, 프라이빗 키(개인키)를 안전하게 저장할 수 있다. 대표적인 예로는 렛저 나노나 디센트 같은 제품이 있다.

반면 핫월렛은 온라인 상태에서 작동하는 지갑으로, 브라우저 확장 프로그램 형태로 설치해 사용할 수 있다. 온라인에 연결되어 있는 만큼 보안성은 콜드월렛보다 떨어지지만, 사용성과 접근성 면에서는 훨씬 편리하다. 가장 많이 사용하는 핫월렛은 메타마스크다. 정리하자면, 거래가 잦고 유동적인 투자를 할 때는 핫월렛을, 장기 보관 중심의 물량은 콜드월렛을 사용하는 것이 좋다.

여기서 꼭 짚고 넘어가야 할 점은, 지갑이 실제로 비트코인을 담고 있는 것이 아니라는 사실이다. 비트코인은 블록체인 네트워크에 존재하며, 각 풀 노드full node, 블록체인의 모든 거래 정보를 포함하는 전체 노드들이 그 거래 내역을 보관한다. 우리가 사용하는 지갑은 그 비트코인의 소유권을 인증할 수 있는 '비밀번호' 역할을 하는 것이다. 이 비밀번호가 바로 개인키이며, 거래를 승인하고 소유를 증명하는 핵심 도구다.

개인키는 매우 복잡한 코드로 구성되어 있어 사람이 기억하기 어렵다. 그래서 이를 쉽게 복구할 수 있도록 만든 것이 바로 '니모닉 코드'다. 일반적으로 콜드월렛은 24개의 단어로 구성된 니모닉 코드를 통해 개인키를 복원할 수 있다. 지갑을 잃어버리더라도 니모닉 코드만 안전하게 보관하고 있다면, 내 자산은 다시 찾을 수 있다.

만약 니모닉 코드를 잘 보관할 자신이 없다면, 콜드월렛보다는 중앙

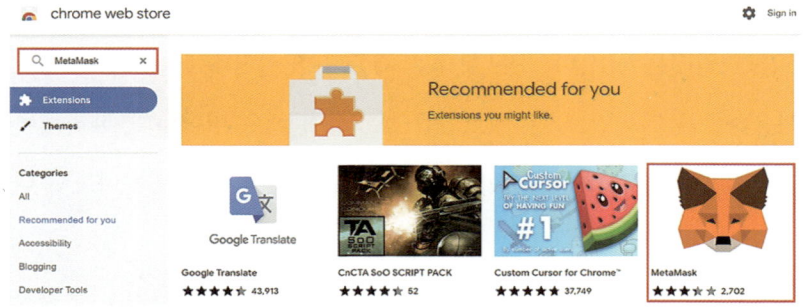

그림 6 크롬 웹스토어(위)와 메타마스크 주소 등록 창(아래)

화 거래소에 보관하는 것이 오히려 더 안전할 수 있다.

〈그림 6〉을 참고하면, 메타마스크는 크롬 웹스토어에서 쉽게 설치할 수 있다. 설치 후 주소를 등록하면 바로 사용할 수 있으며, 업비트 사용자라면 '주소 관리' 기능을 통해 개인지갑을 등록한 뒤 자산을 이동해야 한다. 현재 업비트는 메타마스크 외에도 카이아, 팬텀, 폴카닷, 케플러 등 총 다섯 가지 지갑을 지원한다.

이 지갑들을 통해 코스모스, 솔라나, 폴카닷 등 다양한 생태계의 디앱(분산형 앱)과 서비스에 접근할 수 있다. 다만 콜드월렛인 렛저 나노나 디센트는 아직 지원되지 않는다.

〈그림 7〉을 보면 알 수 있듯, 업비트는 현재 비트코인용 개인지갑도 지원하지 않는다. 유니샛이나 엑스버스와 같은 비트코인 지갑은 업비트에 등록할 수 없기 때문에, 비트코인을 개인지갑이나 콜드월렛으로 옮기

개인지갑을 통한 디지털 자산 입출금은 업비트에서 지원하고 있는 개인지갑에 한해 가능합니다.

1. 개인지갑별 설치 가능한 브라우저를 참고해 주세요.
   - 메타마스크(Metamask): Chrome, Naver Whale, Firefox, Brave, Microsoft Edge
   - 카이아(Kaia): Chrome
   - 팬텀(Phantom): Chrome, Firefox, Brave, Microsoft Edge
   - 폴카닷(Polkadot): Chrome, Firefox
   - 케플러(Keplr): Chrome

2. 입출금 가능한 디지털 자산은 개인지갑 종류, 디지털 자산 종류 및 관련 네트워크에 따라 다릅니다.
   현재 지원 중인 개인지갑별 디지털 자산 및 네트워크를 반드시 확인하신 후 입출금을 진행하시기 바랍니다.
   - 메타마스크: 업비트에서 지원하는 입출금 네트워크와 메타마스크에서 지원하는 네트워크가 일치하는 디지털 자산
   - 카이아: 클레이튼 네트워크 디지털 자산
   - 팬텀: 솔라나 네트워크 디지털 자산
   - 폴카닷: 폴카닷 네트워크 디지털 자산
   - 케플러: 코스모스 네트워크 디지털 자산

그림 7 업비트에 지원하는 개인지갑 목록(출처: 업비트)

기 위해서는 먼저 해외 거래소로 전송한 후 다시 이동시켜야 한다.

이러한 과정에서는 송금 수수료를 줄이기 위해 트론TRX이나 XRP를 중간 매개로 사용하는 경우가 많다. 최근 메타마스크가 비트코인 지원을 예고하면서, 이 구조도 곧 변화할 가능성이 있다.

디파이 이용법 네 가지

수익을 높일 수 있는 세 번째 비법은 디파이를 활용하는 것이다. 디파이는 별도의 인증 절차 없이 다양한 금융 서비스를 이용할 수 있는 분산형 금융 시스템이다.

서비스의 종류가 매우 다양하지만, 대표적으로는 ① 탈중앙화 거래소, ② 예금 및 대출, ③ 유동성 스테이킹, ④ 리스테이킹이 있다. 이 중 리스테이킹은 비교적 난이도가 높은 편이므로, 입문자라면 나머지 세 가지부터 차근히 활용해보는 것이 좋다.

먼저 탈중앙화 거래소는 앞서 살펴봤듯, 코인 간 스왑 거래를 통해 실

제 코인을 직접 교환하는 방식이다. 특히 미상장 코인을 먼저 확보할 수 있는 기회를 제공한다는 점에서 중요하다. 대표적인 탈중앙화 거래소는 유니스왑이며, 현재 디파이 생태계는 이더리움과 솔라나 기반에서 가장 활발하다. 이 중에서도 이더리움 기반 디파이가 총예치금과 안정성 면에서 압도적이기 때문에, 초보자는 이더리움 기반에서 시작하는 것이 유리하다.

다음은 예금 및 대출이다. 디파이 서비스를 이용하려면 메타마스크 같은 지갑을 연동해야 하며, 모든 거래는 지갑을 통해 직접 이루어진다. 대표적인 서비스로는 에이브Aave가 있으며, 누구나 자유롭게 참여할 수 있는 구조로 설계되어 있다.

다만 이더리움 메인넷을 사용할 경우, 거래 수수료가 매우 높아질 수 있다는 점은 유의해야 한다. 이러한 이유로 최근에는 아비트럼이나 베이스와 같은 레이어2 기반의 서비스를 활용하는 경우가 많다.

이 경우에는 먼저 레이어2 지갑으로 자산을 이동해야 한다. 방법은 두 가지다. 첫째는 기존 이더리움 지갑에서 브릿지를 통해 레이어2로 전송하는 방식이고, 둘째는 해외 거래소에서 직접 해당 레이어2 지갑으로 송금하는 방식이다. 다만 현재 국내 거래소에서는 레이어2 네트워크로 직접 이동하는 기능을 지원하지 않기 때문에 주의가 필요하다.

세 번째는 유동성 스테이킹이다. 대표적인 서비스는 리도파이낸스로, 이더리움을 예치하면 네트워크 검증인으로서의 역할을 수행하게 된다. 이에 따라 일정 수익(이자)을 받을 수 있으며, 예치의 증표로 stETH와 같은 토큰을 받게 된다.

이 토큰은 다른 디파이 서비스에서도 활용 가능하다. 다시 말해, 스테

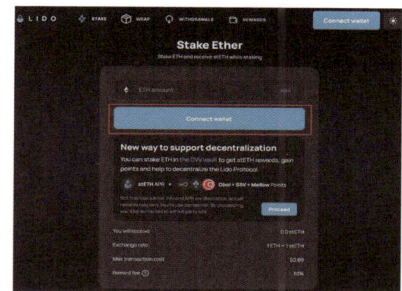
리도 지갑 연결

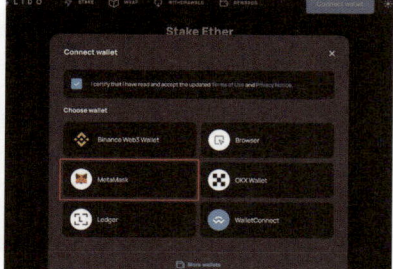
지갑 선택

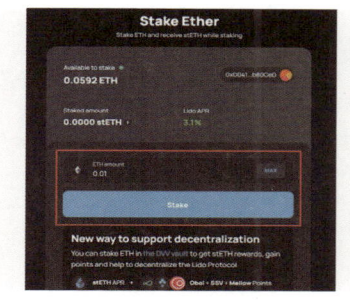
리도 이더 스테이킹

리도 지갑 컨펌

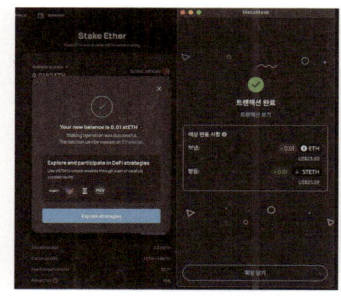
리도 지갑 컨펌 확인

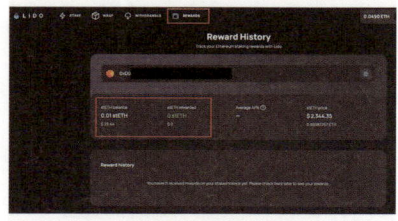
이더 보상 확인

그림 8 리도파이낸스 연결 방법(출처: 리도파이낸스)

이킹을 통해 받은 토큰을 담보로 추가 수익을 올릴 수 있는 구조를 갖춘 것이다.

〈그림 8〉을 보면 리도파이낸스의 사용 방법도 크게 복잡하지 않다. 메

타마스크 등 지갑을 연결한 뒤 스테이킹 메뉴를 선택하고, 원하는 수량을 입력하면 된다. 단, 수수료를 포함한 이더리움 잔고가 지갑에 충분히 있어야 스테이킹이 정상적으로 진행된다.

스테이킹이 완료되면 트랜잭션 결과와 예치 수량, 보상 현황을 확인할 수 있으며, 좌측 메뉴를 통해 출금 기능도 사용할 수 있다. 다만 스테이킹한 자산은 일정 기간 동안 묶이게 되므로, 시장 상황에 즉각적으로 대응하기 어렵다는 단점도 있다.

따라서 스테이킹을 시작하기 전에는 자산이 잠기는 기간과 출금 조건 등 프로토콜의 세부 규정을 반드시 확인해야 한다. 성급하게 예치했다가 시장의 급변에 대응하지 못하면 오히려 손해가 발생할 수 있다.

신중한 선별이 필요한 에어드랍

에어드랍은 원래 공중에서 물자를 투하하는 전쟁 용어에서 비롯된 말이다. 암호화폐에서의 에어드랍은 특정 조건을 만족하면 무료로 토큰을 받을 수 있는 이벤트를 뜻한다. 많은 투자자들이 부가적인 수익을 얻기 위해 에어드랍에 참여하고 있으며, 이는 지금도 활발하게 진행되고 있다.

과거에는 진입 장벽이 낮고 참여 절차도 간단했지만, 현재는 대부분의 프로젝트가 에어드랍을 활용하고 있어 오히려 '무엇을 선택할 것인가'가 더 중요한 기준이 되었다. 단순히 무료라는 이유만으로 무작정 참여하기보다, 어떤 프로젝트가 진짜 가치를 지니고 있는지부터 가려내야 한다.

에어드랍을 준비하려면 전용 PC를 따로 마련하는 것이 좋다. 최근에 스캠 사이트나 해킹 사례가 늘어나고 있기 때문이다. 그다음 브라우저에 지갑을 설치하고, X(구 트위터), 텔레그램, 디스코드 등 소셜미디어 계정을 개설해야 한다. 대부분의 에어드랍은 이들 계정을 팔로우하고 게시물을 공유하는 기본 미션으로 시작되기 때문이다.

에어드랍 미션은 접속만으로 가능한 간단한 과제부터 실제 자금을 예치하거나 거래를 유도하는 고난도 과제까지 다양하게 구성된다. 미션을 마치면 지정한 지갑 주소로 토큰이 지급된다. 진행 중인 주요 에어드랍

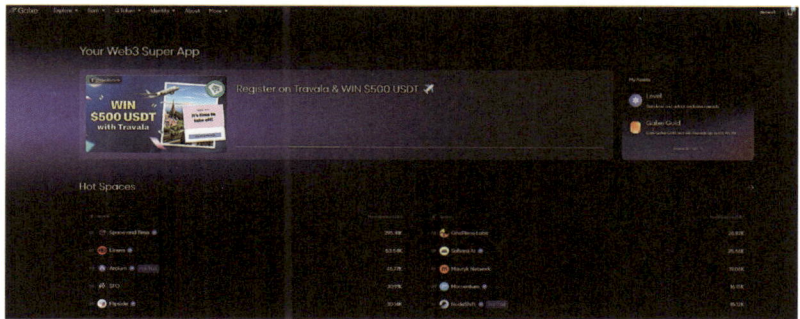

그림 9 갤럭시 홈페이지(출처: galxe.com)

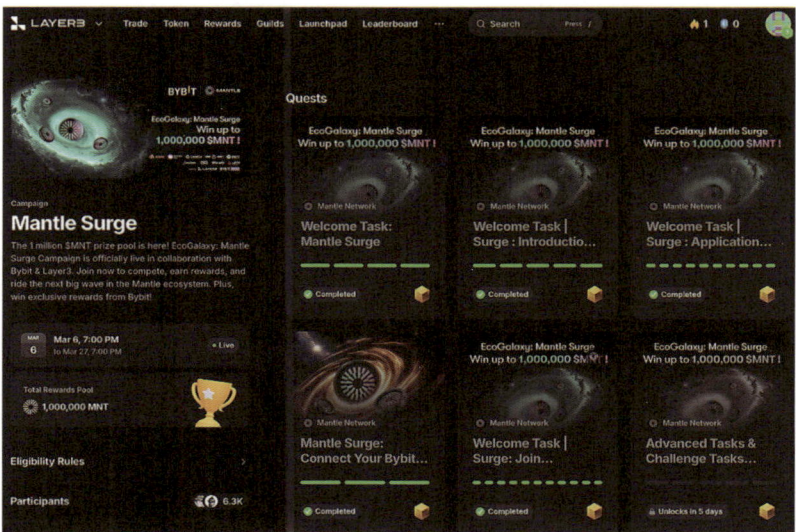

그림 10 에어드랍 미션 예시(출처: LAYER3)

은 갤럭시Galxe 홈페이지에서 확인할 수 있으며, 우량 프로젝트일수록 네트워크 기여도를 요구하는 경우가 많다. 따라서 단순히 이벤트 성격으로 접근하기보다는 어느 정도 자본이 소요될 수 있다는 점을 염두에 두어야 한다.

결국 에어드랍은 누구에게나 열려 있는 기회이지만, '어떤 프로젝트를 선택하느냐'가 모든 것을 좌우한다. 커뮤니티가 활발하게 운영되고 있는 프로젝트일수록 성공 가능성이 높다. X나 텔레그램 활동량을 기반으로 프로젝트의 생동감을 살펴보고, 장기적으로 성장 가능성이 있는 프로젝트를 중심으로 전략을 세우는 것이 바람직하다.

밈코인 중심의 비상장코인 투자 전략

비상장코인 투자 전략에서 핵심은 밈코인이다. 중앙화 거래소에 상장되기 전에 탈중앙화 거래소를 통해 먼저 유통되는 경우가 많은데, 그중 대다수가 바로 밈코인이다. 이는 구조적으로 발생하는 현상이다.

유틸리티 기반이나 인프라 프로젝트와 같은 우량 알트코인은 대부분 벤처캐피털VC의 초기 투자를 거쳐 비공개 시장에서 가격이 형성되고 나서야 중앙화 거래소에 상장된다. 반면 밈코인은 초기 단계부터 탈중앙화 거래소에서 자유롭게 유통되므로, 개인투자자도 비교적 쉽게 접근할 수 있다.

그러나 이는 '쉽게 투자할 수 있다'는 뜻은 아니다. 하루에도 수백 개, 많게는 수천 개의 밈코인이 생성되며, 이 중 실질적인 가치를 지닌 종목은 극히 일부에 불과하다. 게다가 그 일부조차도 특정 세력의 가격 조작에 영향을 받기 쉽기 때문에, 사실상 밈코인 투자는 도박에 가까운 속성

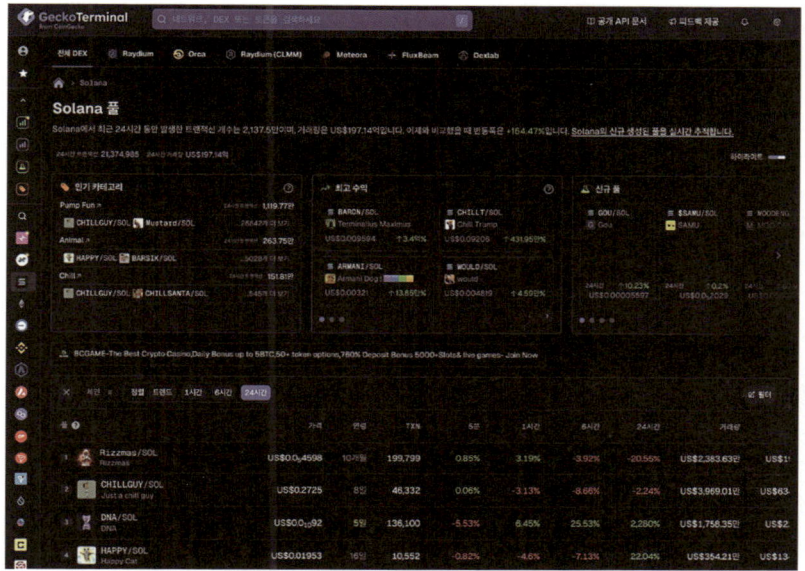

그림 11 밈코인 거래 현황 (출처: 게코터미널)

을 지닌다.

　밈코인 투자를 시도할 경우, 분석 도구의 활용이 필수적이다. '게코터미널GeckoTerminal' 같은 사이트를 통해 실시간 거래량, 가격 변화, 유동성 등을 확인할 수 있으며, 시장에서 주목받는 종목을 빠르게 파악하는 데 유용하다. 또한 거래소 상장 여부, 프로젝트 신뢰도, 커뮤니티 활동 정도, 그리고 '러그 풀rug pull, 프로젝트 운영자가 투자금을 들고 잠적하거나 프로젝트를 일방적으로 종료해 투자자에게 피해를 주는 사기 행위' 위험성까지 꼼꼼히 점검해야 한다.

　밈코인의 변화 추이를 살펴보면 상장 시기와 가격 움직임을 일정 부분 파악할 수 있다. 특히 해당 밈코인이 〈그림 12〉처럼 이미 큰 상승을 기록한 경우라면, 투자 시점으로는 다소 늦었다고 판단할 수 있다. 따라서 실시간으로 변동하는 시장 흐름을 꾸준히 모니터링하며, 투자 타이밍

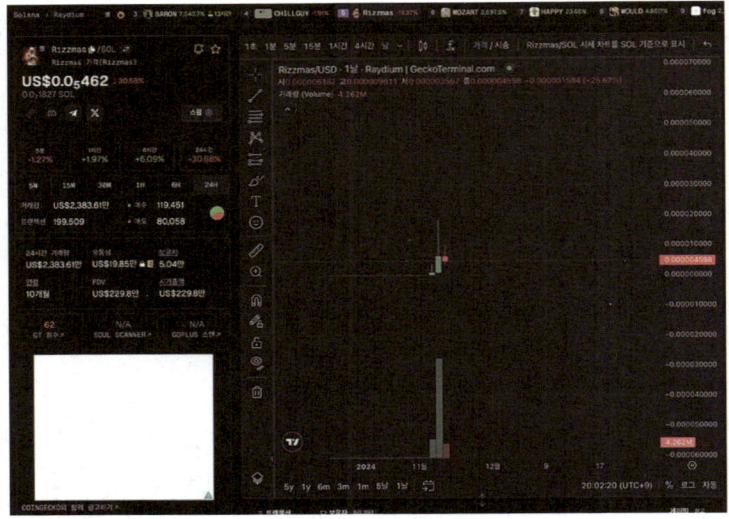

그림 12 Rizzmas 코인 거래 현황(출처: 게코터미널)

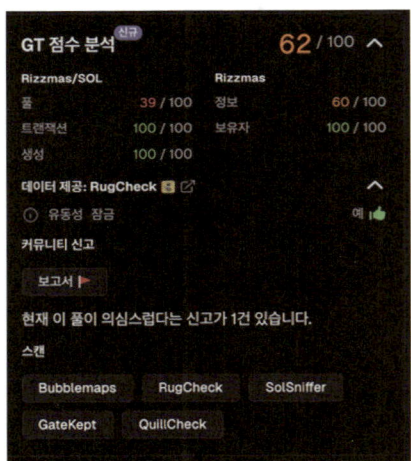

그림 13 Rizzmas 코인 GT 점수 분석(출처: 게코터미널)

을 민감하게 조율해야 한다.

    이때 참고할 수 있는 대표적인 지표가 〈그림 13〉의 예시처럼 'GT 점수'다. 이 점수는 풀 구성, 정보 공개 수준, 트랜잭션 내역, 보유자 분포 등을 종합해 평가하며, 100점 만점 기준으로 점수가 낮을수록 투자 리스크가 크다는 뜻이다. 특히 개인투자자에게는 점수가 낮은 코인을 피하는 것이 안정적인 접근이라 할 수 있다.

이러한 분석 기능은 다양한 사이트에서 제공된다. 특히 비상장코인에 투자할 때는 덱스스크리너나 덱스툴이 가장 널리 사용되며, 그 외에도 리스팅스파이, 버드아이 같은 툴도 함께 활용된다. 덱스툴에서는 투자자 참여 분포나 점수 평가 등의 정보를 확인할 수 있고, 덱스스크리너에서는 보유자 수와 토큰 분포를 중심으로 시장 상황을 직관적으로 분석할 수 있다.

사이트별로 제공하는 기능이 다르므로, 하나에 의존하기보다 여러 도구를 병행해서 활용하는 것이 좋다. 다양한 관점에서 데이터를 교차 검증하면서 투자 판단을 내릴 수 있기 때문이다. 이렇게 분석 도구를 적극적으로 사용하는 습관이 비상장코인 투자에서 성공 확률을 높이는 핵심

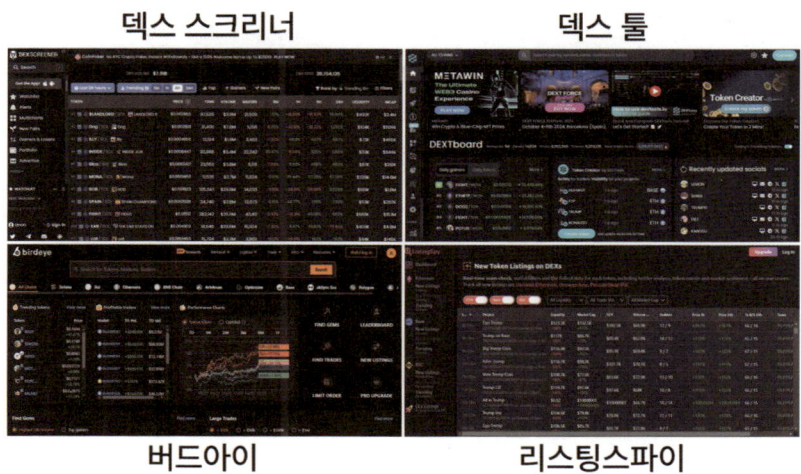

그림 14 덱스스크리너, 덱스툴, 리스팅스파이, 버드아이(왼쪽부터 시계 방향)

그림 15 덱스툴에서 제공하는 코인별 평가 기능(출처: 덱스툴)

그림 16 덱스스크리너에서 제공하는 코인별 평가 기능(출처: 덱스스크리너)

전략이 된다.

밈코인 투자 전략, 두 가지 접근법

이처럼 밈코인을 분석할 수 있는 다양한 기준과 도구들이 있지만, 실제로 투자에 나설 때는 좀 더 전략적인 분류가 필요하다. 밈코인 투자 전략은 크게 두 가지로 나눌 수 있다. 하나는 이미 시장에서 어느 정도 인정을 받은 '검증된 밈코인'에 투자하는 방식이고, 다른 하나는 막 상장된 신규 밈코인에 초기 진입하는 전략이다.

첫 번째 방식은 도지코인이나 페페, 봉크 같은 종목이 대표적이다. 이들은 단순한 밈코인을 넘어 자체 커뮤니티와 브랜드 정체성을 구축하며, 새로운 투자 지표로 접근해야 하는 단계에 이르렀다. 예컨대 도지코인은 이제 일종의 문화 코인처럼 다루어지고 있으며, 유틸리티를 넘어서 사회적 상징성에 가까운 영역으로 확장되고 있다.

두 번째 전략은 신규 상장 코인에 빠르게 진입하는 방식이다. 그러나 주의할 점도 많다. 대부분의 신규 밈코인은 상장 직후 가격이 급등했다 순식간에 70~90% 폭락하는 경우가 비일비재하다. 따라서 이미 가격 폭등 전에 보유하고 있는 것이 아니라면 상장 직후 바로 진입하기보다 가격 흐름을 지켜보며 접근 타이밍을 조율해야 한다.

핵심 포인트

1. 암호화폐로 추가 수익을 얻으려면, 중앙화 거래소(CEX)와 탈중앙화 거래소(DEX)의 구조와 차이를 먼저 이해해야 한다.
2. 자산의 진정한 소유권을 확보하려면, 거래소에 두지 말고 콜드월렛이나 핫월렛을 활용해 직접 관리하는 것이 좋다.
3. 수익을 극대화하려면, 디파이(DeFi)를 통해 예금·대출·스테이킹·리스테이킹 서비스를 적극 활용해야 한다.
4. 비상장코인과 밈코인 투자에서 성공하려면, 게코터미널·덱스툴 등 분석 도구를 활용해 거래량·유동성·리스크를 면밀히 검증해야 한다.

압도적 수익을 현실로 만드는
알트코인 실전 투자 바이블

1판 1쇄 인쇄 2025년 10월 23일
1판 1쇄 발행 2025년 11월 5일

지은이 박종한
엮은이 양유정
펴낸이 김선우·임예성
펴낸곳 헤리티지북스

기획편집 김하나
디자인 김민서
마케팅 최고은
제작 퍼블리언스

출판등록 2022년 9월 15일
등록번호 제2022-000244호
주소 서울특별시 마포구 양화로 78-22, 3층(서교동)
이메일 heritagebooks.rights@gmail.com
ISBN 979-11-984042-1-3 (03320)

ⓒ 박종한, 2025

- 헤리티지북스는 어스얼라이언스의 단행본 브랜드입니다.
- 이 책의 전부 또는 일부 내용을 재사용하려면 반드시 사전에 저작권자와 헤리티지북스의 동의를 받아야 합니다.
- 잘못 만들어진 책은 구입하신 곳에서 바꾸어드립니다.